아동복지론 ^{3판}

| 이재연 · 박은미 · 황옥경 · 김형모 · 이은주 · 강현아 공저 |

CHILD WELFARE

학지사

3판 머리말

이 책 아동복지론이 처음 세상에 나온 지도 벌써 10년이 되어 간다. 그동안 아동복지 제도와 현황의 변화를 고려하여 한 차례의 개정도 있었다. 이 책이 처음 집필될 때는 아동복지 분야에서 인적자본론이 강조되었던 시기였다. 그러한 새로운 이론적 프레임 속에서 이 책은 아동 조기개입의 중요성에 대한 인식을 바탕으로 집필되었다. 또한 더욱 중요하게는 아동권리의 관점에서 아동복지에 접근해야 함을 강조하였다.

10년의 시간 동안 아동권리 관점은 이제 아동복지 분야에서도 더 이상 낯선 관점이 아닌 필수적으로 고려해야 할 관점으로 여겨지기 시작했다. 아동을 더 이상 보호해야 할 대상이 아닌 권리의 주체로서 존중해야 한다는 시각은 아동복지 분야에서 널리 동의되고 있으며, 예방적 차원의 아동복지 정책의 필요성에 대해서도 우리 사회 전체의 논의가 시작되었다.

이와 같이 그간 아동복지에 대한 관점과 시각에 대해 적지 않은 변화가 있었으며 또한 제도, 정책, 그리고 서비스에도 큰 변화가 있었다. 따라서 이러한 변화를 이 책에 새롭게 반영하기 위한 개정의 필요성이 매우 컸다. 본 개정 3판은 아동복지의 각 분야에서의 변화를 보완하였으며, 여러 정책 및 서비스의 변화 및 개선에도 불구하고 여전히 남아 있는 문제점을 지적하고 개선 방안을 제안하였다.

최근 아동복지 분야의 정책과 제도의 변화는 무척 빠르고 다양하다. 매년 새로운 정책이 쏟아져 나올 정도로 그 변화는 급속하다. 이것이 아동복지를 발전시키는 데에는 좋은 계기가 될 수 있지만 책의 저자들에게는 또한 도전이 되기도 한다. 두 차례의 개정에도 불구하고 이 책이 이러한 변화를 다 반영하기에는 부족할 수도 있음을 본 저자들은 인정할 수밖에 없다. 따라서 이 책은 이러한 정책과 제도의 변화를 이끄는 인식과 관점의 변화에도 초점을 두려 노력하였다.

아동복지 정책 및 서비스의 변화에 따른 이번 주요 개정 내용은 다음과 같다. 제3장 '아동과 권리' 부분에서는 그동안의 우리나라의 협약 이행과 모니터링 현황의 변화를 보완하고 우리 사회의 권리 인식의 변화를 반영하기 위해 노력하였다. 제5장 '아동복지 발달사'는 그동안의 급속한 발달을 새로이 소개하기 위해 장을 거의 다시 집필하다시피 하였다. 제6장 '아동복지 정책과 관련법 및 행정' 부분에서는 아동복지법의 개정으로 인한 변화와 행정 부처의 변화를 보완하였다. 제7장 '빈곤아동'에서는 빈곤아동 정책에 있어서의 드림스타트 및 지역아동센터 등의 확대와 변화 부분을 중심으로 보완하였다. 제8장 '장애아동'은 역시 최근의 주요한 법 개정으로 인해 대부분의 내용 수정이 필요하였다. 제9장 '이혼가족 및 한부모가족의 아동복지'는 급속한 가족구조 및 가족생활의 변화를 담아내었다. 제10장 '아동학대' 분야는 새로운 아동학대 관련법과 그 시행으로 인해 대부분의 내용이 새로이 집필되었다. 제11장 '보육'도 역시 보육정책의 빠른 변화로 인해 장 내용이 거의 다시 집필되었다. 제12장 '가정위탁보호와 입양 및 시설보호' 부분에서는 보호아동 현황 및 예산 변화 중심으로 보완되었다. 또한 입양 정책의 주요 변화도 소개되었다. 제13장 '다양한 가족의 아동복지' 역시 많은 보완이 이루어졌는데, 특히 우리 사회의 다문화가족 확대와 이에 대한 정책 변화 부분에 개정 초점을 두었다.

이번 개정 3판이 정책 변화뿐만 아니라 더 중요하게는 아동복지에 대한 우리 사회의 인식과 관점의 변화를 충분히 담아낼 수 있었기를 바라며, 끝으로 급박한 교정 및 편집 일정에도 불구하고 꼼꼼한 조언과 수정의 노력을 아끼지 않은 학지사와 편집부에 감사드린다.

2017년 8월
집필자 일동

1판 머리말

　아동을 국가의 인적자원으로 인식하고 이들에 대한 투자를 강화해야 할 필요성이 최근 새롭게 강조되고 있다. 이는 아동 인구의 급격한 감소와 인구의 고령화로 국가 성장잠재력 저하에 대한 우려에서 비롯되었다. 이러한 차원이 아니더라도 아동을 둘러싸고 있는 성장환경의 급격한 변화는 모든 아동의 욕구를 충족시킬 수 있는 아동 정책과 전문화된 서비스를 강하게 요구하고 있다. 이제 우리 사회는 아동을 한 사회의 구성원이자 현재의 독립된 존재로 받아들이고 국가투자의 주요한 대상으로 인식할 수 있어야 한다.

　이러한 시대적인 변화와 새로운 인식에서 이 책은 아동이 현재의 존재인 Being의 상태와 미래를 준비하기 위한 관점인 Becoming의 상태에서 동시에 이해되어야 한다는 것을 전제하였다. 우리 집필진은 그동안 미래의 성인이 되기 위해 준비기로만 인식되어 왔던 아동기에 대한 인식의 한계를 극복하고자 아동에 대한 현재와 미래의 존재론적 특성을 포괄하고 균형적인 정책과 서비스를 개발하고자 노력하였다.

　다음으로는 아동권리의 시각에서 아동복지에 접근하였다. 유엔아동권리협약 비준 이후 두 차례에 걸쳐 유엔아동권리협약 이행 국가보고서를 제출하면서 아동권리에 대한 우리 사회의 인식은 빠르게 발전하고 있다. 그러나 우리나라의 아동 정책과 서비스는 아동권리보장의 수준에서 보면 여전히 미흡하다. 본 집필진은 궁극적으로 아동권리를 실현할 수 있는 아동복지 정책과 서비스를 제안하고자 하였다. 특히 이 책은 아동의 관점을 반영한 아동 중심적이고 아동 친화적인 아동 정책 및 서비스를 실행하고 있는 최근의 세계적 흐름을 반영하고 있다. 현대사회에서 아동이 갖는 의의와 생애 발달주기에서 아동기가 차지하는 중요성을 세계적 수준의 아동 권리 관점에서 살펴보았다. 마지막으로 이 책은 보호가 필요한 아동뿐만 아니라 모든 아동을 대상으로 하는 조기개입과 예방적 차원의 아동복지 정책과 서비스가 실행되어야 한다는 것을 전제하였다.

이 책의 저자들이 그동안 아동복지를 강의하면서 느꼈던 문제점을 최소화하기 위해서 여러 차례의 논의를 거쳐 목차 및 집필체계를 결정하였으며, 저자들의 전문 연구 분야를 고려하여 집필을 분담하였다. 이재연 교수가 제3장과 제10장, 박은미 교수가 제9장과 제13장, 황옥경 교수가 제2장과 제11장, 김형모 교수가 제5장과 제8장, 이은주 교수가 제1장과 제4장, 제7장, 강현아 교수가 제6장과 제12장을 집필하였으며, 마지막 제14장은 박은미 교수와 김형모 교수가 공동 집필하였다.

저자회의를 통해서 공동 저술하는 데 따른 시각의 불일치성과 집필방법의 비일관성 등의 문제를 극복하고자 노력하였으나 여전히 남아 있는 미흡한 부분에 대해서는 독자들의 애정 어린 충고를 통해 보완될 수 있을 것으로 기대한다. 끝으로 이 책이 나오기까지 많은 수고를 해 주신 학지사 김진환 사장님과 편집을 위해 수고해 주신 직원들에게 감사를 드린다.

2008년 8월
집필자 일동

차례

제1장

현대사회와 아동복지

CHILD WELFARE

아동복지는 아동의 가치에 대한 사회의 조직화된 신념과 미래 인적자원으로서 아동의 권리를 반영한다. 사회복지 분야에서 아동복지는 다음과 같은 두 가지 역할을 수행한다. 첫째, 심각한 위험에 직면한 아동과 가족에게 직접적 서비스를 제공한다. 둘째, 모든 아동의 복지 수준을 향상하기 위해 아동복지 정책에 영향을 미친다.

아동복지의 주요 목적은 아동을 위해 가족 기능을 강화시키는 것이라고 할 수 있다. 아동복지는 더 이상 요보호아동중심의 잔여적 형태의 복지 서비스가 아니라 새롭고 복잡한 가족형태에서 발생 가능한 다양한 아동 문제에 대응할 수 있는 서비스를 제공하도록 요구받고 있다.

아동복지는 아동과 환경의 상호작용에 기인한다. 아동 환경에서 가장 주요한 부분을 차지하는 것은 가족 환경이며, 가족은 아동에게 복지 서비스를 제공하기 위한 주요한 수단과 도구가 될 수 있다. 또한 가정은 아동의 사회, 교육 및 의료적 보호 욕구를 충족시킬 수 있는 주요한 사회기관이다.

1. 현대사회와 아동

1) 아동의 지위

아동은 태어나면서 빠르게 성장하고 발달하는데, 그 과정에서 인지적 · 신체적 · 사회적 · 정서적 · 도덕적 능력을 발달시킨다. 이러한 능력의 획득은 타인과의 의사소통, 의사결정, 판단 과정, 정보의 수용과 판단, 통제된 행동, 자율적 의사결정, 감정 이입의 확대 및 타인 인식과 통찰력을 가능하게 한다. 모든 사회는 아동의 능력이 이미 발달된 것이 아니라 서서히 발달하는 것으로 받아들이고 있다. 성인기와 아동기의 주요한 차이는 이러한 능력의 획득에 대한 추정에 있다. 성인은 법적으로 자신의 행동에 책임을 질 수 있는 필수 능력을 이미 갖추고 있다. 그러나 아동은 지속적으로 발달하므로 스스로 자신을 책임질 수 있는 능력이 부족하다. 그러므로 아동은 미성숙하고 취약한 존재로 간주되면서 사회적 · 법적 보호가 필요한 존재로 받아들여지고 있다.

비록 국가마다 아동기를 다르게 정의하고 있지만, '아동기'의 존재는 성인들이 아동을 미리 결정된 가정(assumption) 안에서 아동을 보게 만들며, 이러한 가정은 아동을 다루는 방법과 아동이 성취해야 할 능력이 무엇인가에 대한 정보를 제공한다고 여긴다. 그러나 이러한 관점은 아동의 능력을 성인의 기준에서 판단하여 아동이 제안하는 것을 가치 있게 보는 것이 아니라 아동의 능력이 부족함을 발견케 한다. 이러한 가정들은 아동의 행동을 가치 있게 보는 성인들의 능력과 의지를 억제할 뿐만 아니라 아동이 발달 과정에서 다양한 능력을 획득할 수 있는 기회를 제한한다. 이와 같이 아동의 잠재력을 발견하지 못하고 무능력하다고 간주함으로써 결과적으로 근원적 가정을 더욱 강화시킨다. 아동이 무능력하다는 가정에도 불구하고, 아동은 자신의 안전과 성장이 위협받는 상황에 놓이면 자신의 능력을 넘는 엄청난 책임감을 발휘하게 된다. 아동은 여러 가지 위험한 활동에 참여하도록 요구받고 있으나, 단지 아동이라는 이유로 자신의 경험을 넘어서는 어떠한 통제를 협상할 수 있는 자율성을 보장받지 못하고 있다. 따라서 아동은 이중적으로 취약한 상황에 처하게 된다.

아동은 아동의 발달을 과대포장하거나 평가절하하는 어떠한 형태의 가정하에 분류될 수 없으며 또 분류되어서도 안 된다. 이러한 점은 어린 유아가 좀 더 큰 아동이나 성인과 같은 능력을 가지고 있지 않다는 것처럼 명백하다. 인권의 관점에서 보면, 아동에 대한 이러한 기본적 선입견들은 아동기를 더 낮은 지위로 간주하게 한다.

아동기에 대한 기본 가정은 아동이 가진 잠재력을 향상할 수 있도록 융통성 있는 법적·사회적 체계를 새로이 만들어 낼 수 없게 만든다. 그러나 아동의 지위를 높이고 잠재능력을 개발시킬 수 있는 법적, 사회적 서비스 체계의 구축은 아동의 목소리를 듣고 그들이 할 수 있는 능력이 있다는 것을 인식하고 존중하는 것에서부터 시작할 수 있다. 또한 사회가 아동의 능력을 더 성장시킬 수 있는 환경을 만들 수 있다는 점을 알아야 하며, 아동의 발달 과정과 보호 환경에서 아동 자신을 대리인으로 관여시킴으로써 아동의 사회적 지위를 향상시킬 수 있다.

2) 인적자원으로서의 아동

현재 우리나라의 아동은 과거에 비해 경제적 번영과 보다 건강한 삶의 혜택을 누리고 이러한 사회적 변화 속에서 보다 나은 삶의 기회를 제공받고 있다. 그러나 다른 한편으로는 급변하는 사회 속에서 불확실성과 위험요인에 이전보다 더 쉽게 노출되어 있다. 전체적으로 우리나라 아동의 교육 수준은 향상되었지만 교육 현실에서 아동기의 경쟁은 더 치열해지고 있다. 또한 가족해체의 증가와 가족 기능의 변화에 따라 아동기의 불안정성은 더욱 심화되고 있다. 이와 함께 저출산에 따라 아동의 수가 급속히 감소되면서 아동에 대한 사회적 가치가 그만큼 높아지고 있다. 또한 아동에 대한 사회적 투자를 확대해서 미래 우리 사회의 인적자본(human capital)을 강화해야 할 필요성이 더욱 커지고 있다.

아동기에 대한 불확실성과 위험요소의 증가, 아동 수의 감소 등으로 적극적으로 아동에 대한 투자가 요구되는 현재 상황에서는 정부의 적극적인 역할이 필요하다. 그러나 지금까지 아동복지 정책의 방향은 요보호아동을 대상으로 하였으며, 정부의 역할은 매우 소극적이었다. 특히, 저소득층 아동에 대한 아동복지 서비스 내용을 보면 대부분 부분적인 소득 지원 서비스로 구성되어 있다. 하지만 장기적 아동복지 정책은 빈곤층 아동을 대상으로 예방적인 인적자본 개발 서비스를 확대시켜 기회와 평등을 제고하는 방향으로 나아가야 한다.

우리 사회에서 사회적 불평등은 세대 간 전이현상으로 심화되고 있으며, 인적자본 형성의 불평등은 이러한 사회현상의 중요한 요소가 되고 있다. 가정의 사회경제적 수준에 따라 아동이 얻을 수 있는 평등기회가 구조적인 제약을 받게 되므로 적극적인 사회적 개입을 통해 이를 예방해야만 한다. 이러한 불평등한 가족배경으로 야기될 수 있는 소득불평등 문제, 세대 간 불평등 전이의 문제는 단순한 소득보장 지원 정책으로 해결될 수 없다. 그러므로 저소득층을 대상으로 아동기부터 집중적인 인적자본 투자를 확대하여 기회의 평등을 제고해야 한다.

인적자본에 대한 사회적 투자가 가장 효율적인 시기는 아동기인데, Heckman과 Lochner(2000)는 학령전기가 조기개입에 가장 효과적인 시기라고 보았다. 아동이 주요한 능력을 계발할 수 있는 시기를 놓치게 되면, 이후 서비스 개입을 통해 그 능력을 달성시키는 데는 더 많은 비용과 시간이 요구된다. 아동을 우리 사회의 미래 인적자원으로 간주하여 아동에 대한 사회적 인적자본 투자를 비용효과적인 측면에서 고려해 보면, 아동기에 대한 국가의 적극적인 투자는 이후 사회보장 서비스의 비용을 감소시킬 수 있다.

3) 사회 변화와 아동

우리나라는 급속한 경제 성장과 함께 사회제도의 빠른 변화를 이루었다. 급진적 공업화와 도시화의 결과로 핵가족화, 사회구조의 변화, 대중문화의 발달 등 사회문제들이 발생하였으며, 가족해체와 함께 출산율 저하, 여성의 경제활동 참여 증가, 다양한 가족형태가 등장하게 되었다.

(1) 가족해체의 증가

가족해체는 넓은 의미에서 통합, 충성심, 합의, 가족단위의 정상적인 기능의 붕괴 등 가족결속의 파괴를 말하며, 좁은 의미에서는 별거, 이혼, 유기, 사망 등으로 혼인관계가 파괴되거나 또는 부부 중 한 사람의 장기 부재에 따라 결손가족이 되어 가족이 구조적으로 불안정한 상태를 말한다(표갑수, 2000). 가장 대표적인 가족해체 현상은 이혼인데, 우리나라의 이혼 건수는 1970년도 초반 1만 4,000건에서 1995년 6만 8,279건, 2000년 11만 9,982건, 2005년 12만 8,468건으로 크게 증가한 이후 조금씩 감소하여 2011년 11만 4,284건, 2016년 10만 7,328건이었다(통계청, 2017). 가족해체의 빠른 증가와 이혼율의 급증은 여성의 경제적 자립능력의 증가와 전통적 가족관의 붕괴에서 기인한다고 볼 수 있다. 이러한 가족해체의 증가에 따라 한부모가정과 조손가정이 크게 늘어나고 있다.

(2) 출산율 저하

1983년 합계출산율(가임여성 한 명이 평생 출산하는 평균 자녀 수)이 인구대체수준(인구규모 유지에 필요로 하는 출산율 2.1명) 이하로 하락한 이래 20여 년간 저출산 현상이 지속되었는데, 특히 외환위기 이후인 2001년부터 우리나라는 초저출산사회(합계출산율 1.3명 이하)에 진입하였다. 우리나라의 출산율을 보면 1970년 4.53명, 1980년 2.83명, 1990년 1.59명, 2000년 1.47명이었으며, 2005년에는 1.08명으로 최저치를 기록하였다. 2012년 1.30명으로 2001년 초저출산국에 진입한 이후 11년 만에 탈출하였다. 그러나 다시 감소하여 2016년 1.25명으로 우리나라 출산율은 여전히 세계 최저 수준이다. 출산율 감소로 부양을 맡을 생산가능인구가 빠르게 감소되고 있어 국가의 지속 가능성에 대한 위협 요인이 되고 있다. 이와 같이 급속도로 출산율이 저하되면서 인구성장률도 빠르게 감소하여, 1970년 2.21%, 1980년 1.57%, 1990년 0.99%, 2000년 0.84%, 2015년 0.53%에서 2017년 0.39%를 나타내었다(통계청, 2017). 2016년 출생아 수는 40만 6,300명으로 2015년보다 3만 2,100명(-7.3%) 감소하였다(통계청, 2017). 1980년 약 87만 명 수준이었던 출생아 수는 2000년부터 급속히 감소하였는데, 2001년 55만 명에서 2002년 49만 2천명으로 50만 명대가 무너진 이후 지속적으로 줄어들고 있다. 그러나 앞으로 주 출산연령층인 여성인구(20~34세)의 감소에 따라 40만 명도 유지하기 어려운 수준이다.

(3) 여성의 경제활동참여 증가

우리나라 여성의 경제활동참여율은 1960년 26.8%, 1980년 42.8%, 2012년 48.5%, 2015년 51.8%로 꾸준히 증가하였다(통계청, 2017). 여성의 경제활동참여율 증가는 경제적 이유뿐만 아니라 여성의 자아실현과 사회 진출에 대한 의식 변화에 기인하고 있다. 특히, 기혼여성의 경제활동참여율 증가는 미혼여성의 취업률을 능가하고 있다. 이와 같이 여성의 경제활동참여율은 사회 변화와 함께 빠르게 증가하고 있으나 아동을 위한 보호와 양육 지원은 여전히 부족한 실정이다. 여성의 활발한 경제활동에도 불구하고 아동양육은 여전히 여성의 몫으로 간주되는 현실을 고려해 보면, 아동양육 문제는 가장 시급하게 해결해야 하는 현실 과제라고 볼 수 있다. 따라서 아동의 건전한 발달과 성장을 위한 보호와 양육 기능을 담당할 수 있는 보육지원의 필요성이 최우선 과제로 등장하였다.

(4) 다양한 가족형태의 등장

급격한 사회 변화와 함께 가족해체가 빠르게 진행되면서 가족구조가 다양화되고 있다. 한부모가구 수는 2005년 1,370천 가구에서 2010년 1,594천 가구, 2015년 1,783천 가구로 증가하고 있다. 이와 같이 전체 가구에서 한부모가구가 차지하는 비율은 2005년 8.6%에서 2010년 9.2%, 2015년 9.5%로 증가하고 있다. 2010년 한부모가구의 형성 원인 중 사별이 29.7%, 이혼 32.8%, 미혼모 · 부가 11.6%로 다양한 요인에 의해 한부모가구 형성 비율이 점차 높아지고 있다(통계청, 2017). 전체 인구동향에서 전체 혼인 비율 중에 다문화 비율이 7.4%이며, 다문화가정의 아동 출생이 차지하는 비율은 4.5%이다(통계청, 2017). 한편 1인가구는 2015년 520만 3천 가구로 전체의 27.2%를 차지하였는데, 이는 2010년 23.9%보다 3.3% 증가한 것이다. 2010년엔 2인가구가 24.6%로 가장 많은 비중을 차지한 반면, 2015년엔 1인가구가 가장 흔한 가구 형태가 되었다(통계청, 2016).

2. 아동복지의 정의

현대사회에서 복지는 가족이나 시장경제의 역할에 부수적인 잔여적 개념이 아니라 다른 사회제도와 동등한 위치의 독립된 사회제도적 의미로 받아들이는 것이 일반적인 추세다. 사회제도란 사회구성원의 기본적인 욕구를 충족시키며 여러 가지 활동을 가능하게 하는 관습화되고 공식화된 방법과 절차를 의미한다. 그리고 하나의 제도로서의 사회복지가 수행하는 기능은 사회구성원 간에 서로 도와주는 상호부조의 기능이다.

아동복지의 정의는 아동과 복지를 어떻게 보느냐에 따라 달라진다. 구체적으로 어떤 아동이 복지의 대상이 되며, 어떤 주체에 의하여 복지활동이 수행되느냐에 따라 좁은 의미의 아동복지 및 넓은 의미의 아동복지로 구분해 볼 수 있다. 일반적으로 좁은 의미의 아동복지란 특별한 문제나 욕구가 있는 요보호아동을 중심으로 한 복지활동을 뜻하며, 개인을 대상으로 한 민간단체의 활동을 말한다. 넓은 의미의 아동복지란 일반아동과 그 가족을 대상으로 다양한 복지주체들이 서로 유기적인 관련하에 체계적으로 복지활동을 전개하는 것을 말한다. 여기에서 일반아동이란 특별한 문제나 욕구가 있는 아동에 대응되는 대상이지만, 실제적으로는 이러한 아동을 포함한 모든 아동이라는 의미로 사용되고 있다. 이렇게 아동복지의 대상에 가족이 포함되는 것은 아동복지의 일차적인 책임이 가족에게 있으며, 최선의 아동복지는 아동양육에 대한 가족의 기능을 강화해 주는 것이라는 입장에 따른 것이다.

Kadushin과 Martin(1988)은 아동복지를 "부모가 자녀양육의 책임을 완수하지 못하거나 지역사회가 아동과 가족이 필요로 하는 보호와 자원을 제공하지 못하는 경우 아동에게 제공하는 서비스"라고 규정하였다. 그리고 가정과 부모의 양육기능을 지지·보충·대리하며, 학대·방임의 경우에는 강제보호(protective services)를 통해서라도 "모든 아동의 행복과 사회적응을 위해 심리적·사회적 및 타고난 잠재력을 길러 주는 가족의 활동"이 바로 아동복지라고 정의하였다. Costin(1985)은 "가족생활을 강화하기 위한 사회복지의 한 분야로서 아동과 그 가정의 안녕을 위한 것"이라고 정의하여 Kadushin과 함께 아동복지를 넓은 의미에서 정의하였다.

또한 사회경제적 활동으로서의 아동복지를 강조한 Friedlander와 Apte(1980)는 아동복지를 "빈곤, 방치, 유기, 질병, 결함 등을 지닌 아동 또는 환경에 적응하지 못하는 비행아동들에게만 관심을 두는 것이 아니라 모든 아동이 신체적 · 지적 · 정서적 발달에서 안전하며 행복할 수 있도록 위험으로부터 보호하기 위하여 공공과 민간의 기관에서 실시하는 사회적 · 경제적 · 보건적인 제반 활동"이라고 정의하였다.

『미국사회복지사전(Encyclopedia of Social Work)』(2003)에서는 아동의 행동이나 활동 분야에 초점을 두고 아동복지의 정의를 제시하였는데, "아동들이 행복하게 살며 그들의 생활에서 잠재력을 최대한으로 발휘할 수 있는 건강하고 건전한 개인들로 성장 · 발달할 수 있도록 하는 것을 목적으로 하는 광범위한 행동이나 활동"이라고 정의하였다. 또한 아동복지는 가정생활을 유지 · 강화하면서 건전한 아동발달을 가져올 수 있는 지역사회 생활을 영위케 하는 데 관심이 있다. Meyer(1985)는 아동복지를 "지속적인 사회체계의 하나로 아동의 복지를 증진시키기 위한 사회제도이며, 하나의 전문직으로서 사회사업의 한 분야"라고 정의하여 사회복지 전문직의 한 분야로서 아동복지를 강조하였다. 우리나라 『사회복지사전』(1993)에서는 아동복지를 "일반적으로 특수한 장애를 가진 아동은 물론 모든 아동이 가족 및 사회의 일원으로서 육체적으로나 정신적으로 건전하게 성장 · 발달할 수 있도록 지역사회나 사회복지 서비스 분야에 있는 공 · 사 단체나 기관들이 협력하여 아동복지에 필요한 사업을 계획하며 실행에 옮기는 조직적인 활동"이라고 정의하였다. 즉, 현재 우리나라의 아동복지 정의는 제도적이며 보편적인 서비스로서 인식되고 있음을 알 수 있다.

이상과 같이 아동복지에 관한 정의들은 가족의 기능을 보충하는 잔여적 의미의 개념(Kadushin의 정의), 서비스의 개념(Friedlander와 Apte의 정의), 활동 분야의 개념(『미국사회복지사전』의 정의), 사회체계 및 독립된 사회제도로서의 개념(Meyer와 우리나라 『사회복지사전』의 정의)을 내포하고 있음을 알 수 있다. 오늘날에는 대부분 넓은 의미의 아동복지 정의를 취하고 있다. 앞서 언급한 아동복지 개념들을 종합하여 정리하면, 아동복지란 특별한 문제나 욕구가 있는 아동은 물론 모든 아동이 가족 및 사회의 일원으로 건강하고 건전하게 성장할 수 있도록 개인, 민간, 지역사회, 국가가 상호 협력하여 아동에게 제공하는 일련의 모든 복지적 활동이라고 정의할 수 있다.

3. 아동복지의 이념

　최근 들어 자주 사용되는 단어이지만 아동복지의 이념을 규정하는 것은 쉬운 일이 아니다. 현대적인 아동복지의 이념은 Rousseau, Pestalozzi, Fröbel에 의해 비롯된 아동중심 사상에서 그 뿌리를 찾을 수 있다. 그들은 아동이 성인의 축소물이 아니라 성인과 다른 존재로서 나름의 독자적인 발달 과정을 가지고 있고, 아동발달에 맞는 교육을 받아야 한다고 주장하였다. 이러한 이념은 Fröbel의 『인간교육(The Education of man)』(1826), Taine의 『유아의 발달(The Development of the young)』(1876), Preyer의 『아동의 정신(Mind of the child)』(1881) 등 아동에 관한 저서에서 표현되었으며, 이에 더해 Hall이 중심이 된 '아동연구운동'으로 아동에 대한 개념이 성립되었다. 이것으로 촉발된 아동에 관한 과학적 연구는 이후에도 계속되었으며, 이를 토대로 아동복지를 추구하는 사회적 노력이 지속적으로 전개되었다.

　미국에서는 1909년 루스벨트 대통령에 의해 소집된 제1차 백악관회의에서 아동보호에 관한 이념 정립이 시작되었으며, 1930년 제3차 백악관회의에서는 미국의 어린이헌장이 의결 및 발표되었다. 독일에서는 1922년 아동법을 제정하여 "독일 아동은 신체적·정신적·사회적 양육을 받을 권리를 가진다."라고 규정하여 아동의 복지권을 보장하였다. 아동복지에 대한 국제적인 노력은 1924년 UN이 발표한 '아동권리에 관한 제네바 선언', 1959년 UN의 '아동권리선언' 그리고 1989년 UN의 '아동권리에 관한 국제협약'으로 실현되었다.

우리나라도 「헌법」 및 「아동복지법」과 어린이헌장에서 아동복지 이념을 규정하고 있다. 「헌법」 제9조에는 "모든 국민은 인간으로서의 존엄과 가치를 가지며, 행복을 추구할 권리를 가진다. 국가는 개인이 가지는 불가침의 기본적 인권을 확인하고 이를 보장할 의무를 진다."라고 명시되어 있다. 또한 「헌법」 제32조 제1항에 "모든 국민은 인간다운 생활을 할 권리를 가진다."라고 되어 있다. 이처럼 모든 국민이 행복을 추구할 권리와 인간다운 생활을 할 권리를 가지고 있음이 헌법에 명시되어 있으므로 아동도 자신의 행복 추구와 인간다운 삶을 누릴 권리가 있다.

또한 「아동복지법」 제1조 아동복지의 목적에는 "이 법은 아동이 건강하게 출생하여 행복하고 안전하게 자라도록 그 복지를 보장함을 목적으로 한다."라고 명시되어 있으며, 제3조 기본 이념에는 "① 아동은 자신 또는 부모의 성별, 연령, 종교, 사회적 신분, 재산, 장애유무, 출생 지역, 인종 등에 따른 어떠한 종류의 차별도 받지 아니하고 자라나야 한다. ② 아동은 완전하고 조화로운 인격발달을 위하여 안정된 가정환경에서 행복하게 자라나야 한다. ③ 아동에 관한 모든 활동에 있어서 아동의 이익이 최우선적으로 고려되어야 한다."라고 명시하고 있다. 헌법의 이념을 보다 구체화해서 아동의 기본적 욕구를 최대한 보장하고 아동의 기본 잠재력을 최대한 발휘시키며, 아동의 건전한 성장과 발달을 도모하고 아동의 기본권을 보장하는 것이 아동복지의 기본 이념이라는 것을 보여 주고 있다.

대한민국 어린이헌장은 1923년 5월 1일 제정된 어린이날 정신을 바탕으로 하여 우리나라 어린이권리운동의 선구자로서 활동한 방정환 선생의 뜻을 받들어 1957년 5월 5일에 선포되었다. 이후 1988년 11개 조항으로 이루어진 지금의 어린이헌장으로 개정되었다. 어린이헌장은 모든 어린이가 차별 없이 인간으로서의 존엄성을 지니고 겨레의 앞날을 이어 나갈 새 사람으로 존중되며 바르고 아름답고 씩씩하게 자라도록 함을 지표로 삼는다. 그 본문에는 아동복지의 이념이 내포되어 있는데, 건강한 사회인으로 육성하고 위험으로부터 우선적 보호를 받으며 학대와 착취로부터 탈피시켜야 함을 명시하고 있다.

4. 아동복지의 의의

아동복지의 이념에 따라 아동복지의 의의는 다음과 같은 세 가지 관점에서 찾아볼 수 있다. 첫째, 아동은 한 인간으로서 기본적 생활에 대한 보장이 요구된다. 아동의 부모나 양육자가 신체적 · 경제적 · 사회적 문제가 발생하여 보호와 양육을 할수 없는 경우 아동의 건전한 발달을 지속시키기 위해 사회가 양육과 보호 기능을 담당해야 한다. 둘째, 사회적 관점에서 국가의 발전을 위해 미래 인력인 아동을 보호하고 육성해야 한다. 아동은 국가의 미래를 책임질 인적자원이라는 인식하에 다양한 교육, 문화 및 의료 지원을 제공해야 한다. 셋째, 사회문제의 예방적 측면이다. 아동기에 빈곤이나 학대 등의 문제에 개입하면 성인기에 야기될 수 있는 각종 사회문제의 발생을 미연에 방지할 수 있다. 즉, 아동복지의 의의 및 필요성은 아동의 기본적 생활보장, 미래 인력의 보호와 육성, 사회문제의 예방이라고 할 수 있다. 이러한 세 가지 관점을 보다 구체적으로 살펴보면 다음과 같다.

1) 아동의 기본적 생활보장

인간은 독립적이고 성숙한 존재가 되기 위해 타인의 보호와 양육을 필요로 한다. 출생부터 2세 정도까지는, 특히 기본적인 음식 섭취와 배설물의 통제를 혼자 할 수 없고 타인에게 절대적으로 의존해야 생존할 수 있다. 조금씩 성장함에 따라서 유아기와 아동기에는 기본적인 생리적 욕구나 의사표현을 할 수 있지만, 혼자 자립생활을 할 수 없고 의존적인 활동을 하게 된다. 한 인간이 스스로 기본적 생활을 보장받으려면 장기간 타인의 보호하에 생활을 할 수밖에 없다.

산업사회 이전에는 농업에 기반한 경제구조와 대가족제도에 따라 부모와 다른 가족구성원에 의해 아동에 대한 보호와 양육이 자연스럽게 보장되었으나, 현대사회가 되면서 아동의 기본적 생활보장이 위협을 받고 있다. 여성의 경제활동 참여 및 핵가족 증가라는 사회구조의 변화에 따라 가족의 기능이 변화하였고, 가족구조와 가치관의 변화에 의해 가정에서는 아동양육을 전담하지 못하고 있다. 이러한 현대 가족구조의 변화에 따라 아동의 보호와 양육의 책임은 이제 사회에 있다는 관점이 확산되고 있다. 아동의 부모와 가족이 보호와 양육의 기능을 적절히 수행하지 못하게 되면 사회가 아동의 기본적 생활유지와 양육을 공동 책임져야 한다. 따라서 아동이 속한 가정 환경의 변화에 관계없이 건전하게 성장하고 발달할 수 있도록 기본적 보호와 양육을 보장하고, 가족을 지원할 수 있는 사회제도를 마련하는 것이 아동복지의 의의라고 할 수 있다.

2) 미래 인력의 보호와 육성

아동은 우리나라의 미래를 이끌어 갈 인적자원이므로 아동을 적절하게 보호하고 교육하는 것은 우리 사회의 미래와 관계가 깊다. 따라서 아동의 건강한 발달과 전문적 지식교육 및 성숙한 인격을 갖추도록 교육시키는 것은 우리 사회의 미래 인력을 위한 투자라고 볼 수 있다. 아동이 경제적 결핍이나 문화적 기회 박탈 등으로 불이익을 받거나 건전한 성장과 발달을 이룰 수 없다면 우리 사회의 미래는 불투명하다고 볼 수 있다.

아동이 미래 사회의 자원이라는 관점에서 많은 선진국이 다양한 교육, 문화, 의료 지원을 통해 아동의 복지 증진을 꾀하고 있다. 예를 들어, 미국의 헤드스타트(Head Start)와 영국의 슈어스타트(Sure Start), 일본의 엔젤플랜(Angel Plan)은 빈곤가정 아동에게 국가가 교육 및 의료 지원을 통해서 사회적 계층 상승을 이루도록 원조하고 있다. 우리나라도 위스타트(We Start)와 드림스타트를 통해 빈곤의 악순환이 아동에게 전달되지 않도록 하여 미래의 우리 사회를 책임질 인적자원으로서의 아동의 발달 수준을 향상하기 위해 노력하고 있다. 또한 1980년 이후부터 보육 서비스의 확대를 통해 영유아 보호 및 교육에 대한 국가적 관심과 제도를 갖추기 위해 노력하고 있으며, 이러한 사회적 노력들은 아동이 우리 사회의 주역임을 인정하고 그들의 사회적 보호와 양육의 책임을 증가시키는 것이라고 볼 수 있다.

3) 사회문제 예방

아동기에는 욕구좌절이나 빈곤에 따른 물리적 박탈감 또는 문화적 결핍에 의한 정서불안이나 신체적 이상 또는 비행이나 폭력, 음주 등의 문제가 야기될 수 있다. 아동은 성인과 같은 기본적인 생리적 욕구와 문화적 욕구를 가지고 있지만 스스로 이러한 욕구를 만족시킬 수 있는 능력이 부족하므로 가정이나 사회에서 아동의 욕구를 충족시키기 위한 지원이 필요하다.

산업사회가 발달하면서 경제적 양극화 현상이 심화되었으며, 이에 따라 빈곤층과 가족해체가 빠르게 증가하고 있다. 이러한 부적절한 가정 및 사회 환경에 의해 아동의 잠재력을 발달시킬 기회가 원천적으로 박탈당할 위험에 처하였으며, 또한 아동기에 경험한 심리적 좌절감은 성인기에 사회문제를 유발할 수 있다.

생각해 보기

1. 우리 사회에서 아동이 가지는 지위와 미래 인적자원으로서 아동이 가지는 의미는 무엇인지 생각해 보자.
2. 현재 우리나라 아동복지 정책과 서비스가 아동의 권리를 어느 정도 보장하고 있는지 생각해 보자.
3. 국제사회에서 아동복지 향상을 위해 어떠한 노력과 활동을 하는지 생각해 보자.
4. 가족해체와 다문화가정 증가와 같은 급변하는 사회현상과 아동복지의 관계는 어떠한지 생각해 보자.

참고

1. 2017년 학령인구(만 6~만 21세)는 846만 1천 명인데, 2027년 696만 6천 명으로 향후 150만

명이 줄어들 것이다. 장래인구추이전망을 보면, 학령인구는 2040년 640만 명에서 2060년 479만 8천 명으로 감소할 전망이다. 2017년 학령인구는 총 인구의 16.4%를 차지하였는데, 2060년에는 11.1% 수준으로 줄어들 것이다(통계청, 2017).

2. 2016년 초중고 다문화가정 학생은 9만 9000명으로 전년보다 20.2% 증가했다. 다문화가정 학생 중 초등학생의 비중은 74.6%, 중학생 15.2%, 고등학생 10.1%를 나타냈다(통계청, 2017).

참고문헌

보건복지부(2009). 아동종합실태조사.

통계청(2017). 한국의 사회지표.

통계청(2017). 전국장래인구추계.

표갑수(2000). 아동청소년복지론. 서울: 나남.

Children's Defense Fund. (1997). *The state of America's children: Yearbook 1997*. Washington, DC: Children's Defense Fund.

Costin, L. B. (1985). The historical context of child welfare. In J. Laird (Ed.), *A Handbook of Child Welfare*. New York: The Free Press.

Downs, S. W., Moore, E., McFadden, E. J., Michaud, S. M., & Costin, L. B. (2004). *Child Welfare and Family Service: Policies and Practice* (7th ed.). MA: Allyn and Bacon.

Edwards, R. L. (Ed.). (2003). *Encyclopedia of Social Work* (19th ed.). Washington, DC: NASW Press.

Friedlander, W. A., & Apte, R. (1980). *Introduction to Social Welfare*. Englewood Cliffs, NJ: Prentice Hall.

Heckman, J. J., & Lochner, L. (2000). Rethinking Myths about Education and Training: Understanding the Sources of Skill Formation in a Modern Economy. In S. Danziger & J. Waldfogel (Eds.), *Securing the Future: Investing in Children from Birth to College*. New York: Russell Sage.

Kadushin, A., & Martin, J. A. (1988). *Child Welfare Services* (4th ed.). New York: McMillan Publishing Co.

McFadden, E. J., & Downs, S. W. (1995). Family continuity: The new paradigm in permanence planning. *Community Alternatives: International Journal of Family Care,* 7(1), 44.

Meyer, C. (1985). The institutional context of child welfare. In J. Laird & A. Hartman (Eds.), *A Handbook of Child Welfare* (pp. 100–116). New York: The Free Press.

제2장

아동발달의 이해

아동복지론

인간발달 과정 중에서도 아동기는 발달이 가장 왕성하고 살아 나가는 데 필요한 기본 지식을 습득하는 시기로서 발달상 중요한 의의를 갖는다. 아동기에는 키가 자라고, 몸무게가 증가하고, 다른 사람과 의사소통하는 것을 배우며, 문제를 해결하고, 자발적으로 판단하며, 자기 주도적인 행동을 한다. 자라면서 점차 다른 사람의 감정을 이해하고, 공감하기도 한다. 이에 아동기의 발달적 손상은 일생 동안 지속될 수 있다. 따라서 국가의 아동 정책이나 부모의 아동양육이 아동의 발달특성과 발달적 역량에 부응하는 것이어야 하며, 이것은 아동복지 정책 개발과 실행 과정에서 기본 전제가 되어야 한다.

이 장에서는 아동발달의 특성을 아동복지 정책과 실천현장에서 고려되어야 할 내용을 중심으로 요약하였다.

1. 아동발달에 대한 관점

1) 전통적인 관점

아동기에 대한 새로운 연구결과가 알려지면서 아동발달에 대한 이제까지의 인식이 달라져야 한다는 주장이 나타났다. 유니세프(Unicef, 2005)는 '아동기의 발달양상은 모든 아동에게 보편적으로 나타나며, 성인기가 되어서야만 비로소 안정적인 지위를 획득하게 되고, 아동발달의 목적은 보편적일 뿐만 아니라, 아동이 보이는 발달이상의 원인은 아동에게 있다.'는 것과 같은 아동에 대한 전통적인 인식은 변화되어

야 한다고 주장한다. 다음에서는 이러한 전통적인 인식에 대한 문제점을 살펴보고
자 한다.

(1) 아동기의 발달양상은 모든 아동에게 보편적인 것이다.

누구나 동일한 발달단계와 발달양상을 보인다는 아동기 발달의 보편성은 생물학
적 · 심리적 발달요소가 사회적 · 문화적 요소보다 아동의 발달에 더 강력하게 영향
을 미친다는 것을 전제하는 것이다. 그러나 이러한 관점은 가족, 형제의 연령, 자신
이 속한 문화, 아동이 발달하는 과정에서 차지하는 지위나 사회적, 경제적 상황 등
을 고려하지 않은 것이다.

(2) 성인기가 되어야만 안정적인 지위를 획득한다.

성인기가 되어야만 안정적이라는 것은 아동기는 미숙하고 비합리적이며 무능하
고 비사회적이며 수동적이라는 것을 전제하는 것이다. 이는 아동은 도덕성이 결여
되어 있고 성인기에 이르러서야 도덕성을 발달시킬 수 있다는 인식에 기초한다. 이
러한 입장은 성인기가 되면 발달이 끝나는 것으로 보고, 아동은 역량을 갖출 때까지
교육받아야 한다고 여기는 것이다. 일반적으로 성인은 아동의 행동을 이해하는 사
람이면서 동시에 이들의 행동을 해석하는 사람이라고 여겼다. 여기에 내포된 모순
은 성인은 옳고 아동은 그르다는 것이다. 결국 이 인식을 통해서는 아동의 행동을
제대로 판단할 수 없으며, 아동 자신이 무엇을 원하고 필요로 하는지 모른다고 생각
하게 된다. 아동의 경험을 중요하게 여기지 않는 이러한 생각들은 영국의 아동보호
시설에서 아동학대를 초래하였다.

(3) 아동발달의 목적은 보편적이다.

전통적인 입장에서 보면, 아동발달의 궁극적인 목적은 개인적 · 사회적 · 정치적
자율성을 획득하고, 독립성과 자기충족감 그리고 합리적 사고력을 획득하는 것이
다. 그러나 이것이 어느 문화권에서나 적용 가능한 보편적인 목적은 아니다. 어떤

문화권에서는 상호 협동하고 통합성을 발달시키는 것이 발달의 긍정적인 결과로서 중요하다고 인식한다.

과거에는 사회적·경제적·문화적인 요인에 의해서 불가피하게 보편적인 발달의 목적을 설정해 왔다. 그러나 한 사회에서 아동에 대한 입장이 매우 다양하고 유동적이라는 것은 아동의 특성을 보편적으로 진술하기 어렵다는 것을 의미한다. 노동력을 창출해야 하는 경제구조를 갖는 국가에서는 아동 간의 경쟁이 심하고 교육수준이 높다. 이들 국가는 창조적이고 융통성이 있고 의사소통능력과 독립성을 갖춘 아동을 필요로 한다. 아동에게 복종심, 충성심, 그리고 충실함만을 요구했던 과거와는 다르다. 또한 교육기간이 길어짐에 따라 아동의 책임이 오히려 감소하고 보다 더 의존적이 되었으며, 아동을 노동인력이라기보다는 정서적인 존재로 이해한다. 이와는 대조적으로 대부분의 개발도상국가의 경우, 어린이가 가내수공업이나 임금을 받는 노동현장에 투입되는 경우가 많으며, 이들에게는 수행해야 할 많은 책임도 부여된다.

국가의 상황에 따라 아동발달의 목적과 우선순위는 다르겠지만, 무엇보다도 아동 최우선의 이익 원칙을 고려해서 수립되어야 한다. 아동이 일하는 곳은 아동의 지식과 역량, 자기효능감, 자아가치감 등을 활용하는 터전이 되어야 한다. 노동현장에서 위험 상황에 노출되지 않고 보호받아야 하며, 놀이할 수 있어야 하고, 자유를 누릴 수 있어야 한다. 안타깝게도 대부분의 개발도상국가에서는 아동이 아니라 아동이 살고 있는 가족과 지역사회의 이익을 최우선으로 도모하는 정책을 펼치고 있다.

아동발달의 목표는 부모가 자녀를 양육하는 것과도 관련이 있다. 미국과 일본의 어머니는 5세 자녀에게 기대하는 행동과 역량에 큰 차이가 있다. 일본의 어머니들은 감정조절, 지위와 권위에 대한 존경 그리고 특정 영역에 대한 자기효능감의 발달을 중시하는 반면, 미국의 어머니들은 동정심, 협동심, 주도성, 주장성, 설득력의 발달에 초점을 둔다. 나이지리아와 미국의 부모를 비교한 연구에서도 미국의 부모들은 언어와 사회적 역량의 습득을 강조하는 반면, 나이지리아 부모들은 학습능력에 더 관심을 두는 것으로 나타났다. 미국은 좋은 사람이 되어가는 것과 자기효능감 발달에 중점을 두지만, 터키, 필리핀, 인도네시아에서는 어른에 대한 존경과 복종을 중시하였다. 서구사회에서 아동은 대소변 가리기나 혼자서 옷 입기 등 자신의 행동을 통제하는 것에 대한 요구를 더 많이 받고 있으며, 멕시코에서는 아동이 이런 것들을 할 수 있을 때까지 지켜보는 것으로 나타났다.

(4) 발달이상은 아동에게 원인이 있다.

전통적인 아동발달 관점에서 보면, 아동이 정상적인 발달양상을 보이지 않으면 발달지체로 보고, 발달이상의 원인을 아동에게서 찾는다. 그러나 실제로 치료를 받는 많은 아동들을 보면, 아동 자신이 문제를 갖고 있기보다는 아동이 사는 사회의 병리를 보여 주는 경우가 있다. 이것은 아동에게 적합한 환경을 제공해 주면 최적의 발달을 이룰 수 있다는 것을 의미한다. 루마니아에서 특수학교에 다니는 대다수의 아동들이 언어에 문제가 있었는데, 이는 지적능력의 제한뿐만 아니라 부모가 제대로 자녀를 돌보지 않았기 때문이었다. 캐나다에서 자신이 태어난 집에서 살지 못하고 시설에 수용된 대다수의 아동들을 살펴보면, 부모들이 이들을 제대로 돌보지 않았음을 알 수 있었다. 병리적인 요소를 가진 아동은 아동의 내적 요소 외에도 다양한 이유 때문에 발달이 늦어지거나 무능해진다. 아동의 무능함은 곧 발달지체로 받아들여지는데, 옛소련에서는 많은 아동들이 이 때문에 시설에 버려졌었다.

(5) 아동은 수동적인 존재이다.

전통적인 관점에서 아동은 생물학적, 심리적으로 발달이 덜된 성숙되어 가는 존재로 인식되었다. 미성숙한 존재로서 아동에 대한 이해는 아동이 자신과 다른 사람의 생활에 적극적으로 참여하지 못하도록 한다. 대다수 국가에서 아동의 문화적 세계, 즉 놀이 혹은 아동의 친구관계 등에만 관심을 기울여 왔기 때문에 아동과 성인의 관계에 대해서 관심을 갖지 않았다. 결과적으로 아동을 성인과 다른 존재로 이해하였으며, 아동이 성인의 행동과 의사결정에 영향을 미칠 수 있다는 점과 아동 자신이 삶을 능동적으로 구성해 나갈 수 있다는 점을 간과하였다.

2) 아동발달에 대한 새로운 관점

그렇다면 어떤 환경을 마련해 주어야 아동이 가진 발달적 역량을 충분히 발휘할 수 있을 것인가? 어떤 환경적 요소가 아동의 잠재적 발달가능성을 위협하는가? 아동의 역량을 충분히 발달시키려면 어느 수준의 보호가 제공되어야 하는가? 아동이 자신의 삶에 영향을 미치는 의사결정 과정에 참여하는 권리와 그들이 위험으로부터 보호받아야 하는 권리를 어떻게 조화롭게 보장할 수 있는가? 아동이 가진 어떤 역량이 아동 스스로를 보호할 수 있게 하는가? 유니세프(2005)는 이와 같은 질문에 답하려면 아동을 발달적 존재, 참여적 존재, 보호적 존재로서 이해할 수 있어야 한다고 제안한다.

(1) 발달적 존재로서의 아동: 잠재적 역량의 발휘

발달적 존재로 아동을 이해한다는 것은 유엔아동권리협약 전반에 나타나 있다. 인간은 태어나면서부터 죽을 때까지 끊임없이 변화하고 발달해 가는 존재다. 아동기는 인간발달의 한 과정으로서 자신의 역량을 발달시킬 수 있는 충분한 기회를 제공받을 수 있어야 하며, 보호받아야 하는 존재이다. 아동기에 경험하는 발달적 손상은 성인이 된 이후에도 회복이 불가능하다. 따라서 발달의 궁극적인 목적은 아동의 잠재적 역량을 충분히 발휘하여 행복하고 안전한 생활을 영위할 수 있도록 하는 데 있다.

충분한 영양공급, 학습경험을 할 수 있는 자극과 놀이기회 제공, 건강하고 안전한 환경 조성 그리고 적절한 여가 및 다른 사람과 정서적인 유대관계 형성 등은 모두 아동의 잠재적 역량을 발달시키는 데 중요한 요소들이다. 그러나 이러한 환경이 제공되지 못하면 아동의 발달은 위협받는다.

아동발달에 대한 최근의 연구는 아동이 단지 환경의 자극에 반응하는 수동적 존재가 아니라 자신을 둘러싼 주변환경에 능동적으로 반응함으로써 발달한다는 것을 강조한다. 아동은 자신의 발달에 적극적으로 영향을 미칠 수 있다. 최근 생태학자들은 아동의 발달은 예견된 순서에 따라 나타나기보다는 다른 사람과의 의사소통을 통해서 세상을 배우고 알아 간다고 주장한다. 아동은 주변의 성인 및 또래친구들과 적극적으로 상호작용하는 과정에서 다양한 역할을 수행하고 책임감을 경험함으로써 자신의 발달적 역량을 더욱더 확대해 나갈 수 있다.

자신의 삶에 영향을 미치는 의사결정 과정에 참여하는 것은 아동의 발달적 역량을 키우는 데 중요하다. 아동의 의견이 고려되어야 하고 아동 또한 다른 사람의 권리를 존중하고 보호해야 할 책임이 있다. 그러나 아동은 자신의 삶에 영향을 미치는 정책을 수립하거나 서비스를 결정하는 과정에서 대체로 소외되어 있다. 유아기 아동이 의사결정 과정에 참여하는 것이 이들의 역량을 발달시키는 데 긍정적인 영향을 미친다는 사실은 강조되지 않았다. 그러나 의사결정 과정에 아동이 참여하는 것은 이들의 사회성, 인성발달에 상당히 중요한 영향을 미친다.

자율적인 의사결정을 통한 발달

4세 반을 맡은 한 유치원 교사가 반 아이들에게 선생님이 줄 때까지 기다리지 말고 자신이 원할 때 과일을 먹고 물을 마시라고 하였다. 처음에 아이들은 담임교사에게 먹어도 되는지 물었지만, 이후 곧 자기가 원할 때 물을 마시고 과일을 먹을 수 있다는 것을 알게 되었다. 처음에 아이들은 컵에 물을 따를 때 흘리기도 하였지만 곧 실수하지 않고 익숙하게 물을 마실 수 있게 되었다. 아이들이 혼자서 행동할 수 있는 의사결정 기회를 줌으로써 책임감을 기르게 되었다.

가정, 교육현장, 그리고 놀이 등을 통해서 아동의 역량을 발달시킬 수 있는 방법은 다음과 같이 정리될 수 있다.

① 가정
• 아동의 발달적 · 심리적 특성에 대한 이해

- 아동기에 경험하는 잠재적 손상의 결과가 미치는 영향에 대한 이해
  : 부적합한 양육의 영향, 부모의 이혼의 영향
- 아동기의 특별한 경험
  : 상상놀이, 음악을 통한 의사소통 경험 등

② 교육

교육은 아동에게 자신의 발달적 역량을 최대한 발휘할 수 있는 기회를 준다. 그러나 교육기회를 공평하게 제공받지 못하는 아동도 있다.

- 교육기회의 제한: 세계적으로 1억 2100만 명의 아동이 교육을 받지 못하고 있다. 또한 여아의 교육기회가 남아보다 더 제한되어 있다. UN은 2015년까지 모든 아동에게 기본적인 교육을 받을 수 있는 기회를 제공할 것을 목표로 하고 있다.
- 사회적 불평등: 빈곤과 불평등이 아동의 잠재적 발달가능성을 제한하고 있다. 부모의 사회경제적 상황은 아동의 교육적 성취와 관련이 있다.
- 학대 환경: 어떤 경우에는 학교도 절적한 교육환경이 되지 못한다. 대다수 학교가 강압적이고 비합리적이며 열악한 환경과 운영체계를 갖고 있다.

아동은 자신의 잠재적 역량을 발달시킬 권리가 있다. 그러나 대다수의 아동은 자신의 역량을 발달시킬 수 없는 열악한 환경에서 성장하고 있다.

③ 놀이

놀이는 아동발달 과정에서 가장 중요하다. 놀이를 통해 아동은 즐거움, 탐색, 관계에서의 거부, 적극적인 참여 등을 배운다. 그러나 대부분의 아동들은 충분하게 놀이할 수 있는 환경에서 자라지 못하고 있다. 놀이 경험이 적은 부모들은 자녀가 다양한 방식으로 놀이하는 것을 허용하지 못하거나 놀이환경의 중요성을 인식하지

못한다. 그리고 장애아동 대다수는 놀 수 있는 기회가 없으며 사회적으로 소외되어 있다.

(2) 아동의 역량에 대한 인정과 존중: 의사표현의 역량을 갖춘 아동

유엔아동권리협약은 아동을 성인의 보호를 받는 수동적 존재가 아니라 적극적인 권리의 주체로 명시하고 있다. 모든 아동은 각자의 도덕적, 사회적, 인지적, 신체적, 정서적 발달양상을 보이며 그 역량 또한 다양하다. 성인과 마찬가지로 아동의 역량은 아동 자신의 경험, 자신에 대한 기대, 사회적 상황, 개인적 상황 등에 따라 다르게 나타난다.

일반적으로 성인은 역량이 있고 아동은 미숙하다는 인식이 보편적이다. 이러한 일반적인 가정은 성인으로 하여금 아동이 무엇을 이해할 수 있고, 무엇을 성취할 수 있는지를 제대로 판단할 수 없게 한다. 아동에게 역량이 있다는 것을 인정하고, 이것을 존중할 수 있어야 한다.

최근의 연구들은 성인이 아동의 역량을 과소평가하고 있음을 확인하고 있다. 아동이 자신의 삶에 영향을 미치는 일에 대한 의견을 표명할 수 있는 능력이 있다는 것을 성인은 인정하지 않는다. 아동에 대한 성인의 잘못된 생각은 세계 각국에서 각기 다른 양상으로 나타나고 있다. 많은 개발도상국가에서는 아동이 사회경제적 책임을 지고 있지만 아동의 권리보장을 제한하고 있다.

시민권과 정치적 자유 그리고 자율성을 최고의 덕목으로 강조하는 사회에서조차 아동이 자신의 삶에 영향을 미치는 의사결정 과정에 참여할 수 없는 경우도 많다. 국가의 사회경제적 취약성, 그리고 아동은 보호가 필요한 존재라는 인식 때문이다. 이것은 아동의 자율성을 개발할 기회를 감소시키며, 이런 의식이 사회를 지배하는 한 의사결정 과정에서 아동은 자연히 배제될 수밖에 없다.

어떤 아동은 어른보다도 더 자신감을 갖고 자기의 의견을 표현할 수 있다. 아동이 미성숙하다거나 지적능력이 부족하다는 생각은 아동을 특별한 보호가 반드시 필요한 존재로 받아들이게 한다. 아동은 자신의 발달적 역량과 상관없이 의사결정 과정에 참여하지 못하고 있다. 대부분의 국가들이 사법제도 안에서뿐만 아니라 정책수립 과정과 서비스 실행 과정에서 아동의 능력을 인정하지 않고 이들의 의사를 충분하게 고려하지 못하고 있다. 아동의 역량이 부족하다는 인식은 사법제도 내에서도 분명하게 나타나고 있다. 영국에서 수행된 한 연구에 따르면, 사법제도 내에서 아동의 연령과 성숙 정도에 따라 아동의 의사가 존중되어야 하는데, 아동의 의사표현은 제한되어 있다고 보고하고 있다.

아동의 자신의 지위에 대한 평가

　Bissell이 방글라데시에서 실시한 연구결과를 보면, 아동은 자신의 신체적 특성이나 경제적 지위에 따라서 자신을 평가하지 않고, 자율성에 따라서 자신의 지위를 평가하는 것으로 나타났다. 예를 들면, 11세의 한 여아는 자신이 어떤 의사결정도 할 수 없기 때문에 자신을 '작은 존재'로 지각하고 있었다. 의류공장에서 일하고 있었지만, 자신이 받는 급여를 모두 부모에게 가져다주기 때문에 자신의 일이 자신의 존재를 결정하는 요인으로 작용하지 않은 것이다.

Innocenti Report(Unicef, 2007)

---

(3) 보호적 존재로서의 아동

　아동기는 상처받기 쉬우며, 활동에 참여할 수 있는 역량도 제한적이다. 아동은 자신의 역량과는 상관없이 아동이 경험할 수 있는 어떤 종류의 위험에 대해서도 보호받을 수 있어야 한다. 그러므로 참여할 수 있는 역량을 갖춘 존재로서의 아동과 보호적 존재로서의 아동이 조화를 이루어야 한다.

　보호와 의사결정 과정에서의 적극적인 참여 간에 조화를 이루는 것은 필수적이다. 이러한 조화는 청년기에 특히 어려운 과제이다. 청년기는 중요한 발달적 변화를 경험하는 시기로 신체적, 성적 성숙이 급속하게 일어나며, 이들에 대한 사회적 기대도 증가한다. 자신이 누구인가라는 정체감이 혼미한 상태에서 새로운 사회적 책임이 부여됨에 따라 더 큰 사회적 위험에 직면할 수 있다. 유엔아동권리협약은 18세까지를 아동으로 규정하고 있으며 이 시기까지 아동은 보호받아야 하는 존재이다.

아동에 대한 보호는 다음과 같은 네 가지 영역에서 실천되어야 한다.

- 신체적, 정서적 위험으로부터의 보호
  : 아동에 대한 부모 및 가족의 애정과 사랑이 필요함.
- 의사결정 과정에서의 보호
  : 아동의 삶에 영향을 미치는 의사결정 과정에서 아동을 보호함.
- 사회적, 경제적 위험으로부터의 보호
  : 아동은 사법제도, 전쟁, 근로 등으로부터 보호받아야 함.
- 각종의 착취와 학대로부터의 보호
  : 아동은 성적 착취와 학대 등으로부터 보호받아야 함.

아동과 성인의 생각은 다르다

방글라데시에서 가출청소년을 대상으로 한 한 연구에서 아동의 생각과 성인의 생각이 다르다는 것을 확인할 수 있었다. 10~15세의 50명을 대상으로 한 연구에서 성인은 아동에게 필요한 것으로 건강, 교육, 보살핌이라고 생각하였지만, 아동은 고민거리, 불의, 착취, 사기,(등에서 벗어나기?) 이름부르기 등을 꼽았다. 아동은 자신의 가치와 독립을 원했다. 이 연구는 아동의 생각을 성인의 시각에서만 바라봐서는 안 된다는 것을 보여 주고 있다.

Innocenti Report(Unicef, 2007)

2. 아동발달과 아동 친화적인 환경

1) 아동 친화 환경의 의미

전 세계적으로 대도시의 전반적인 환경은 복잡한 교통, 환경오염, 녹지 공간의 부족, 상대적 빈곤의 심화, 유해환경 증가 등 아동의 잠재적 성장 가능성을 저해하고 있으며, 이러한 도시의 환경 변화는 아동의 삶과 미래에 많은 변화를 야기하고 있다. 이에 따라 유엔은 유니세프를 중심으로 아동의 권리를 보호하고 아동의 긍정적 성장·발달을 도모하기 위해 아동 친화도시 운동(Child Friendly Cities: CFC)을 벌이고 있다. 아동 친화마을은 아동이 건강하고 안전하게 성장하고 발달하여 아동의 핵심역량을 개발하고 잠재력을 극대화할 수 있는 지역사회 환경을 마련하여 행복한 삶을 영위할 수 있도록 조성하는 도시이다(UNICEF, 2005). 또한 아동의 건강한 발달을 위해 가정과 학교 및 지역사회에 산재되어 있는 위험요소를 제거하고 안전하고 친화적 양육 및 교육환경을 조성하여, 취약계층 아동을 위한 지원 서비스와 다양한 체험 프로그램을 할 수 있는 기회와 공간을 적절히 제공하는 것이 목적이다(Malone, 2009). 유니세프의 아동 친화도시 운동은 아동의 잠재적 역량을 충분히 펼치고, 공평한 기회를 부여하며, 아동에 대한 위험을 최소화하는 데 기여하는 것으로 평가되고 있다. 현재 이태리, 영국, 캐나다, 필리핀 등 세계 각국이 아동 친화도시 운동에 참여하여 성장환경 개선을 위한 노력을 적극 기울이고 있다(황옥경 외 2011). 특히, 영국은 지역사회 아동놀이터 조성을 통해 아동 친화도시 운동을 중앙정부 차원에서 활발하게 전개하고 있다(황옥경, 2012).

도시화로 인한 아동의 성장환경 파괴는 우리나라도 결코 예외적인 현상이 아니며 우리나라 아동의 삶의 질은 다른 나라에 비해 매우 낮은 것으로 보고되고 있다. 아동이 위험에 처해 있고 삶의 질이 위협받고 있는 사회에서는 지속적인 발전을 기대하기 어렵다. 이제 우리나라도 아동 문제행동 중심의 정책에서 벗어나 일반아동에게 건강한 성장환경을 제공해 주기 위해서 필요한 노력을 고민해 보아야 한다. 최근 일부 지방정부가 유니세프 한국본부의 아동 친화도시 인증에 참여하여 아동중심의 지역사회를 조성하기 위한 노력을 기울이고 있다.

2) 아동 친화적인 환경의 구성요건

우리나라는 아동의 발달을 도모할 수 있는 환경 조성에 대한 관심이 다른 정책에 비해 상대적으로 저조하다. 아동기의 건강한 발달이 생산적인 성인으로 발달하는 데 필수적이라는 인식을 바탕으로 아동 친화마을 구축을 위한 중앙과 지방정부 차원의 노력이 요구된다. 유니세프는 지방정부의 역할을 강조하였다. 지방정부는 지역사회 환경을 변화시킬 수 있는 가장 효율적이고 효과적인 단위이며, 중앙정부의 변화도 이끌어 낼 수 있는 가장 강력한 단위이기 때문이다(UNICEF, 1996). 아동 친화마을 구축을 위한 통합적이고 체계적인 정책 방안과 구체적인 서비스를 개발 실행할 수 있어야 한다. 아동 친화적인 환경은 다음의 요건을 충족하여야 한다.

첫째, 아동의 건강과 안전을 위협하는 요소가 제거된 안전한 환경이어야 한다. 지역사회는 아동에게 최소한의 안전과 건강을 보장할 수 있어야 하고, 아동의 성장과 발달에 장애가 되는 위험요소, 유해환경을 조기에 발견·조치하여 아동이 행복하고 즐거운 생활을 영위할 수 있는 기반을 제공해 줄 수 있어야 한다.

둘째, 아동의 역량을 발달시킬 수 있는 지지적인 환경이어야 한다. 풍부한 지역사회 자원과 서비스 제공을 토대로 아동 성장발달의 불균형 및 불공평이 해소되고, 다양한 영역에서 아동의 능력발달을 지원할 수 있어야 한다.

셋째, 손상된 지역사회 환경을 회복할 가능성이 있어야 한다. 급격하게 진행된 도시화 및 산업화로 인해 악화된 지역사회 공간을 재구성하고 이웃과의 관계를 회복하는 등 손상된 지역사회 환경이 회복될 수 있어야 한다. 안전을 위협하는 환경 개선, 그리고 유해환경 요소의 제거 등을 통해 아동발달에 긍정적인 영향을 미칠 수 있는 지역사회 공간을 충분하게 확보할 수 있도록 지역사회 발전 계획을 수립하여야 한다.

넷째, 개방적 의사소통으로 생기 있고 활력이 넘치는 살기 좋은 지역공동체가 구성되어야 한다. 지역주민 상호 간의 협력과 지원 등을 통해 친밀한 돌봄관계를 발달시키고 아동과 성인 그리고 지역 관련 전문가 간의 활발한 의사소통으로 파트너십을 구축할 수 있어야 한다. 이를 위해 지역주민의 아동발달에 대한 관심과 지원이 필수적이며 관련 기관 간의 연계는 아동의 참여를 보다 효율적이고 능동적으로 이끌어 낼 수 있을 것이다.

3. 아동발달과 아동복지 서비스

아동발달의 특성에 대한 이해는 사회복지사가 아동의 욕구 및 행동을 정확하게 사정하고 개입시기를 결정하는 데 중요하게 작용한다. 특히, 유아기와 아동기 발달을 이해하는 것은 발달상 지체나 문제를 조기에 사정할 수 있도록 돕는다. 또한 아동이 겪을 어려움을 최소화하거나 예방할 수 있으며, 정상 발달 수준에서 많이 뒤처져 있다면 즉각적으로 개입하여 문제를 해결할 수 있다.

1) 발달의 생물학적 이해 및 아동복지 서비스

(1) 생명의 탄생과 아동복지 서비스

임산부는 영양가 높은 음식을 섭취해야 하며, 평소보다 하루에 300kcal 이상을 더 섭취해야 한다. 임신 중 영양결핍은 조산, 저체중아의 출산, 신생아 사망과 관련이 있다. 잘못된 식이요법은 태아의 중추신경계 발달에 좋지 않고, 신생아가 질병에 쉽게 걸릴 수 있다. 임산부가 먹는 약물이 태반을 거쳐 태아의 혈류를 통해 몸에 들어가기 때문에 약물 사용에는 세심한 주의를 기울여야 하며, 약을 사용하거나 약물 치료 시에는 반드시 의사의 자문을 받아야 한다. 테라토겐 및 탈리도마이드는 기형을 유발하며, 항생제는 뼈 조직이 변하는 기형을 유발하기도 한다.

　사회복지사는 조산 혹은 저체중아 출산의 위험이 있는 임산부를 발견하고 의료, 영양, 교육 그리고 심리사회적인 개입을 할 수 있어야 한다. 이를 통해 건강한 신생아의 출산을 도울 수 있다. 저소득 계층이나 의료기관의 접근성이 떨어지는 지역에 사는 경우, 임신 초기에 태아관리가 제대로 이루어지지 않을 가능성이 있다. 따라서 생명을 유지하는 차원에서 태아기 아동복지 서비스 개입은 중요하다.

　아동복지 업무를 담당하는 사회복지사는 지역의 임산부가 의료보험이나 보건의료 서비스를 제대로 이용할 수 있도록 도와야 하며, 고위험 상황에 처한 임산부에게는 개별적인 서비스를 제공해 주어야 한다. 태아기 관리가 제대로 되지 않을 경우 위험에 처할 수 있기 때문에 이용 가능한 서비스에 대한 정보도 제공해야 한다. 또한 낙태와 불임은 가임부부와 관련한 주요한 사회적 쟁점이다. 사회복지사는 이들 부부를 대상으로 조력자, 중재자, 교육자, 분석자, 옹호자의 역할을 수행할 수 있어야 하며, 구체적이고 정확한 자료를 갖고 가능한 대안과 절차에 대해 알려 주어야 한다.

(2) 신체 및 운동발달과 아동복지 서비스

　태내기와 영아기는 두뇌발달의 결정적 시기이며, 이 시기 동안의 영양결핍은 두뇌의 성장발달을 저해하는 요인이 된다. 사회복지사는 태내기 두뇌발달 및 영유아의 신체 및 운동기능이 완만하게 발달하는 데 필요한 영양이 충분하게 공급되고 있는지를 확인할 수 있어야 한다. 아동기의 불균형한 영양공급은 영양실조나 비만을 초래한다.

　가정과 지역사회 환경이 영유아 아동의 규칙적인 생활습관을 형성하고, 사고와 질병으로부터의 보호할 수 있는 것인지를 평가할 수도 있어야 한다. 그리고 아동이 정상적인 발달 수준에 있는지를 평가하고, 신체·운동발달이 지체되는 것으로 판단되면 조기개입 프로그램을 계획해야 한다. 이외에도 빈곤이나 결손 등의 이유로 신체·운동기능의 발달에 필요한 영양을 충분히 공급받고 있지 못하다고 확인될 경우에도 조기개입 프로그램을 계획하여 필요한 의료 서비스를 받도록 지원해야 한다. 위기에 처한 아동에 대한 조기개입 프로그램의 장·단기적인 긍정적 효과를 입증한 연구들이 있다. 따라서 영유아 조기개입 프로그램을 통해 아동에게 건강 서비스를 제공하고, 충분한 영양을 공급하며, 성장에 필요한 적절한 자극을 제공해야 한다.

사회복지사는 아동의 성장환경의 위험성 정도를 평가하기 위해서 가족위기사정평가와 아동발달평가를 실시할 수 있다. 아동발달상황에 대한 평가 결과는 아동복지 서비스와 연계되어야 한다.

2) 인지·언어발달과 아동복지 서비스

발달속도에는 개인차가 고려되어야 하지만, 평균발달 수준 이하의 발달지체를 보일 경우에는 조기진단 및 치료를 계획할 수 있어야 한다. 아동뿐만 아니라 부모들을 위한 서비스도 제공될 수 있어야 한다.

(1) 언어발달지체

언어발달지체는 다른 발달영역에 비해 비교적 범주화된 측정기준이 마련된 발달영역이다. 2세 유아는 200~300개 정도의 단어를 말할 수 있고, 6세경이 되면 2,500개로 증가한다. 문장의 길이도 길어져서 3~4세경에는 3~4개 단어로 문장을 구사하나, 유아기 말에는 6~7개 단어로 구성된 문장을 구사하게 된다. 학령기 아동들은 보다 많은 단어를 학습하게 되는데, 초등학교를 졸업할 때쯤이 되면 40,000개 정도의 단어를 습득하게 된다. 이는 하루에 20개 정도의 새로운 단어를 학습하는 셈이다(Anglin, 1993).

사회복지사는 언어발달지체를 야기하는 환경적 요인을 확인하고 이를 제거해야 한다. 이런 맥락에서 언어 습득을 촉진할 수 있는 환경적 자극을 조성하는 것도 중요하다. 언어발달지체를 진단하고 그 원인을 확인하여 조기에 언어치료를 받을 수 있도록 서비스를 제공해야 한다. 부모교육도 병행하여 가정에서도 언어발달을 도울 수 있는 프로그램을 제공해야 한다.

(2) 인지장애

아동복지 실천 과정에서 인지발달지체를 보이는 즉, 정신지체의 양상이 보이는 아동 혹은 부모를 만날 수 있다. 인지장애는 흔히 정신지체로 불리는데, 이들의 85%가 지능지수 55~70인 경도지체이다. 이들은 현재 진행되고 있는 활동이나 사건에 주의를 기울이기 어려우며, 기억능력도 현저하게 떨어진다. 대부분의 경우 언어지체를 동반하고 학업성취에 어려움이 있다. 또래에 비해서 학교생활에 적응하지도 못하며, 좌절하거나 실패의 경험을 반복할 수 있으며, 이로 인해 낮은 자존감을 갖게 된다.

이들을 위한 서비스를 계획할 때 주요한 전제가 요구된다. 하나는 가능하면 시설수용을 지양해야 한다는 것이다. 어떤 경우에 지능이 떨어진다는 것은 문제 해결의 갈등상황에서 개인이 사용할 수 있는 대안이 줄어든다는 것을 의미한다. 시설보호는 도움이 필요한 개인의 욕구에 맞는 서비스를 제공하는 데 한계가 있다. 인지장애 아동에 대한 시설보호가 부적절한 이유도 이와 관련된다.

사회복지사는 인지장애 아동에 대해 조력자의 역할을 수행할 수 있어야 한다. 인지장애가 있는 아동과 가족이 스스로 의사결정을 하고 문제를 해결할 수 있도록 도와야 한다. 필요한 서비스를 연계해 주는 것 또한 사회복지사의 주요한 역할이다. 또한 기관에서 인지장애 아동을 행정적, 서비스 제공 측면에서 관리해 줄 수 있어야 하는데, 민간차원에서는 다양한 한계가 존재하므로 공적체계와 연계하여 관리체제를 가동할 수 있어야 한다.

(3) 학습장애

학습장애는 인지장애나 정서적인 왜곡과는 달리 정보를 처리하는 과정에서 어려움이 있다. 학습장애의 정확한 원인은 아직 밝혀지지 않았지만 대체로 태아기의 문제, 부적절한 영양 등의 기질적 생물적 요인, 유전적 요인, 환경적 요인에 기인하는 것으로 추정한다. 학습장애가 의심되면 지능검사 등의 검사를 한다. 웩슬러 개인성 취검사 등의 성취검사도 실시하며 읽기, 쓰기능력 등도 평가해 볼 수 있다. 특별한 장애를 갖고 있는지, 정서적 안정성이 있는지도 평가하고, 신경학적 기능이나 시력, 청력 등의 의학적인 평가도 해 볼 수 있다.

학습장애 아동은 실패에 익숙해지거나 보다 심각한 반응을 보이는데, 이로 인해 더 이상 새로운 것을 시도하지 못하는 경우도 있다. 무기력은 학습장애의 또 다른 반응으로 자신이 할 수 있는 것도 피하기 위해서 실제도 아무것도 할 수 없다는 느 낌을 갖는다.

사회복지사는 아동의 강점을 최대한 강화하고 약점을 최소화할 수 있는 교육적 환경을 조성해야 한다. 이를 위해 개별화된 학습지도 프로그램 제공이 필요하다. 개별화된 프로그램은 과제를 해결하는 과정에서 다양한 감각을 사용하는 경험을 할 수 있으며, 자기규제를 통해 자신의 행동을 통제하는 인지적 훈련이 포함되어야 하며, 아동의 수준에 맞게 과제를 구체화해야 한다. 또한 아동이 성취할 수 있는 것 에 대한 책임감을 부여함으로써 자신에 대한 믿음을 키워나갈 수 있도록 돕는 것이 사회복지사의 역할이라고 할 수 있다.

(4) 주의력결핍 과잉행동장애

주의력결핍 과잉행동장애는 아동기부터 학습과 행동에 많은 문제가 나타나는 증 후군이다. 지속적으로 부주의하고, 과도하게 움직임이 심하여 한시도 가만히 있지 를 못하며, 자신의 차례를 기다리지 못하는 등의 충동성을 보인다. 이는 전문가의 정확한 진단이 필요하다.

주의력결핍 과잉행동장애는 주의의 분산을 최소화하도록 아동의 가정환경, 학교 특히 교실환경 등을 구조화해야 한다. 필요한 경우 방음장치를 하고 칸막이를 설치 해야 한다. 사회복지사는 자신의 과제에 집중하도록 격려하며 약물치료를 병행하 는데, 식욕 감퇴나 수면장애와 같은 부작용을 낳을 수도 있다.

3) 사회정서발달과 아동복지 서비스

사회정서발달에서 부모의 양육 방식은 중요한 역할을 한다. 특히, 긍정적인 자아 개념을 발달시키기 위해서 다른 사람이 자신에게 어떤 행동을 기대하는지와 다른 사람의 역할을 이해할 수 있는 역량을 키울 수 있어야 한다. 자기 행동에 대한 일정한 기대를 발달시켜야 하며 행동에 대한 책임감을 길러 줄 수 있어야 한다. 또한 다양한 대안을 개발하고, 이를 선택하는 연습을 통해서 자기 행동을 관리하는 효과적인 방법을 학습할 수 있도록 도와야 한다.

사회정서발달을 돕기 위해서는 부모, 교사, 또래 집단에 대한 개입이 필요하며, 관련 기관과의 협력이 요구된다. 특히, 부모교육은 아동의 발달특성과 과제에 대한 정보 제공의 주요 수단이다. 이를 통해 아동의 욕구와 문제에 대한 부모의 민감성을

사회정서 발달에 대한 '놀이'의 의미 새기기

놀이는 아동의 일상생활에서 가장 기본적인 것이며 아동에게 즐거움을 주는 핵심적인 활동이다. 아동들에게 그들의 일상생활에서 가장 중요한 것이 무엇이냐고 물으면 일반적으로 '놀이'와 '친구'라는 응답을 가장 많이 한다. 아동기 동안의 경험에서 차지하는 놀이의 중요성 때문에 발달 과정에서 놀이는 오래전부터 강조되어 왔다.

유엔아동권리협약에서 놀이는 아동의 기본 권리로서 특별히 옹호하고 각국의 관심을 유도해야 할 사안으로 적시하고 있는데 협약 제31조 1항, 2항은 아동의 놀이권, 레크레이션권을 규정하고 있다(황옥경 외, 2014). 적극적인 놀이와 여가 활동은 신체건강에 도움을 줄 뿐만 아니라 학교와 사회 생활에서 발생되는 욕구불만, 좌절, 갈등 등의 정신적 스트레스를 해소시키고 정서적 안정에 도움을 주며 사회적으로 타인과의 원만한 인간관계를 맺게 해 주기 때문에(Gooby, 2003; 2006), 발달의 특성상 초등학교 아동에게 놀이는 매우 중요하다. 놀이는 아동의 주도로 자유롭게 이루어져야 하며 달성해야 할 목적이 없이 즐겁고 재미있게, 그리고 창의적인 활동이어야 한다(황옥경 외, 2014).

높여 나갈 수 있다. 아울러 부모교육 및 부모상담 등의 서비스가 아동에 대한 사회정서발달 서비스 프로그램과 동시에 계획되어야 그 효과가 극대화될 수 있다.

4. 아동발달의 아동복지에 대한 함의

1) 일반적인 아동복지 전제

아동복지 서비스를 통하여 아동의 역량을 충분하게 발달시킬 수 있으려면 아동복지를 수행하는 과정에서 다음의 사항이 전제되어야 한다.

- 아동의 역량을 최대한 발달시키기 위해서 성인들이 이들에게 필요한 최선의 사회적, 경제적, 문화적, 물리적 환경을 제공한다.
- 아동에게 의사결정 과정에서 참여의 기회를 보장해 준다.
- 부적절하고 위험한 환경으로부터 아동을 보호해 준다.

그러나 위의 3가지 전제를 실행에 옮기는 것이 간단한 것은 아니다. 아동의 역량이 어느 정도 되는가를 평가하는 것은 매우 복잡한 과정이다. 역량을 어떻게 규정할 것인가의 문제도 있고, 아동들이 어느 정도로 의사결정 과정에 참여하는 것을 참여로 규정하는가도 판단하기 어려운 문제이다. 아울러 어떤 환경을 아동의 발달을 위협하는 환경으로 규정할 것인지를 결정하는 것도 까다로운 문제이다.

아동들은 각기 다른 집단에서 다양한 환경에서 성장했기 때문에, 이들의 역량은 각기 다르게 발달할 수 밖에 없다. 아동의 역량이 어떻게 받아들여지고, 이해되는가는 아동이 살고 있는 시대적, 사회적, 문화적 환경에 따라서 다르다. 한 사회에서 위험하다고 생각되는 행동이 다른 사회에서는 정상적인 행동으로 받아들여질 수 있다.

사회마다 조금씩 다를지라도 아동기가 존재한다는 인식은 아동을 한 사회에서 어떤 위치에 놓아야 하는가, 역량을 획득할 수 있도록 그들을 어떻게 지원해 줄 수 있어야 하는가를 생각하도록 하였다. 어른의 입장에서 아동을 바라보고 아동에게 무엇을 제공해 주어야 한다고 생각하지 말아야 한다. 아동은 각기 다른 발달단계에서 각기 다른 역량을 갖고 있는 그 자체로서 받아들여져야 한다.

아동복지 과정에서 고려되어야 할 것을 다음과 같이 정리할 수 있다.

- 아동의 역량을 발달시키기 위해서 가장 효과적인 전략은 무엇인가?
- 아동의 역량을 발달시키고 이들의 권리를 보호하기 위해서 국가는 가족생활에 얼마나 개입해야 하는가?
- 아동의 역량을 평가하는 기준은 무엇인가?
- 각 연령별로 아동이 처한 위험과 착취로부터 아동을 보호하기 위해서 가장 효과적인 체계는 무엇인가?
- 아동보호 과정에서 아동 자신이 어느 정도로 참여할 수 있는가?

2) 조기개입의 중요성

아동발달에 있어 아동기 초기는 매우 중요한 시기이다. 이 시기는 발달의 기초를 형성하게 되는 시기이자 변화에 민감한 시기이므로 시기적 중요성이 강조되는 것이다. 불리한 결과들(예: 정신병, 낮은 발달 수준, 비만, 비행, 실직)은 초기의 불리한 환경으로 생기기 때문에, 초기의 불리한 영향들을 제거하는 정책들은 아이들의 전 생애와 다음 세대를 위한 복합적인 이익들을 가져올지도 모른다고 주목했다. 영유아 발달 프로그램들과 개입들은 세상에서 아동들의 기회를 향상시킬 수 있다.

영유아들에 대한 조기투자는 상당히 높은 경제적 이익 창출의 효과가 있다. 그러나 영유아 초기발달의 중요성을 강조하는 된 데에는 좀 더 강력한 이유가 있다. 영유아 조기발달 프로그램을 통해 아동들이 건강 서비스를 제공받고, 충분한 영양을 공급받으며, 성장에 필요한 적절한 자극을 제공받게 됨에 따라 아동들이 초등학교 생활에 적응을 잘하게 되고, 이는 중·고등학교 생활에도 긍정적인 영향을 미쳐 결국, 성공적인 노동인력을 양성하게 되는 기반이 된다. 전 세계 지역들의 효과적인 영유아 발달 개입들의 예들은 많이 있고, 몇몇은 그들의 효과를 측정하는 평가를 받은 적도 있다.

조기개입이 가능한 아동 정책의 시행은 아동의 자존감, 사회적 역량 및 동기수준을 높이고 자신이 속한 문화적 규범과 가치를 잘 이해하고 받아들이도록 한다는 것은 잘 알려져 있다(황옥경, 2009). 공평한 교육기회를 통해서 학업성취가 높아지고 성인기 범죄 및 비행이 줄었고(DCSF, 2008; Yoshikwa 1995), 학교에서 유급과 중도탈락률이 낮아지고 학교성적이 향상되었다는 보고도 있다(DCSF, 2010). 또한 교육, 의료, 레져 등 아동기 투자 비용이 높을수록 성인이 되었을 때 이들의 연간소득이 상승하기도 하였다(HMSO, 2008). 궁극적으로는 조기개입 통로가 되는 아동 정책은 향후 국가경제의 호전과 연관이 있다. 실제로 1962년부터 실시한 Perry Preschool 연구에서는 영유아에 대한 투자 $1당 $17.07의 환원효과가 있다고 발표(Schweinhart & Montie, 2005)하였고, 시카고 Child-Parent Centers의 연구는 영유아에 대한 투자 $1당 $7.14의 투자 환원효과가 있음을 확인하였다(Mann, 2002).

2010년 영국 정부가 발표한 자료에 따르면(DCSF, 2010) 어느 시기부터 정부의 예산을 투입하는가에 따라 정부의 총 투자 비용이 차이가 있는데, 0세부터 16세 미만까지 정부가 투자할 경우 1인당 총 4여파운드가 소요되는 데 비해서 6세부터 정부가 비용을 지원할 경우는 1인당 총15만여 파운드가 소요되는 것으로 나타났다.

3) 박탈된 환경의 위험성에 대한 인식

초기 아동기 특성상 주 양육자에 의존하여 보호받아야 하는 시기이므로 양육자와 주변 환경은 아동발달에 지대한 영향을 미치게 된다. 아동빈곤과 같은 대표적인 위험요인의 경우 발달의 초기에 더욱 취약하게 작용하고(Duncan, Brooks-Gunn, &

Klebanov, 1994), 빈곤의 기간이 길수록, 극심한 빈곤일수록 그 영향이 큰 것으로 나타났다. 만성적 빈곤은 부모의 역량감을 없애고 무기력을 조장하게 되어 아동의 양육에 부정적인 영향을 미치게 되고(McLoyd, 1994), 아동의 신체적 건강, 심리 · 정서적 발달, 학업성취도, 비행 등에도 부정적인 영향을 미치는 것으로 보고되고 있다(김재엽 외, 1998; 박현선, 1999; 구인회, 2003; 서울대학교 사회복지연구소, 2005).

유아기는 빈곤의 영향을 영구적으로 받는 가장 결정적이고 취약한 상태라는 주장과 아동기 학대받은 경험이 이후 폭력적 행동과 대인적응 등에 어려움을 가져올 수 있다. Acheson(1998)은 성인이 보이는 부적응의 양상(예: 정신병, 낮은 발달 수준, 비만, 비행, 실직)은 생후 초기의 열악한 환경에서 기인한 것이기 때문에, 생후 초기 결핍된 환경의 부정적인 영향을 제거할 수 있는 국가 정책은 아이들의 전 생애 뿐만 아니라 다음 세대에 이르기까지 다양한 혜택을 가져올 수 있다고 주장한다.

4) 모든 아동에 대한 개입 프로그램 실시

각 발달영역별로 이 시기 아동들에게는 그들의 사회적 위치나 가족 환경의 특징, 살고 있는 지역의 특성 등과 상관없이 동일한 서비스 지원이 뒤따라야 한다. 아동의 상황과 지역에 따라서 아동이 제공받을 수 있는 서비스가 모두 다른 현재의 아동 정책은 서비스 수혜 대상아동을 한정하였고, 서비스 전달체계의 분절화를 초래하였다. 오정수 외(2005)는 우리나라 아동 정책의 체계에 대한 평가에서, 첫째, 현행 아동 정책의 방향이 보호가 필요한 아동중심에서 일반아동으로 균형을 잡아가고 있지만 여전히 보호가 필요한 아동에 중점되어 있으며, 둘째, 일반아동을 포괄하는 대상체계가 나타나 있지 않아 이를 위한 내용이, 즉 일반아동과 안전에 대한 내용이 추가되어야 할 것을 제안하고 있다.

아동의 조건과 상황에 상관없이 누구에게나 동일한 서비스를 제공해야 하며, 이 시기 아동발달에 필요한 지원을 제공할 수는 있는 아동 정책 모델을 개발할 수 있어야 한다. 또한 아동들은 자신의 건강한 성장과 발달에 필요한 사회적 지원을 받을 수 있어야 하고, 서비스를 이용할 기회를 제공받아야 한다.

5) 부모와 가족에 대한 지원

자녀양육의 일차적 책임은 부모에게 있지만, 반면 국가는 일차적인 양육의 책임자로서 부모들이 제대로 양육 행동을 할 수 있도록 다양한 정책을 개발해야 한다. 국가가 부모역할을 강화할 수 있는 정책을 적극적으로 개발할 수 있어야 하며, 이를 제대로 수행할 수 없는 가정의 경우에 부모역할을 대신할 수 있는 사회지원 모델을 개발해야 할 것이다. 또한 다양한 가족구조의 등장으로 가족정책의 범위가 확대되어야 한다. 부모가 자녀를 양육하는 데 있어서 심각하게 문제되는 계층, 이를테면 조손가족과 한부모 가정 가족이나 소년소녀 가정세대 등에 대해서는 별도의 부모역할 지원이 필요하다. 이와 같은 다양한 구조의 가족들의 자녀양육 프로그램이 개발 및 보급되고, 이들의 자녀양육 역량 평가 등을 수행할 수 있어야 할 것이다.

부모들은 자신의 자녀에 대한 책임을 충분하게 그리고 효과적으로 수행할 수 있어야 하며, 국가는 부모의 양육을 돕는 역할을 수행해야 한다. 보육과 관련한 국가의 지원 정책은 마치 부모가 자녀양육을 실행하는 주체가 아니고 국가 내지는 보육시설이어야 한다는 정책기조를 내세워 왔다. 정부는 보육정책을 통해 가족에 대한 지원을 확대해 왔으나, 핵가족과 조손가구의 비율이 높아지고 있는 현실에서 이들에 대한 자녀양육 역량 평가나 자녀양육과 관련한 구체적인 지원이 이루어지고 있지 않다. 오히려 방임 확률을 높여 아동의 생존, 보호, 발달권 모두 침해될 가능성을 높이고 있다. 아동 정책 선진국들은 국가의 역할을 강조하면서 동시에 보모의 책임을 강조하고 있다. 특히, 부모의 역할을 강화하여 가족이 건강하게 제 기능을 수행할 수 있도록 도와야 한다.

6) 지역사회기관의 연계

아동에 대한 서비스는 다양한 서비스 전달 주체가 개입된다. 아동발달에 요구되는 서비스가 광범위하고 포괄적이어서 어느 한 기관에 의해서 독자적으로 아동발달을 지원할 수 없다. 다양한 영역의 전문기관의 개입이 필요하기 때문에 무엇보다도 기관 간의 연합 내지는 연계체계가 필수적으로 요구된다. 이렇게 될 때에야 비로소 아동과 부모의 요구를 충분히 성취할 수 있다.

아동복지 서비스 전달 과정에서의 기관 간의 연계체계 확립의 필요성에 대한 요구는 그동안 끊임없이 제기(황옥경, 2002)되어 왔다. 현행 아동복지 전달체계는 다양한 전달체계의 구심점이 되는 중심축이 없다는 문제점을 갖고 있다. 다양한 경로를 통해 여러 관련 기관이 개입되는 구조로 아동 정책을 총괄하는 주무부처가 모호하다는 문제를 안고 있다. 보호대상 아동은 양육시설, 아동상담소, 아동학대 예방센터, 가정위탁 지원센터, 입양기관 등 다양한 채널을 통하여 보호신청이 이루어지고 있으나 종합적 체계가 마련되어 있지 않아 보호대상아동을 발견했을 경우, 적절한 대응이 신속하게 이루어지고 있지 못하는 문제점이 있다(오정수 외, 2005).

아동복지 전달체계의 중심축으로서 보호대상아동에 대한 초기의 접수 신청과 진단이 통합적으로 이루어질 수 있도록 하며, 기존의 아동복지 전달체계와 새롭게 형성되고 있는 아동복지 전달체계가 상호 간 어떠한 연계와 협력의 시스템을 구축할 것인가는 매우 중요한 정책과제이다. 아동복지 전달체계 간의 협력과 연계체계에서 중심축을 형성할 수 있는 조직을 지정하고 전문적인 상담과 사정, 평가를 수행할 수 있는 인력 시스템을 갖추는 것(오정수 외, 2005)을 전제할 수 있어야 한다.

생각해 보기

1. 아동권리 관점의 아동발달에 대한 시각을 정리해 보자.
2. 사회복지사의 아동발달 이해가 왜 중요한지 그 이유를 정리해 보자
3. 박탈된 환경에서 성장하는 아동들의 발달적 위험에 대해서 생각해 보자.
4. 조기개입 프로그램의 중요성을 아동발달의 특성을 근거로 논의해 보자.

알아보기

1. 한국 아동의 정기적인 취미활동(음악 · 스포츠 · 동아리 활동 등) 결핍률이 52.8%임(출처: 보건복지부, 2014).
2. 우리나라 전체 인구 중 아동인구 수는 943만 명(통계청, 2014)으로 전체 인구의 20%가 안됨.
3. 부모가 보호하지 못하는 가정 밖의 아동이 3만 2천 명으로 전체 아동의 0.3%임.

참고문헌

구인회(2003). 경제적 상실과 소득수준이 아동의 교육성취에 미치는 영향. 한국사회복지학. 53, 7-30.

오정수, 이혜원, 정익중(2005). 선진복지국가 아동정책 비교와 21세기 한국아동정책의 발전방안. 보건복지부, 한국아동복지학회.

이봉주, 이숙, 황옥경, 김혜란, 박현선, 김경륜, 윤선화, 이호균(2006). 아동백서, 중장기 아동정책 및 국가행동계획 연구. 보건복지부.

정옥분(2003). 아동발달의 이론. 서울: 학지사.

황옥경(2002). 유럽국가들의 아동권리 모니터링 현황. 한국아동권리학회 춘계학술대회 발표자료집, 27-41.

황옥경, 김영지(2011). 청소년친화마을 지표개발 연구. 한국청소년정책연구원.

황옥경(2012). 한국 아동 · 청소년 인권실태 연구II. 아동 · 청소년의 놀권리: 현실과 대안. 한국청

소년정책연구원.

황옥경, 한유미, 김정화, 박진우, 손주환, 임수현(2014). 한국아동의 놀 권리 현주소와 대안. 유니세프 한국위원회, 한국아동권리학회.

Ainsworth, M. (1973). The development of infant mother attachment. In B. M. Caldwell & H. N. Ricciuti (Eds.), *Review of child development research* (Vol.3). Chicago: University of Chicago Press.

Anglin, J. M. (1993). Vocabulary development: A morphological analysis. *Monographs of the Society of Research in Child Development, 58*(10, Serial No. 238).

Duncan, G. Brooks-Gunn, & Klebanov(1994). Economic deprivation and early development. *Child development, 65*, 296-318.

Gooby, P. T. (2003). Introduction: Open markets versus welfare citizenship: Conflicting approaches to policy convergence in Europe. *Social Policy and Administration, 37*(6), 539-554.

Gooby, P. T. (2006). New labour's policy style: A Mix of policy approaches. *Journal of Social Policy, 35*(4), 629-649.

Jones,W. & Welch, S. (2010). *Rethinking Children's Rights.* Conntinum.

Witt, P. A. & Caldwell, L. L. (2010). *The Rationale for recreation services for youth: An Evidence based approach.* National Recreation and Park Association.

Lamb, M. M. (1988). Social and emotional development in infancy. In M. H. Bornstein & M. E. Lamb(Eds.), *Social, emotianal and personality development* (pp. 359-411). Hillsdale, NJ:Erlbaum.

McLoyd, V. D., Jayarantne, T. E., Ceballo, R, & Botquez, J. (1994). Unemployment and work interruption among African American single mothers: Effects on parenting and socioemotional functioning. *Child development, 65*, 562-589.

Saarmi, C., Mumme, D., & Campos, J. (1998). Emotional development: Action, communication, and understanding. In W. Damon (Series Ed.) and N. Eisenberg (Vol. ED.), *Handbook of child psychology: Vol. 3. Social, emotional, and personality:*

development (5th ed., pp. 237-309). New York: Wiley.

Seidal, R. W., & Reppucci, N. D. (1995). Organized youth sports and psychological development of nine-year-old males. *Journal of Child and Family Studies, 2*(3), 229-248.

Unicef(2005). Laying the Foundation for Children's Rights. *Innocenti Publications.*

Unicef(2007). *Innoceti Report.*

제3장

아동과 권리

예로부터 아동은 사회적인 약자로서의 위치를 감내해 왔다. 성인중심 사회에서 아동은 중요하지 않은 존재였고, 사회구성원으로서의 대접도 받지 못하였다. 다만 앞으로 성장을 해야만 사람으로 대접받는 미래의 주인공일 뿐이었다.

사회가 아동기에 대한 관심을 가지기 시작한 것은 1920년대로 볼 수 있다. 흥미롭게도 이러한 움직임은 동서양을 막론하고 비슷한 시기에 일어났다. 일찍이 우리나라에서는 방정환을 중심으로 한 어린이 옹호운동이 있었고, 서양에서는 제1차 세계대전 후 국제연합을 중심으로 아동권리선언에 이어 지속적인 국제사회의 노력이 있어 왔다. 그리하여 1989년 법적 구속력을 가진 아동권리협약이 유엔에서 만장일치로 채택되고, 이에 비준한 국가들은 협약의 이행을 위해 노력하고 있다.

이 장에서는 우리나라의 아동권리 사상과 옹호운동을 살펴보고, 국제사회에서 아동권리협약이 채택되기까지의 역사적 배경과 과정 및 개념과 원칙을 파악해 보고자 한다. 아울러 아동권리 증진을 위한 협약의 이행과 모니터링에 대해서 살펴본다.

1. 관심을 적게 받아 온 아동기

아동의 타고난 가능성은 가난 속에서 신음하거나, 제대로 보호받지 못하여 학대받는 고통 속에서, 그리고 성인들의 관심 부족에 의해 쉽게 무너진다. 성인은 자기의 어려움을 다른 사람에게 말하고, 선거에서 한 표를 행사하여 자기의 뜻을 전하며, 필요한 경우에는 집단을 조직하여 스스로의 권리를 대변하는 교섭을 할 수도 있다. 그러나 아동은 발달의 특성상 자기의 뜻을 남에게 알리기 어렵고, 투표권도 없으며, 필요한 경우 교섭을 할 수도 없다. 소외되거나 권리가 침해되었을 때 아동은 성인처럼 자기의 처지를 개선할 수가 없다. 아동은 가장 취약한 계층이다. 아동은 자기가 처한 상황에 가장 영향을 많이 받으면서도 그러한 상황을 피하는 것이 거의 불가능하다.

전통적으로 아동은 보호양육의 대상으로 인식되었으며, 적극적인 권리의 주체로 인식되지 못했다. 이러한 경향을 초래한 요인으로는 아동의 독특한 취약성, 심사숙고하고 분별력 있게 중요한 결정을 내리지 못하는 아동의 능력 부족, 아동양육에서 부모역할의 중요성을 강조하는 점 등으로 추론해 볼 수 있다.

세계의 어느 곳에서든 아동에게 기대하는 것은 한결같다. 아동이 자기의 공동체를 위해 공헌할 수 있는 유능하고 책임감 있는 성인으로 성장하는 것이다. 그러나 아동이 성장하는 환경 곳곳에서, 특히 안식처여야 할 가정에서 많은 아동은 생존과 보호 · 발달 · 참여의 기본적인 권리를 무시당하며 살아가고 있다. 이러한 과정에서 기본적인 욕구와 권리를 무시당하는 아동은 다른 사람의 권리를 존중할 수 있는 올바른 성인으로 성장하기 어렵다.

2. 한국의 아동권리 사상과 옹호운동

1) 방정환(1899~1931)의 아동권리선언

아동권리에 대한 국제적인 관심은 1920년대 유럽에서 출발하여 국제기구를 중심으로 확대되어 왔다. 1920년대 초 유럽에서 아동권리 인식이 일기 시작한 비슷한 시기에 우리나라에서는 방정환을 중심으로 한 소년운동이 꽃을 피웠다. 이것이 바로 아동에게 권리를 찾아 주자는 아동권리 옹호운동이었다. 더구나 이 소년운동은 일제 강점기 때 이루어진 것이기 때문에 더욱더 절실하였다. 우리나라에서는 아동권리에 관한 제네바 선언이 채택된 1924년보다 1년 앞서 1923년에 이미 어린이선언문과 아동권리공약 3장이 방정환에 의해 발표되었다(우남희, 1999).

방정환이 아동에게 사랑을 실천하던 당시는 장유유서의 가치관을 중요시하는 전통사회의 가부장제도하에 있었다. 따라서 매사를 나이로 질서화하려는 사회적 분위기가 팽배하였다(손인수, 1985). 이러한 성인중심의 전통사회에서 아동은 종족보존의 수단으로서 부모의 예속물이나 자산으로 여겨졌다. 즉, 성인은 다스림이요, 아동은 섬김이요, 아동의 세계를 인정하지 못하고, 아동을 꾸지람하고 때리며 점잖음을 강요함에 따라 아동은 아동답게 자라지 못하였다.

이러한 상황을 개탄한 방정환은 1923년 2월『어린이』창간을 앞두고 한 편지에서 다음과 같이 말하였다. "즉, 어린이는 결코 부모의 물건이 되려고 생겨 나오는 것도 아니고, 어느 기성사회의 주문품이 되려고 나오는 것도 아닙니다. 그네는 훌륭한 한 사람으로 태어나는 것이고, 저는 저대로 독특한 사람이 되어 갈 것입니다." 자녀를 부모의 예속물로 보지 않고 독자적인 인격을 가진 고귀한 인격체로 여긴 방정환의 이러한 생각은 당시 상황에서는 매우 도전적이고 선구자적인 것이었다.

방정환은 "어림(幼)은 크게 자라날 어림이요, 새로운 큰 것을 지어 낼 어림입니다. 어른보다 십 년 십이 년 새로운 세상을 지어 낼 새 밑천을 가졌을 망정 결단코 어른들의 주머니 속 물건만 될 까닭이 없습니다."라고 설파하였다. 이러한 시각은 '미성숙'의 의미를 아동의 측면에서 '부족함(lack)'이 아닌 '성장하는 힘(power to grow)'으로 여기는 Dewey의 견해와 같다(Dewey, 1916; 김정래, 1998 재인용). 이는 아동도 정치철학적인 의미에서 하나의 인격체로서 독자적으로 자신의 선(善)을 선택하고 그에 따라 이익을 추구할 수 있는 권리를 가진 존재임을 나타낸다(김정래, 1998).

2) 어린이날 제정과 아동권리선언

방정환은 성인중심이던 전통사회에서 일반인의 자각을 깨우칠 필요를 느꼈다. 그리하여 아동을 아동답게 기르자는 의도를 확산시키기 위해 역사적으로 기념할 어린이날을 제정하게 되었다. 이때 정한 어린이날은 1922년 5월 1일로 천도교 소년회 1주년 기념일이기도 하다.

이후 천도교 소년회 주최의 어린이날 행사나 소년운동을 전국적이고 통합적인 것으로 만들기 위해 방정환은 색동회와 천도교의 협력으로 불교소년회, 조선소년운동, 40여 개 소년회 연합회의 조선소년운동협회를 1923년 4월에 창립하였다. 그리고 이 협회 주체로 1923년 5월 1일 제1회 어린이날을 전국적인 어린이날로 승격 거행하였다. 이 날 소년운동의 기초 조건 세 가지, 즉 '아동권리공약 3장'이 낭독된다(김정의, 1999).

〈아동권리공약 3장〉

- 어린이를 재래의 윤리적 압박으로부터 해방하여 그들에 대한 완전한 인격적 예우를 허하라.
- 어린이를 재래의 경제적 압박으로부터 해방하여 만 14세 이하의 그들에 대한 무상 또는 유상의 노동을 폐하라.
- 어린이에게 그들이 고요히 배우고 즐거이 놀 만한 각양의 가정 또는 사회적 시설을 행하라.

이것은 '어린이 권리공약 3장'으로도 알려져 있지만, 사실 우리나라 최초의 '아동권리선언'으로서 1923년 어린이날 당일 기념식장에서 낭독되었다. 시기적으로 보아 우리의 아동권리선언은 아동권리에 대한 인식이 앞섰던 유럽이나 유엔과 비슷한 시기에 이루어진 것으로 보인다. 1989년에 유엔총회에서 채택되어 현재 대다수의 국가가 비준한 '아동권리에 관한 국제협약'도 오랜 발전의 역사를 가지고 있다. 이는 Save the Children의 창설자인 Eglantyne Jebb이 1923년 5개 조항으로 초안한 아동권리선언을 1924년에 국제연맹이 이른바 '아동권리에 관한 제네바 선언'으로 채택한 것에서 유래한다. 또한 영국의 세계아동헌장도 이와 비슷한 시기인 1922년에 선포되었다(정태수, 1991).

이처럼 세계적으로 그 시기가 앞선 우리의 아동권리선언은 그 내용이 3개 항에 불과하지만 '아동권리에 관한 제네바 선언'보다 아동권리를 더 포괄적으로 천명하고 있다. 첫째 조항은 아동의 인격적인 독립을 선언하고 있다(김정래, 1999). 이것은 당시 평등이 보장되지 않는 성인중심의 유교사회에서 아동을 하찮게 여기고 무조건 복종하기를 바라는 폐단을 철폐하고자 하는 것이다. 둘째 조항은 아동의 노동 금지를 담고 있다. 아동 노동 금지가 만 14세 이하인 것이 현행 「근로기준법」(만 18세 미만자 아동 노동 금지)에 비한다면 낮은 연령이지만, 당시 일찍 결혼하는 조혼풍속이 있었고 교육의 기회가 적은 대신 근로 현장에 아동이 일찍 뛰어드는 것이 일반적이던 상황을 고려한다면 진보적인 선언이라 볼 수 있다(김정래, 1999). 셋째 조항은 문화적인 권리를 표방하고 있다. 가정이나 사회에서 아동에게 일을 시키지 않고, 놀 권리와 배울 권리를 보장해 줄 것을 선언하는 것이다. 이러한 권리는 아주 진보적인 것으로서 1989년 아동권리에 관한 국제협약이 채택될 무렵에야 적극적으로 권고된 사항이다.

우리나라 최초의 '아동권리선언'과 다음 해에 채택된 '아동권리에 관한 제네바 선언'을 비교해 보면, 우리의 '아동권리선언'이 아동의 인격적인 존중과 문화적인 권리의 보장 차원에서 훨씬 더 진보적임을 알 수 있다. 1921년 방정환이 세상을 떠난 후로 어린이날은 형식적으로만 남아 있다가 1937년에 이르러서는 일제의 탄압으로 행사도 못하게 되었다. 그러다가 해방 후 다시 부활되었다.

3) 대한민국 어린이헌장과 아동권리헌장

대한민국 어린이헌장(1957년 제정, 1988년 개정)에는 아동이 누려야 할 기본적 인권의 존중에 대하여 명시되어 있다. "대한민국 어린이헌장은 어린이날의 참뜻을 바탕으로 하여, 모든 어린이가 차별 없이 인간으로서의 존엄성을 지니고, 나라의 앞날을 이어 나갈 새 사람으로 존중되며, 바르고 아름답고 씩씩하게 자라도록 함을 길잡이로 삼는다(헌장 前文)."

이후 2016년에 제 94회 어린이날을 맞이하여 아동권리헌장이 제정되었다. 이 헌장은 부모와 사회 그리고 국가가 아동을 독립된 인격체로 존중하고 아동의 고유한 권리를 실현시킬 책임이 있음을 강조하고 있다.

3. 유엔아동권리협약의 채택

1) 유엔아동권리협약의 의의와 중요성

아동의 권리는 18세 미만 아동의 인권을 말한다. 인권이란 인간이기 때문에 향유하는 기본적인 권리다. 인권선언에서는 "인간의 자연적이고 양도 불가능하고 신성불가침한 권리를 엄숙히 선언"하면서 "인간은 자유롭고 평등하게 태어나 생존한다."라고 천명하고 있다(국가인권위원회 인권교육센터). 기본적 인권은 발탈될 수 없고 양도될 수도 없는, 인간이 인간답게 생존할 수 있는 조건인 기본적인 권리를 뜻한다.

아동의 권리에 대한 준거는 유엔아동권리협약(UN Convention on the Rights of the Child)이 제공하고 있다. 유엔아동권리협약은 아동이 인권의 적극적 향유 주체임을 기본으로 하고 아동의 권리를 보장하기 위한 목적으로 채택된 국제사회의 최초의 협약이다. 유엔아동권리협약은 아동의 생존, 보호, 발달, 참여의 권리 등 아동의 권리와 관련된 모든 권리를 규정해 놓고 있다. 아울러 협약은 아동과 관련된 모든 결정에서 항상 아동의 최선의 이익이 일차적인 기준이 되어야 함을 강조하고 있다.

유엔아동권리협약은 우리나라를 포함한 196개국이 비준하여 가장 많은 국가가 비준한 국제법이다. 이 협약처럼 우리나라가 비준한 국제법은 헌법에 의하여 국내법과 같은 효력을 갖는다. 유엔아동권리협약을 비준한 국가의 정부는 협약에 명시된 모든 아동의 권리를 보장할 의무가 있다. 협약에 비준한 당사국은 협약의 이행 상황을 처음 비준한 2년 후, 그 후에는 5년마다 유엔아동권리위원회에 보고해야 한다.

이러한 과정에서 유엔아동권리협약은 아동복지 패러다임에 큰 변화를 주고 있다.

2) 유엔아동권리협약 채택의 역사적 배경과 과정

아동의 복지와 권리 보장을 위한 국제사회의 노력은 1924년 국제연맹(League of Nations, 유엔의 전신)의 '아동의 권리에 관한 제네바 선언' 채택으로부터 시작되었다. 1959년 유엔은 '아동권리선언'을 채택하고 "아동은 충분한 성장을 위하여 애정과 물질적인 안정 속에서 성장할 권리가 있으며 부모와 사회는 그 책임을 진다."라고 규정하였다. 또 1979년을 '세계아동의 해'로 선포했으며 1989년 11월 20일 유엔총회에서 '아동의 권리에 관한 국제협약'을 만장일치로 채택하고 이듬해 9월 국제법으로 공포하였다.

〈유엔아동권리협약이 채택되기까지의 역사〉
- 1923년 어린이날 선언, 어린이선언문 공표(방정환)
- 1923년 최초의 아동권리선언문 작성(Eglantyne Jebb)
- 1924년 아동권리에 관한 제네바 선언
- 1945년 유엔헌장
- 1948년 세계인권선언
- 1959년 유엔아동권리선언문
- 1979년 세계 아동의 해
- 1989년 아동권리협약 채택
- 1990년 9월 아동권리협약 발효, '아동을 위한 세계정상회담' 개최
- 2000년 5월 유엔총회에서 유엔아동권리협약의 2개 선택의정서 채택
  − 아동의 무력분쟁 관여에 관한 선택의정서

－아동 매매, 아동매춘, 아동 포르노그래피에 관한 선택의정서
• 2002년 유엔아동특별총회 개최
• 2011년 아동의 개인 청원권에 관한 선택의정서 채택

출처: UNICEF(2004). 2005 세계아동현황보고서.

3) 유엔아동권리협약의 내용 구성

아동권리협약은 아랍어, 중국어, 영어, 프랑스어, 러시아어, 스페인어의 6개 언어로 작성되어 있다. 협약은 전문(前文, Preamble), 실질적 규정(Substantive Provisions)인 제1부(제1~41조), 이행(Implementation & Monitoring)에 관한 제2부(제42~45조), 그리고 부칙에 해당하는 제3부(제46~54조)로 구성되어 있다. 전문에서는 유엔의 기본 원칙과 인권에 관한 여러 선언이나 규약을 천명하고 있다. 아동은 취약하기 때문에 특별한 돌봄과 보호가 필요하다는 것을 재확인하고, 가족의 일차적 돌봄과 책임을 특히 강조하였다. 또한 출생 전후 아동의 법률적 및 기타 보호, 아동이 속한 사회의 문화적 가치 존중과 아동의 권리를 지키기 위한 국제적인 협력의 중요성을 재차 강조하였다(안동현, 1999).

협약에 규정된 54개 조항은 산만하게 제시되어 있기 때문에 유엔아동권리위원회는 당사국들의 규정된 조항에 대한 이해를 돕고 이를 이행한 결과를 보다 용의하게 심의케 하기 위해서 8개의 클러스터(cluster)로 분류하였다. 그리하여 당사국은 분류된 양식에 따라 국가보고서를 작성한다.

4) 유엔아동권리협약의 원칙

아동권리협약의 기본을 이루는 가치를 일반 원칙이라 한다(〈표 3-1〉 참조). 그 내용은 다음과 같다(보건복지가족부, 2009).

〈표 3-1〉 유엔아동권리협약(이하 협약)의 구성

유엔아동권리협약은 전문과 총 54개 조문으로 구성되어 있으며, 다음과 같이 분류되어 있다.	
제1부(제1~42조)	아동의 권리와 가입국의 아동보호 의무 규정
제2부(제43~45조)	협약의 국제적 이행 조치 규정
제3부(제46~54조)	부칙(서명, 가입, 비준서 기탁, 개정절차, 유보, 폐기, 원본 규정)

(1) 무차별의 원칙(협약 제2조)

협약에는 성별, 종교, 사회적 신분, 인종, 국적, 그 어떤 조건과 환경에서도 아동은 차별되어서는 안 된다는 기본 원칙을 명시하고 있다. 즉, 아동은 어떠한 경우에도 차별받지 않고 협약에 규정된 모든 아동의 권리를 보장받아야 한다. 제2조에 따르면, ① 당사국은 아동 또는 그의 부모나 법정 후견인의 인종, 피부색, 성별, 언어, 종교, 정치적 또는 기타의 의견, 민족적·인종적·사회적 출신, 또는 재산, 장애, 출생이나 기타의 신분에 관계없이 그리고 어떠한 종류의 차별함이 없이 이 협약에 규정된 권리를 존중하고, 각 아동에게 보장하여야 한다. ② 그리고 당사국은 아동이 그의 부모나 법정 후견인 또는 가족구성원의 신분, 활동, 표명된 의견 또는 신분을 이유로 하는 모든 형태의 차별이나 처벌로부터 보호되도록 보장하는 모든 적절한 조치를 취하여야 한다.

우리나라의 경우 사회적 관습에 의해 혼인 외의 출생자와 여아는 사회적으로 불이익을 받는 경우가 있었다. 그리고 장애아의 경우 여러 사항에서 차별을 감수해 왔고, 이주가정의 아동이나 이 땅에 태어난 무국적 아동이 차별을 받아 왔다. 하지만 이런 차별이 행해져서는 안 된다.

(2) 아동 최선의 이익 원칙(협약 제3조)

아동에 관한 모든 활동에서 아동 최선의 이익이 최우선으로 고려되어야 한다. 아동 최선의 이익 기준은 협약의 가장 핵심적인 기능을 하며, 국내법과 여러 관행을 평가하는 데 기초가 된다. 제3조의 내용은 다음과 같다. ① 공공 또는 민간 사회복지기관, 법원, 행정당국, 또는 입법기관 등에 의하여 실시되는 아동에 관한 모든 활동에서 아동의 최상의 이익이 최우선적으로 고려되어야 한다. ② 당사국은 아동의 부모, 법정 후견인, 또는 여타 아동에 대하여 법적 책임이 있는 자의 권리와 의무를 고려하여, 아동복지에 필요한 보호와 배려를 아동에게 보장하고, 이를 위하여 모든 적절한 입법적·행정적 조치를 취하여야 한다. ③ 당사국은 아동에 대한 배려와 보호에 책임 있는 기관, 편의 시설이 관계 당국이 설정한 기준, 특히 안전과 위생 분야 그리고 직원의 수 및 적격성은 물론 충분한 감독 면에서의 기준에 따를 것을 보장하여야 한다.

(3) 아동의 생존, 보호, 발달의 보장 원칙(협약 제6조)

모든 아동은 생명에 관한 고유한 권리를 가지고 있고, 당사국은 이러한 아동의 생존과 발달을 보장하기 위해 가능한 한 최선의 환경을 보장해야 한다. 이 원칙에 의해 협약에서는 아동의 권리를 생존권, 보호권, 발달권, 참여권의 네 가지로 분류하고 있다. 제6조의 내용은 다음과 같다. ① 당사국은 모든 아동이 고유의 생명권을 가지고 있음을 인정한다. ② 당사국은 가능한 최대한도로 아동의 생존과 발달을 보장하여야 한다.

(4) 아동의 의사존중의 원칙(협약 제12조)

아동이 하는 말에 귀를 기울이고, 아동의 견해는 존중되어야 한다. 어리다고 무시되어서는 안 된다. 아동의 의사를 존중하고 수준 높은 참여를 촉진하는 것이 아동의 성장과 발달을 촉진하는 데 아주 중요하기 때문이다. 제12조의 내용은 다음과 같다. ① 당사국은 자신의 견해를 형성할 능력이 있는 아동에 대하여 본인에게 영향을 미치는 모든 문제에 있어서 자신의 견해를 자유스럽게 표시할 권리를 보장하며, 아동의 견해에 대하여는 아동의 연령과 성숙 정도에 따라 정당한 비중이 부여되어야 한다. ② 이러한 목적을 위하여 아동에게는, 특히 아동에게 영향을 미치는 어떠한 사법적·행정적 절차에 있어서도 직접 또는 대표자나 적절한 기관을 통하여 진술할 기회가 국내법상 절차규칙에 합치되는 방법으로 주어져야 한다.

5) 아동권리의 유형

아동권리의 내용은 생존권, 보호권, 발달권, 참여권의 네 가지 유형으로 분류할 수 있다.

생존권은 아동이 생명을 유지하고 최상의 건강과 의료 혜택을 받을 권리다. 즉, 적절한 생활 수준을 누릴 권리, 안전한 주거지에서 살아갈 권리, 충분한 영양을 섭취하고 기본적인 보건 서비스를 받을 권리 등 기본적인 삶을 누리는 데 필요한 권리가 이에 속한다. 보호권은 아동이 모든 형태의 학대와 방임, 차별, 폭력, 고문, 징집, 부당한 형사처벌, 과도한 노동, 약물과 성폭력 등 아동에게 유해한 것으로부터 보호받을 권리다.

그리고 발달권은 아동이 잠재력을 최대한 발휘하는 데 필요한 권리로서 정규적, 비정규적인 교육을 포함하여 교육받을 권리, 여가를 즐길 권리, 문화생활을 하고 정보를 얻을 권리, 생각과 양심과 종교의 자유를 누릴 권리를 말한다.

끝으로 참여권은 아동이 자기의 나라와 지역사회 활동에 적극적으로 참가할 수 있는 권리로 자신의 의견을 표현하고, 자신의 삶에 영향을 주는 문제들에 대해 발언권을 지니며, 단체에 가입하거나 평화적인 집회에 참여할 수 있는 권리다.

6) 선택의정서

협약의 목적과 특정 조항의 이행을 한층 더 잘하기 위하여 2000년에 2개의 선택의정서가 채택되었다. 하나는 '아동의 무력분쟁 관여에 관한 선택의정서(Optional Protocol to the Convention on the Rights of the Child on the involvement of children in armed conflict)'로 모두 13개 조항으로 구성되어 있다. 이 선택의정서는 18세 미만의 의무징집을 금지하는 것을 주목적으로 한다.

다른 하나는 '아동매매, 아동매춘 및 아동 포르노그래피에 관한 선택의정서 (Optional Protocol to the Convention on the Rights of the Child on the sale of children, child prostitution and child pornography)'로 17개 조항으로 구성되어 있다. 이 선택의 정서는 아동매매, 아동매춘 및 아동 포르노그래피로부터 아동의 보호를 보장하기 위한 것이다.

이후 2011년에 아동의 '개인청원절차에 관한 선택의정서(Optional Protocol for the Communication Procedure on CRC)가 채택되었다. 이 선택의정서는 권리를 침해당한 아동이 국내절차에 의해 권리를 회복하지 못한 경우에 국제기구인 유엔아동권리위 원회에 청원할 수 있도록 보장하는 목적을 가지고 있다.

4. 유엔아동특별총회

협약의 발효를 기해 1990년 9월 유엔본부에서 사상 최초로 '아동을 위한 세계정 상회담(World Summit for Children)'이 개최되었다. 이는 아동 관련 회의 중 가장 중 요한 국제회의로서 전 세계적 차원에서 추진되어 온 아동의 권익보호와 복지향상 에 대한 성과 평가, 교훈 및 미래를 위한 제언을 하는 자리였다.

아동을 위한 세계정상회담이 개최된지 10년여가 지난 2002년에 유엔아동특별총 회가 개최되었다. 유엔아동특별총회는 당시 전 세계 189개국의 유엔 회원국이 모 여 국제적으로 매우 주요한 관심사를 특정 주제로 삼아 토의하는 공식회의다. 유엔 은 평균 2년마다 특별총회를 치러 왔고 아동특별총회는 27번째다. 이는 1990년 아 동을 위한 세계아동정상회담에서 채택된 선언 및 행동계획(Declaration and Plan of Action)의 실행 성과를 검토하고, 차후 10년간 아동을 위해 전 세계적인 차원에서 추 진할 새로운 목표 및 행동 계획을 설정하고 이에 대한 헌신을 서약하는 자리였다.

여기에는 세계 189개국에서 350여 명의 아동 대표와 61명의 국가원수, 1,200여 명의 정부대표 등이 참여하였다. 유엔아동특별총회는 가장 어린 시민들에게 가장 좋은 것이 궁극적으로는 국가를 위해 가장 좋은 것이라는 것을 인식하게 되는 계기를 마련하였다.

유엔아동특별총회에서 향후 10년간 성취해야 할 중점과제를 담은 '아동에게 적합한 세상(A World Fit for Children)'이라는 결과문서가 채택되었다. 이 결과문서는 지난 10년간의 아동의 보호와 복지를 평가하고 앞으로 오는 10년간의 아동권리 향상을 위해 국제적인 기준을 마련하였다(UNICEF, 2004).

5. 유엔아동권리협약의 이행과 모니터링

1) 우리나라의 유엔아동권리협약 유보조항

1991년 11월 유엔아동권리협약 비준 당시 우리나라 정부는 국내법과 모순되는 '분리된 아동의 부모면접교섭권' '입양허가제' 그리고 '상소권의 보장'의 3개 조항을 유보하였다. 이후 다음의 3개 조항 중 '분리된 아동의 부모면접교섭권' 유보는 철회되었고, '입양허가제'는 유보철회 절차가 진행되고 있으며, '상소권의 보장' 유보는 그대로 남아 있다.

- 협약 비준 당시 아동의 부모면접교섭권에 관한 내용으로 「민법」 제837조 제2항에 부모의 면접교섭권만이 보장되어 있을 뿐 아동의 부모면접권은 보장되어 있지 않았다. 그러나 2007년 12월 「민법」 개정으로 아동의 부모면접교섭권이 보장되었다. 개정된 「민법」 제837조 제2항은 "자를 직접 양육하지 아니하는 부모의 일방과 자는 상호 면접교섭할 수 있는 권리를 가지고, 가정법원은 자의 복리를 위하여 필요한 때에는 당사자의 청구 또는 직권에 의하여 면접교섭을 제한하거나 배제할 수 있다."라고 규정하고 있다. 이러한 「민법」의 개정으로 제9조 제3항의 유보는 2008년 10월 철회되었다.

- 협약 제21조(a)는 입양허가와 관련한 규정으로 우리나라 입양제도에서는 당시에 권위 있는 기관(competent authority)의 허가를 받지 않고서도 입양이 성립될 수 있어 유보하였다. 이후 정부는 「입양특례법」을 개정(2011. 8. 4. 공포) 시행(2012. 8. 5. 시행)하여 국내외입양제도가 대대적으로 개선되었다. 개정된 「입양특례법」에서는 가정법원의 허가(제11조) 조항에 따라 국내외 입양 모두 미성년자를 입양할 때는 가정법원의 허가를 받도록 하였다. 그리고 중앙입양원의 설립(제26조) 등을 명시하고 있어 협약에서 의무화하고 있는 입양심사 및 절차에서의 국가기관의 개입에 대한 기준을 어느 정도 충족하게 되었다. 이러한 입양제도 및 법률적 환경 개선에 따라 협약 제21조(a)의 유보철회가 적극적으로 검토되고 있다.
- 상소권의 보장(제40조 제2항 나호 5항)을 유보하였다. 우리나라에서는 비상계엄 하의 군사재판에서는 단심제만 허용되어 아동재판에서 상소권이 보장되고 있지 않다(「계엄법」 제10조 제1항 참조).

2) 우리나라 아동권리협약 이행

아동권리협약을 비준한 나라의 정부는 생존의 권리, 발달의 권리, 보호의 권리, 참여의 권리 등 협약에 명시된 모든 아동의 권리를 보장할 의무를 가지고 있으며 협약의 이행사항을 처음 비준한 후 2년, 그 후에는 5년마다 유엔아동권리위원회에 보고해야 한다.

1991년 11월에 비준하여 협약의 당사국이 된 우리나라는 협약과 관련하여 이룩한 진전 상황에 대하여 세 차례에 걸쳐 국가보고서를 제출하였다. 제1차 국가보고서는 1994년 11월에, 그리고 제2차 국가보고서는 2000년 5월에 제출하였다. 제3차 보고서와 제4차 보고서는 통합하여(제3·4차 국가보고서) 2008년 12월에 제출하였다. 제5·6차 국가보고서는 제출 과정 중에 있다. 이러한 국가보고서 외에도 유엔은 비정부보고서도 받고 있다.

유엔아동권리협약의 부속 의정서인 아동매매, 아동매춘, 아동 포르노그래피에 관한 선택의정서의 정부보고서는 2007년 11월 1일에 제출되었고 2008년 7월 2일 유엔아동권리위원회의 심의를 받았다. 아동무력분쟁에 관한 선택의정서의 정부보고서는 2007년 7월 16일에 제출되었고 2008년 6월 27일 심의를 받았다.

3) 유엔아동권리위원회의 권고

아동권리의 모니터링은 아동의 권리가 제대로 보장되고 부여되고 있는지를 지속적으로 조사하고 감시하며 그 결과를 반영하여, 궁극적으로 아동의 권리가 신장되도록 하는 행위다.

이러한 모니터링은 다양한 수준에서 행해질 수 있다. 국제적 수준뿐만 아니라 국가(정부)수준 또는 지방자치단체나 공공단체, 민간단체 수준에서 아동권리의 모니터링이 가능하다. 실제로 유엔의 아동권리위원회는 협약 당사국의 아동권리협약 이행을 증진시키기 위하여 각국의 아동권리 정책들에 대한 모니터링을 실시하고 있다. 당사국들이 5년마다 유엔에 제출하는 국가보고서는 유엔에 의한 각국의 아동권리 모니터링 자료이면서 동시에 협약 당사국의 아동권리 모니터링을 의무화하기 위한 조치다(황옥경, 2002).

우리 정부가 제출한 보고서를 심의한 유엔아동권리위원회는 3차에 걸쳐서 최종 견해를 채택하였다. 가장 최근 제출된 국가보고서는 2008년 3·4차 국가보고서로 2011년 유엔아동권리위원회의 권고를 받은 것이다. 3·4차 국가보고서에 대한 유엔아동권리위원회의 주요 권고 내용은 〈표 3-2〉와 같다. 이는 준비중인 5·6차 국가보고서의 바탕이 되고 있기도 하다.

〈표 3-2〉 3, 4차 보고서에 대한 주요 권고 내용

클러스터	3, 4차 권고사항(2011)
일반이행조치	• 유보조항 철회 　－ 제21조 (a)항(입양의 허가제) 　－ 제40조 2항(b)(ⅴ)(상소권 보장) • 입법 　－ 협약의 전반적인 조항을 이행하는 국내법규 불충분 　－ 낙태 관련법률이 아동 최상의 원칙에 합치하도록 권고 • 아동정책조정위원회를 복구하여 강화, 필요한 권한과 충분한 인적·기술적·재정적 자원을 확보한 관련 기구를 수립 　－ 보건복지부와 여성가족부 등 각기 다른 정부부처에서 아동 및 청소년 관련 정책의 이행으로 정책 분절 우려 • 국가행동계획 채택·시행 • 협약 이행 모니터링 • 독립적인 이행 점검 • 재원 할당 　－ OECD 국가에 맞는 예산 분배 • 영향평가 및 예산효과 평가 • 통계 수집 체계 확립 • 협약 홍보 　－ 학교교육과정에 아동권리 및 인권교육 포함 　－ 협약의 대중 인지도를 높이는 방안 강화 • 국제원조 　－ 2015년까지 국민총생산 대비 0.7% 목표 달성 • 아동권리와 재계 기업활동 과정에서 아동권, 기업활동의 아동권리에 대한 영향 평가 실시
일반원칙	• 아동 견해 존중을 위해 관련법률 제·개정 및 제도 개선 • 부모, 교육자, 사회 일반인 등을 대상으로 아동참여권에 대한 정보 제공 • 아동의 견해 고려 정도와 아동의 견해가 정책, 프로그램 및 아동 자신에게 미치는 영향의 수준 정기적 검토

시민적 권리와 자유 (협약 제7, 8, 13~17, 19, 37조)	• 모든 아동의 출생 등록 • 아동의 사상, 양심 및 종교의 자유가 완전히 존중될 수 있도록 보장 • 의사결정 과정과 정치적 활동에서 아동의 능동적 참여 촉진 　－ 학교위원회의 운영 참여 • 모든 형태의 체벌 금지 　－ 결사와 표현의 자유
가정 환경과 대안양육	• 학대와 방임 　－ 학교의 법적 보고의무 부과 　－ 더 많은 보호기관의 설립 　－ 모든 상황에서의 아동폭력 금지법안 마련 　－ 대안양육의 아동학대 보호절차 마련 　－ 친부모와 교류보장 • 입양보호 제공 보장 조치 • 법률개정 목적의 입양제도 재고
기초보건과 복지	• 적합한 지원 제공 • 통합교육 제공 보장 • 건강할당 재정 증대 및 저소득층 가족을 위한 보건의료시설 체계 수립 • 대중매체, 술과 담배, 인터넷중독의 위험에 대한 정보와 교육 캠페인 증진
교육	• 과도한 교육경쟁 우려: 교육목적에 근거한 시험제도 • 공교육 강화 • 여가, 문화 및 오락활동 보장 • 학교접근성 정보 수집 • 외국아동을 위한 왕따 예방계획 수립 과정에 아동참여
특별보호조치	• 소년사법행정 　－ 소년전문법원 설립 　－ 형법위반 아동에 대한 법적 원조 제공 　－ 재활센터, 구금시설에서 성인범과 분리수용, 가족 접촉 기회와 직업훈련 　　기회 제공 　－ 아동의 거취 결정에 대한 정기적 재검토 보장 • 범죄 피해자와 증인 보호 　－ 아동 친화적인 절차 개발, 아동의 프라이버시와 존엄성 보장 　－ 범죄 피해자이자 증인인 아동 보호 • 성적 착취 　－ 아동대상 성폭력 방지 조치 • 이주아동의 교육받을 권리 보장 정책과 전략 개발

출처: 황옥경(2013)의 내용 일부를 발췌하여 재정리함.

4) UN 인권이사회 국가별 인권 상황 정기검토

유엔인권이사회(Human Rights Council: HRC)는 192개 모든 회원국을 대상으로 각 국가별 인권 상황을 유엔헌장, 세계인권선언, 각종 인권협약, 자발적 공약 등에 비추어 4년마다 정기적으로 검토하고 있다. 여기에는 아동권이 포함되어 있다. 이를 국가별 인권 상황 정기검토(Universal Periodic Review: UPR)라 칭한다. UPR은 유엔 회원국 모든 국가의 참여를 원칙으로 한다. 우리나라는 2008년 5월에 1차 보고서를 제출하였다. NGO들은 자체적인 보고서를 제출할 수 있다(서여정, 2012). 이어서 우리나라는 2008년에 제2차 보고서를, 그리고 2017년에 제3차 보고서를 제출하였다.

5) 협약이행의 성과

우리나라의 아동 정책은 세 차례에 걸친 국가보고서의 제출과 유엔아동권리위원회의 권고 이후 큰 진전을 보였다. 협약 비준 후 가장 두드러진 현상은 법의 제정 및 개정이 이루어졌다는 점이다. 「민법」상 혼인 적령기 남녀 차이 시정권고를 받아들여 「민법」 개정을 추진 중인 것도 한 예다. 아동은 다른 어느 집단보다 국가 정책의 영향을 크게 받기 때문에 이러한 법 개정은 아동에게 긍정적인 영향을 준다. 또한 유엔아동권리협약의 이념에 따라 입양아동에게 최상의 이익을 강조하고 있는 '헤이그국제아동입양협약'에 서명(2013.5.24.)한 것도 협약의 충실한 이행과 입양아동의 권리 증진 측면에서 중대한 성과라 볼 수 있다. 그간 유엔아동권리위원회는 지속적으로 헤이그국제아동입양협약의 가입을 촉구해 왔다. 헤이그국제아동입양협약에 서명함으로써 우리나라는 아동이 자신이 태어난 나라의 가정에서 자라날 권리를 보장하고 해외입양 시 아동의 복지 증진을 최선으로 여기는 국제적인 아동인권 기준을 이행하게 되었다. 그러나 아직도 보완해야 할 부분은 많다. 여전히 유보조항 철회와 관련한 법 개정 움직임은 부족한 실정이며 차별을 금지하는 입법조치, 체벌 금지 규정과 관련된 법 개정도 이루어지지 않은 상태다.

정부는 유엔아동권리위원회의 2차 권고에 따라 2004년 1월 총리 산하에 아동정책조정위원회를 설치하여 각 부처에 산재된 국내 아동 정책을 총괄 조정하고 아동권리협약의 국내 이행 상황을 모니터링하는 제도를 마련하였다. 그러나 아동정책조정위원회는 2008년 이후 구성되지 않았다. 3, 4차 보고서 심의 과정에서 아동정책조정위원회의 존재와 기능에 관한 공세적인 질문을 받았다. 이후 아동과 관련된 모든 정책을 조정할 수 있는 아동정책조정위원회가 재구성되어 아동권리 사안을 검토하고 관련부처 간 협동을 통한 대책 마련을 위해 노력하고 있다.

그리고 정부는 아동권리 상황을 모니터링할 수 있는 기구인 아동권리모니터링센터를 2006년 10월부터 국책연구기관인 한국보건사회연구원에 설치하여 시범 운영하였다. 2012년부터 아동권리모니터링센터는 굿네이버스에 위탁·운영되었다. 아동권리모니터링센터의 민간위탁은 모니터링 과정에서의 독립성과 조사권 등의 부여가 어렵다는 한계가 있었다. 이후 아동권리모니터링 업무를 시작한 국가인권위원회는 유엔아동권리위원회와 제2차 국가별 인권상황 정기검토(Universal Periodic Review: UPR)의 권고 사항을 이행하기 위해 2014년 아동인권 문제를 전담하는 '아동청소년인권팀'을 신설하였고, 2016년 아동에 대한 인권침해 및 차별행위 사건과 정책개선을 전담하여 심의·의결하는 '아동권리위원회'를 신설하였다.

6. 아동권리교육 및 홍보 확대

협약 이행에서 아동의 권리에 대한 교육과 홍보는 다른 어떤 사안보다도 우선적으로 고려되어야 한다. 아동권리 보장의 실현은 아동권리의 이해에서 시작되기 때문이다. 현재 협약 이행에서 권리교육과 홍보는 눈에 띄는 성과를 이루지 못하고 있다. 우리나라 현실에서는 아동을 권리행사의 주체로 인식하고 의사표현의 권리를 적극적으로 반영하는 것이 결코 쉽지 않다. 따라서 협약의 원칙과 규정을 널리 알리는 것이야말로 아동권리 실현의 초석이 될 것이다(보건복지부, 한국아동단체협의회,

한국아동권리학회, 2006).

　현재 우리나라의 아동권리에 관한 교육과 홍보 체계는 초보 단계라고 할 수 있다. 이에 따라 아동권리에 대한 인식이 사회 저변에 확대되지 못하고 아동권리 보장의 장애요소로도 작용하고 있다. 따라서 협약의 비준 후 지금에 이르기까지 협약의 인지도는 낮다(이재연, 황옥경, 김효진, 2009).

　이러한 상황에서 2015년 개정 교육과정에 인권교육이 포함되었다. 교원 연수과정에도 아동권리교육의 내용을 안내하여 아동권리교육의 제도화의 환경이 조성되고 있다. 그리고 아동 관련 종사자 대상 권리교육도 실시되어 아동복지시설 종사자와 아동복지 담당 공무원 등의 인권감수성 교육이 실시되고 있다.

　앞으로 정부는 부처별 향후 교육 · 홍보 정책의 제시와 상호검토, 아동정책조정위원회 등 관련 기관을 중심으로 한 종합대책 마련, 아동 · 시민 등이 쉽게 관련 정보에 접근할 수 있는 적극적인 방법의 모색 노력이 필요하다. 즉, 관련 공무원을 대상으로 하는 정부부처의 적극적인 연수 계획과 아동과 시민을 대상으로 하는 구체적인 정책이 국가의 교육 · 홍보의 행동 계획으로 제시되어야 한다. 또한 권리교육에서도 '유엔인권교육 10년'의 행동 계획 등을 근거로 국내 권리교육과 홍보 정책을 점검하고 종합적인 프로그램 개발에 힘써야 한다.

생각해 보기

1. 최근 아동권리가 침해된 사례를 발굴하여 협약의 어느 조항과 관련되는지 살펴보자.
2. 아동의 참여를 촉진시키기 위해서 어떠한 방안들이 있는지 생각해 보자.
3. 개인 간의 권리가 상충되었을 때는 어떻게 해결해야 되는지 생각해 보자.
4. 아동을 위해 일하는 사회복지사라고 가정하고 지역사회 환경을 모니터링해 보자.
5. 아동소외의 현장 하나를 선정하여 권리 증진을 위한 대책을 세워 보자.
6. 아동을 위해 일하는 언론인이라고 가정했을 때 어떠한 문제를 다루고 싶은지, 대담할 사람을 정하고 그 내용을 써 보자.

참고문헌

김정래(1998). 권리의 주체로서 '아동'의 의미. 아동권리연구, 2(2), 53-74.

김정래(1999). 아동권리협약 채택 10주년과 한국아동의 권리. 아동권리연구, 3(2), 7-11.

김정래(2002). 아동권리향연. 서울: 교육과학사.

김정의(1999). 한국소년운동. 서울: 혜안.

김효진, 이재연(2011). 유엔아동권리협약 제21조(a) 유보철회방안. 아동과 권리, 15(2), 141-160.

보건복지가족부(2009). 아동권리협약이행핸드북.

보건복지부, 한국아동단체협의회, 한국아동권리학회(2006). 한국의 유엔아동권리협약 이행 모니터링.

보건복지부, 한국청소년정책연구원(2017). 유엔아동권리협약 5 · 6차 국가보고서 공청회 자료집.

서여정(2012). UN 인권이사회 국가별 인권상황 정기검토(Universal Periodic Review: UPR)와 아동권. 아동청소년 인권관련 국 · 내외 동향 워크숍. 한국청소년정책연구원.

손인수(1985). 인내천사상과 어린이 운동의 정신. 신인간, 428, 5월호.

안동현(1999). 유엔 아동권협약의 의의와 과제. 아동권리연구, 3(2), 27-42.

우남희(1999). 어린이의 삶의 질적 향상을 추구한 소파 방정환에 대한 다각적 분석. 아동권리연구, 3(2), 101-106.

외교통상부(2008). 국가별 정례인권검토(UPR) 심의 결과 보고서.

이재연(1999). 소파 방정환과 한국아동의 권리. 아동권리연구, 3(2), 107-119.

이재연, 황옥경, 김효진(2009). 아동과 권리. 아동학회지, 30(6), 153-165.

정태수(1991). 아동의 권리에 관한 국제협약. 서울: 예지각.

황옥경(2002). 유럽국가들의 아동권리모니터링 현황. 한국아동권리학회 2002 춘계학술대회 자료집(pp. 28-30).

황옥경(2013). 유엔아동권리협약 이행사항 점검. 유엔인권권고 분야별 이행사항 점검 심포지엄 자료집. 대한변호사협회, 유엔인권정책센터.

UNICEF (2001). 세계아동현황보고서: 영유아기. 서울: 유니세프 한국위원회.

UNICEF (2002). 세계아동현황보고서: 리더십. 서울: 유니세프 한국위원회.

UNICEF (2005). 세계아동현황보고서: 위협받는 어린이들. 서울: 유니세프 한국위원회.

UN General Assembly (2002). *A World Fit for Children*.

국가인권위원회 인권교육센터 http://edu.humanrights.go.kr
유엔인권고등판무관 http://www.ohchr.org

제4장

아동복지의 대상과
서비스 및 원칙

그동안 아동복지는 사회복지의 한 분야로 특성화되었으며 사회복지 전문화에 상당히 기여하였으나, 19세기, 20세기와 비교해 볼 때 오늘날 아동복지의 영역은 상당히 복잡해졌다. 예를 들어, 예전에는 학대받은 아동과 방임된 아동을 부모와 가정으로부터 '격리'해서 시설에 보호하면 되는 것으로 인식하였다. 그러나 사회 변화에 따라 아동복지기관은 요보호아동을 위해 새로운 서비스를 제공해야 하는 사회적 변화를 요구받게 되었다. 사회복지의 특별한 영역으로서의 아동복지는 점진적이고 진화적인 성장에 대한 도전에 직면하였다.

아동복지는 아동을 대상으로 정책과 서비스를 제공하는 것이다. 원칙적으로 아동복지의 대상은 모든 아동과 그 아동을 포함하는 가정이다. 그러나 아동복지 정책과 서비스를 우선적으로 제공해야 하는 아동과 예방적 차원에서 보호해야 하는 아동으로 구분해 볼 수 있다. 아동복지 서비스는 서비스를 제공받는 장소에 따라 분류할 수 있으며, 서비스 수행 기능에 따라 구분하여 살펴볼 수 있다. 요보호아동과 일반아동을 대상으로 아동복지 정책과 서비스를 제공할 때 따라야 하는 원칙을 알아보고자 한다.

1. 아동복지의 대상

아동복지대상에서 아동은 기본적으로 유엔아동권리협약에서 정의된 연령 구분을 따르고 있다. 아동복지대상은 기본적으로 모든 아동을 포함하며, 일반적으로 요보호아동과 일반아동으로 구분할 수 있다. 현재 우리나라 아동복지 정책과 서비스는 요보호아동을 보호하는 소극적 아동복지에서 일반아동까지 포함한 모든 아동을 대상으로 건전한 발달과 성장을 원조하는 적극적이고 포괄적인 아동복지를 지향하고 있다. 아동복지 대상을 요보호아동과 일반아동으로 구분하여 다음과 같이 살펴볼 수 있다.

1) 아동의 연령적 구분

아동복지 대상에서 규정하는 아동은 법률에 따라 다양한 연령으로 구분된다. 현재 우리나라 「민법」과 「소년법」에서는 20세 미만의 미성년과 소년이 아동으로 간주되며, 「아동복지법」 「근로기준법」 「한부모가족지원법」에서는 18세 미만이 아동과 연소자로 구분된다. 「형법」에서는 14세 미만을 아동이라고 지칭하나, 「청소년기본법」에서는 9세 이상 24세 이하를, 「청소년보호법」에서는 19세 미만을 청소년이라고 규정한다. 이와 같이 우리나라는 법률적 특성에 따라 다양하게 세분화해서 규정하고 있다.

그러나 우리나라를 비롯한 다른 국가의 아동복지법의 근간이 되는 유엔아동권리협약에서는 아동을 18세 미만으로 정의한다. 사회통념상 우리나라에서 아동은 영유아나 초등학교에 다니는 어린이를 의미하지만, 10대 청소년도 건전한 발달과 성장을 위해 사회적 보호와 책임이 필요한 만큼, 이 책에서는 아동을 유엔아동권리협약에서 정한 18세 미만으로 정의한다.

2) 요보호아동

아동복지대상에서 요보호아동은 아동의 욕구가 충족되지 못하거나 문제에 직면한 아동을 의미한다. 아동발달에 기본적으로 필요한 물리적 환경, 정서적 환경, 교육, 보건 및 여가활동에 대한 아동욕구를 충족시키지 못한 경우 아동복지 서비스의 대상이 된다. 아동이 경험할 수 있는 문제로는 빈곤, 학대, 부모의 이혼 및 별거, 사

별, 비행, 약물 중독, 장애 등이 있다. 우리나라 「아동복지법」은 요보호아동을 다음
과 같이 정의하고 있다. "'요보호아동'이란 보호자가 없거나 보호자로부터 이탈된
아동, 또는 보호자가 아동을 학대하는 경우 등 그 보호자가 아동을 양육하기에 부
적합하거나 양육할 능력이 없는 경우의 아동을 말한다(「아동복지법」 제3조 제4호)'.
2016년 발생유형별 요보호아동 현황을 보면, 빈곤 · 실직 · 학대(학대+빈곤+실직+
부모 사망+부모 질병+부모 이혼)의 경우 3,148명, 비행 · 가출(비행+가출+부랑)의 경
우 314명, 미혼모 856명, 기아 264명, 미아 10명이었다(통계청, 2017). 2016년 보호유
형별 요보호아동 현황은 시설보호(아동양육시설+일시보호시설+장애아동시설+공동
생활가정) 2,894명, 가정위탁 1,449명, 입양 243명, 소년소녀가정 6명이었다(통계청,
2017).

　　요보호아동은 분류하는 학자들에 따라 차이가 있다. 먼저 Kadushin은 부모와 아
동의 사회적 역할 수행을 통해 아동복지대상을 구분하였는데, 각각의 역할 수행이
제대로 이루어지지 못하거나, 개인의 역할이 사회적 기대에 맞지 않거나, 지역사회
의 자원 부족으로 역할 수행을 적절하게 할 수 없을 때 아동복지의 대상으로 규정하
였다. 구체적인 대상 분류는 〈표 4-1〉과 같다(Kadushin, 1988; 표갑수, 2002 재인용).

〈표 4-1〉 아동복지 서비스의 대상 분류

부모역할이 없는 경우	부모 사망, 별거, 이혼, 신체적 · 정신적 질환, 투옥, 비합법성 이민
부모의 역할 거부	태만, 자포자기, 신체학대, 유기
부모의 무능력	신체적 · 정신적 또는 정서적 부적절성, 지식 또는 훈련의 결여, 정서적 미성숙(지체), 약물중독, 무지
아동의 무능력과 장애	간질, 정서적 결함, 정서적 혼란, 뇌손상
지역사회 자원의 결함	부적절한 주택, 실업

출처: 표갑수(2002). 아동 · 청소년 복지론.

　　한편 장인협과 오정수(2001)는 아동이 처한 양육 환경이 아동의 건전한 성장과
발달에 적합하지 않거나 신체적 · 정신적 문제 또는 장애가 있을 경우 아동보호가

필요하다고 보았다. 또한 사회적·법적으로 보호가 필요한 아동과 특별한 보호를 제공해야 하는 아동도 요보호아동으로 분류하였다. 보다 구체적인 아동보호 분류는 〈표 4-2〉에 제시되어 있다.

〈표 4-2〉 보호필요아동 분류

양육 환경상 보호가 필요한 아동	가족의 구조와 기능이 결손되어 건강한 양육 환경하에서 성장하기 힘든 경우 - 빈곤가정 아동, 결손가정 아동, 부모부재 아동
신체적, 정신적, 정서적으로 문제나 장애를 가진 아동	아동이 가진 독특한 심신상의 결함에 따라 정상적인 사회참여에 제한을 받고 있고, 독립적인 인격체로서의 존엄성을 침해받는 경우 - 신체장애 아동, 정신장애 아동, 정서장애 아동
사회적·법적 보호가 필요한 아동	- 가출아동, 비행아동
특별보호를 요하는 아동	- 학대 및 유기된 아동, 미혼모의 아동

출처: 장인협, 오정수(2001). 아동·청소년 복지론.

〈표 4-1〉과 〈표 4-2〉에 나타난 것처럼, 국내외 학자들의 다른 관점에 따라 요보호아동을 규정하는 분류의 기준은 서로 다를 수 있다. 그러나 아동이 발달하는 과정에서 기본 권리를 보장받지 못하거나, 건전한 성장에 필요한 기본적 욕구를 충족시킬 수 없는 환경은 요보호아동의 공통적 기준이 되고 있다. 따라서 유엔아동권리협약에서 정한 아동의 기본 권리 중에서 생존권, 발달권, 보호권을 보장받지 못할 경우, 아동의 기본 권리를 보장하고 아동 문제를 해결할 수 있는 가정이 부재할 경우, 그리고 적절한 환경을 제공할 수 없을 경우, 이러한 아동들을 요보호아동이라고 규정할 수 있다.

3) 일반아동

현재 아동복지 정책과 서비스의 방향은 요보호아동뿐만 아니라 일반아동까지 포함한 모든 아동을 대상으로 하고 있다. 일반아동이란 가정의 보호 이외에 사회에서 특별한 보호를 하지 않고 생활할 수 있는 아동을 말한다. 일반아동은 사회적 보호와 책임이 있는 요보호아동이 경험하는 문제를 현재 가지고 있지 않지만 앞으로 경험할 수 있는 가능성이 있다. 아동이 경험할 수 있는 문제를 예방할 수 있는 아동복지 서비스의 필요성이 제기되면서 일반아동에 대한 예방적 차원의 아동복지 서비스가 점차적으로 강조되고 있다. 즉, 문제를 경험한 아동뿐만 아니라 앞으로 문제를 경험할 수 있는 아동까지 포함하여 모든 아동과 그 가정을 대상으로 그들의 개별적 욕구를 충족시킬 수 있는 포괄적인 아동복지 정책과 서비스가 제공되어야 한다는 것이다. 모든 아동을 대상으로 제공되는 아동복지 서비스의 예로는 아동수당, 무상의무교육, 육아휴직, 보육 서비스 등을 들 수 있다.

2. 아동복지 서비스의 분류

아동복지 서비스는 서비스가 제공되는 장소에 따라 재가 서비스와 가정 외 서비스로 분류되며, 서비스가 수행하는 기능에 따라 지지적/보충적/대리적 서비스로 분류할 수 있다.

1) 서비스 제공 장소에 의한 분류

(1) 재가 서비스

재가 서비스(in-home service)는 아동이 속한 가족의 구조적 결손은 없지만 가족 내 스트레스나 역기능으로 여러 가지 위험요소를 가지고 있을 경우 서비스를 제공하는 것이다. 또한 증가하는 한부모가정이나 조손가정과 같이 가족구조의 결손에 따라 적절한 가족 기능을 수행하기 어려운 경우에도 서비스를 제공한다. 이와 같이 재가 서비스는 원가정을 보호하면서 원가정의 가족 기능 중 현재 제대로 수행되지 않거나 부족한 부분을 지원하여 원가정의 해체나 붕괴를 예방하는 것이다. 또한 가족들이 직면한 위기를 극복할 수 있도록 가정의 강점을 지원하는 역할도 수행하고 있다.

(2) 가정 외 서비스

가정 외 서비스(out of home service)는 아동이 원가정에서 서비스를 제공받지 못하는 상황일 때 원가정을 떠나 일정 기간 또는 영구적으로 위탁가정이나 아동시설에서 생활하면서 양육 및 보호를 받는 서비스를 말한다. 예를 들어, 한부모가정에서 보호자의 취업 등에 따라 아동이 보육시설 등에서 일정 기간 양육 및 보호 서비스를 받을 수 있으며, 부모의 사별이나 학대 등을 경험한 아동이 영구적으로 원가정을 떠나 다른 가정이나 시설에서 보호받을 수 있다.

2) 서비스 기능에 따른 분류

(1) 지지적 서비스

지지적 서비스(supportive service)는 가족과 부모-자녀 관계가 기본적으로 유지되고 있지만 스트레스나 가족 위기 등을 경험하는 가족을 대상으로 부모와 아동이 그들 각자의 책임과 역할 수행을 할 수 있도록 지원하고 강화시키는 서비스를 말한다. 현대사회는 부모의 이혼, 별거, 방임 등으로 가족해체를 경험할 수 있는 가능성이 증가하고 있다. 지지적 서비스는 가족 위기 상황에서 아동의 기본적 욕구를 충족시키고, 부모-자녀 관계의 장애를 개선하여 가족 기능을 회복하고 유지·강화하여 아동이 원가정에서 생활할 수 있도록 한다. 즉, 가족해체로 진행될 수 있는 문제들을 사전에 예방하여 가족 기능이 원활하게 수행될 수 있도록 외부에서 지원하는 것을 의미하며, 가정기반(home-based) 서비스와 아동보호 서비스 등 아동복지 서비스의 일차 방어선이라고 할 수 있다.

가족은 아동의 건전한 발달과 성장을 위해 적절한 지원을 해야 하지만 상황에 따라 충분한 자원을 가지지 못할 수도 있다. 특히, 장애아동이나 학대 및 방임 아동의 경우처럼 특별한 욕구와 문제를 가진 경우 가족이 아동의 다양한 욕구를 충족시키기 어려울 수 있다. 이러한 경우 지지적 서비스는 아동의 개별화된 다양한 욕구를 충족시킬 수 있는 포괄적이고 다면적인 서비스를 제공하여 부모와 자녀가 각자의 역할을 이행할 수 있도록 가정을 강화하고 지지할 수 있다. 예를 들어, 가족치료, 부모교육, 가족상담, 지역사회 프로그램 등이 있으며, 이러한 서비스를 제공하는 기관으로는 아동상담소, 가정상담소, 가족치료센터, 아동보호기관, 건강가정지원센터 등이 있다.

(2) 보충적 서비스

보충적 서비스(supplementary service)는 부모의 보호나 양육 수준이 부적절하거나 한계가 있을 때 외부 서비스를 통해 부모역할의 일부분을 보충할 수 있도록 하는 것이다. 부모의 사망, 이혼, 별거 등으로 아동을 영구적으로 양육하고 보호할 수 없거나 부모의 질병, 취업 등으로 일시적으로 양육할 수 없는 상황에서 지지적 서비스로 가정의 기능이 회복되거나 강화되지 않을 경우, 가족의 형태는 그대로 유지하면서 부모의 자녀양육과 보호 역할을 대행하거나 원조하기 위해 보충적 서비스를 제공한다.

가정의 충분한 경제소득은 아동의 양육과 보호에 중요한 역할을 담당하는데, 부모가 일정한 수준의 소득을 창출할 수 없거나 가족 소득원이 부재한 경우 사회보험과 공공부조와 같은 소득보충 프로그램은 가정의 일정한 소득 수준을 유지하여 아동양육 기능을 향상할 수 있다. 또한 어머니의 취업이나 부재에 따라 어머니 역할이 충분하지 못할 경우, 가사조력 서비스나 보육 서비스 등을 통해 가정의 기능이 원활하게 수행되도록 지원하게 된다. 이와 같이 보충적 서비스는 가족체계의 일부분을 담당하여 부모역할의 일부분을 수행하게 된다는 점에서 지지적 서비스와 차이점이 있다. 즉, 보충적 서비스는 아동양육과 보호의 책임을 부모와 서비스 제공기관이 함께 수행하는 구조다.

(3) 대리적 서비스

대리적 서비스(substitue service)는 아동을 양육하고 보호할 수 있는 부모의 역할과 기능이 완전히 상실된 상황에서 아동에게 제공되는 서비스를 의미한다. 가족이 영구적으로 해체되어 아동을 양육하고 보호할 수 있는 가족구성원이 없을 경우 시설이나 다른 가정에서 아동양육 기능을 대리적으로 수행하는 것으로, 입양 서비스, 가정위탁 서비스, 시설보호 서비스가 해당된다. 가정위탁 서비스는 일정 기간 다른 가정에서 아동의 양육과 보호 역할을 수행하는 것으로 위탁사유가 된 문제가 제거되면 다시 원가정으로 돌아갈 수 있다. 입양 서비스는 법적·사회적 관계에 의해 영구적으로 친자관계를 형성하는 것으로, 친부모가 가진 권리와 의무가 소멸되고 입양부모에게 아동양육의 권리와 의무가 이양되는 것이다. 가정위탁과 입양은 가능한 한 원가정과 비슷한 가족을 아동에게 제공하는 서비스다. 그러나 이와 같은 서비스를 제공할 수 없을 경우에는 아동을 집단시설에 수용하여 양육과 보호 서비스를 제공하게 된다. 아동보호시설은 소규모 아동들로 구성된 그룹홈에서 대규모 양육시설까지 다양한 규모와 형태를 가지고 있다.

3. 아동복지의 원칙

아동복지의 원칙은 아동복지 실천과 정책 개발 과정에서 가장 존중해야 하는 기본 전제라고 할 수 있다. 여기서는 미국과 영국의 아동복지 원칙을 소개함으로써 아동복지에서 지켜야 할 원칙이 무엇인지 살펴보고자 한다.

1) 미국의 아동복지 원칙

미국의 아동복지 기본 원칙은 아동의 원가정을 보존하고 지원하여 가능한 한 아동이 가정 안에서 보호받고 양육받을 수 있는 환경을 구축해 주는 것이다. 기본 원칙을 보다 구체적으로 소개하면 다음과 같다. 첫째, 안정적이고 영원한 가정은 아동을 위한 최상의 환경이다. 아동은 양육, 보호 및 지도가 필요한 의존적이고 미성숙한 존재다. 아동이 사회에서 요구되는 성인으로 성장하기 위해서는 어떤 형태의 보호와 양육이 필요하다. 케이시 결과 및 의사결정 프로젝트(Casey Outcomes and Decision-Making Project, 1998)는 "아동은 지속적 양육, 지지, 자극이 제공되는 환경에서 성장하고 발달해야 한다. 가정은 아동의 건전한 발달에 필요한 일관된 양육 환경과 안정적인 보호자를 제공할 수 있는 최상의 여건을 갖추고 있다."라고 지적하였다.

둘째, 아동안전 문제다. 아동은 신체적 · 성적 · 정서적 학대로부터 자유로운 환경에서 성장해야 한다. 아동은 기본적 의식주의 제공뿐만 아니라 정서적 안정을 제공할 수 있는 보호자가 필요하다. 그러나 때로 아동복지에서 두 가지 원칙이 충돌하게 될 때 위기에 빠질 수 있다. 예를 들어, 아동이 성장하는 데 최적의 장소가 가정이라는 원칙과 학대와 방임으로부터 아동을 보호해야 하는 원칙 사이에서 전문가로서 어떤 행동을 취해야 하는지는 생각해 볼 문제다. 이러한 문제는 다음 세 번째 원칙에서 그 해결 방법을 찾을 수 있을 것이다.

셋째, 가족 기능을 강화하고 지원해야 한다. 사회는 가족 기능을 강화할 수 있도록 최대한 지원해야 하고 아동을 위해 의료보호, 안정적 주거, 최소한의 수입보장 등 적합한 환경을 제공하기 위해 노력해야 한다. 아동복지는 아동의 건강한 발달을 돕기 위해 부모교육, 상담 지원, 주거 및 취업 지원, 약물 및 정신건강 등 가족의 욕구를 충족시키기 위한 서비스를 제공해야 한다. 이러한 가족 지원과 가족보존 서비스는 궁극적으로 아동의 욕구를 충족시키는 아동복지라고 볼 수 있다.

넷째, 아동을 격리할 때는 가족의 연계성을 위한 아동의 요구를 반영해야 한다. 즉, 아동이 가족으로부터 격리되어야 하는 상황일지라도 가족에 대한 아동의 정서적 애착이 유지될 수 있도록 해야 한다(McFadden & Downs, 1995). 안전 문제 때문에 아동을 부모로부터 일시적으로 격리시킬 때 아동이 최대한 편안함을 느낄 수 있도록 지원해야 한다. 예를 들어, 친척집으로 아동을 보내거나, 다른 형제들과 함께 갈

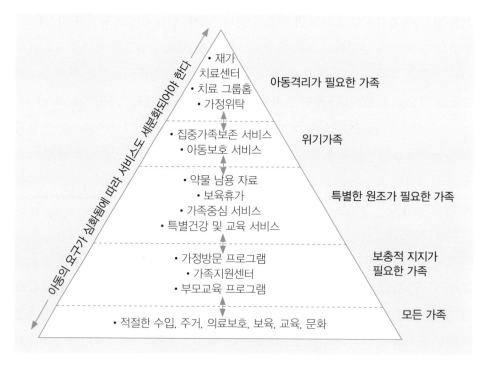

[그림 4-1] 아동복지 서비스 피라미드

출처: Children's Defense Fund. (1998). Family support. CDF Reports, 15, 7.

수 있도록 하거나, 친구나 학교를 떠나지 않도록 이웃집에 머무르게 하는 것 등으로 아동들의 불안을 최소화할 수 있다. 만약 아동을 영구적으로 격리시키게 될지라도 친부모와의 애착관계를 유지시킬 수 있도록 공개입양과 같은 형태로 친척이나 위탁가정으로 보내야 한다(Downs, Moore, McFadden, Michaud, & Costin, 2004).

이러한 네 가지 원칙은 아동과 가족 지원 서비스 기관과 아동보호 체계에서 지켜져야 하는 것이며, 아동보호 서비스 프로그램의 목표가 될 수 있다. 미국의 어린이보호기금(Children's Defense Fund)에서 제시한 아동복지 서비스 피라미드는 아동보호 수준에 따라 제공되어야 할 아동복지 서비스를 [그림 4-1]과 같이 소개하였다.

2) 영국의 아동 정책

2003년 영국 정부는 '모든 아동 문제(Every Child Matters)'라는 정책을 수립하였는데, 이러한 정책 계획은 아동학대로 사망한 Victoria Climbie의 사망보고서(1999)에 관한 공식 반응과 함께 제시된 것이다. 영국의 '모든 아동 문제'는 다음의 네 가지 주제를 강조하는 계획을 수립하였다.

- 아동의 삶에 가장 결정적으로 영향을 미치는 가족과 보호자에 대한 지원 증가
- 아동이 위험 상황에 처하기 전에 대처할 수 있는 개입 전략과 예방대책 강화
- Victoria Climbie의 사망보고서에 나타난 정부의 낮은 책임감과 통합 서비스 부재의 잠재적 문제점 지적
- 아동을 위해 일하는 사람의 가치와 보상, 훈련 강화

영국 정부의 이 정책 문서에 의해 그동안 제공되었던 아동, 청소년, 가족을 위한 서비스에 대해 전례 없는 논쟁이 시작되었으며, 향후 개선 방향을 위해 아동 서비스 기관에서 아동, 청소년 및 부모를 위해 일하는 종사자들의 광범위한 자문을 구했다. 이러한 자문 결과로 영국 정부는 아동 정책의 변화를 위해 19세 미만의 아동과 청소년의 건전한 발달을 증진시키기 위한 기본 목표로 '모든 아동 문제: 다음 단계(Every Child Matters: the Next Steps)'를 수립하였다. 그리고 2004년 아동법을 통과시킴으로써 아동, 청소년, 가족의 욕구에 보다 효과적으로 개입하고 그들이 제공된 서비스를 쉽게 이용할 수 있도록 하기 위한 법률적 기초를 마련하였다. 중앙정부의 목적은 모든 아동이 그들의 가족 배경과 환경이 어떠하든지 상관없이 다음 5개 분야의 목표를 갖는다. 그것은 아동의 건강, 안전, 학업성취와 문화 및 여가활동, 사회공헌을 위한 준비, 경제적 자립이다.

우선 아동의 건강(be healthy) 분야의 목표는 신체 및 정신건강과 관련된 목표를 담고 있다. 건강 분야의 다섯 가지 하위 목표는 신체적 건강, 정신적 · 정서적 건강,

성적 건강, 건강한 습관, 불법약물 복용하지 않기다. 아동의 안전(stay safe) 분야의
하위 목표 내용은 학대 및 방임으로부터의 안전, 사고로부터의 안전, 따돌림이나 차
별로부터의 안전, 학교 내외의 범죄로부터의 안전, 안정적이고 안전한 보살핌 받기
다. 아동의 학업성취와 문화 및 여가활동(enjoy and achieve) 분야 역시 다섯 가지의
하위 목표를 가지고 있다. 그 내용은 취학 준비하기, 학교생활 좋아하기, 초등학교
에서 국가교육목표 성취하기, 개인적/사회적 발달 성취하고 여가 즐기기, 중등학교
에서 국가교육목표 성취하기다. 사회공헌을 위한 준비(make a positive contribution)
분야는 아동이 사회적 공헌을 할 수 있는 사람이 되도록 준비시키고자 한다. 하위
목표의 내용으로는 의사결정에 참여하기, 학교 안팎에서 법률 준수하기, 긍정적 관
계를 형성하고 따돌림이나 차별하지 않기, 자신감을 발달시키고 주요한 삶의 변
화에 성공적으로 적응하기, 경제활동 발달시키기다. 마지막 목표는 경제적 자립
(achieve economic well-being)으로서 다섯 가지 하위 목표는 고등교육기관에 진학하
거나 기술 등을 익히기, 취업 준비, 적절한 집과 지역사회에서 살기, 적절한 교통수
단과 생필품 확보하기, 저소득층 가구로부터 벗어나기다.

이러한 다섯 가지 목표는 모든 아동이 기본적으로 가지는 보편적 목표다. 모든 아
동과 청소년의 목표 달성을 증가시키는 것은 아동의 신뢰 안에서 아동의 모든 발달
과정과 학업을 지원하는 것이다. 이러한 다섯 가지 목표의 달성은 상호 보완적인데,
예를 들어 아동이 건강하고 안전하며 성취감을 얻었을 때 더 배울 수 있고 잘 발달
할 수 있다는 것이다. 또한 각 목표 달성이 상호 보완적이 되는 결과를 증명하는 것
은 아동이 빈곤에서 벗어날 수 있는 가장 효과적인 방법이 아동의 학력을 높이는 것
임을 알 수 있다. 목표 달성을 증가시키는 것은 또한 소외된 아동이 발달 과정에서
경험할 수 있는 불이익을 감소시킬 수 있다.

영국 정부는 아동의 성취 목표를 증가시키기 위해 부모, 보호자, 가족의 중요한
역할을 강조하고 있다. 또한 아동의 성취 증가를 위해 부모, 보호자, 가족을 국가적
으로 지원하고 있으며, 지역사회의 역할도 강조하고 있다. 이러한 중앙정부의 목표
는 아동에게 서비스를 제공하는 관련 기관인 병원, 학교, 경찰, 자원봉사단체 등이

아동의 건전한 발달을 지원할 수 있는 새로운 방법을 모색하고, 정보를 공유하고 협력하여 위험으로부터 아동을 보호하고 아동이 원하는 것을 성취할 수 있도록 원조하는 것이다. 또한 아동은 개별적으로나 공동으로 자신들에게 영향을 미칠 수 있는 문제에 대해서 더 많이 언급할 수 있어야 한다. 영국의 모든 지방자치단체는 아동을 위해 각 협력자들과 협력하여 지역사회 안에서 아동을 위한 최선의 방법을 찾아내서 행동으로 옮겨야 한다. 또한 지방자치단체는 이러한 과정에 아동을 참여시켜야 하며, 감독관이 지방자치단체의 활동 업무를 평가할 때 아동의 관점에서 아동이 지방자치단체가 제공한 서비스에 대해서 어떻게 평가하는지 주의 깊게 들을 수 있는 제도를 만들어야 한다.

생각해 보기

1. 아동복지대상을 모든 아동으로 확대하고 있는데, 앞으로 전체 아동을 위해 제공되어야 할 아동복지 정책과 서비스는 어디에 초점을 맞추어야 하는지 생각해 보자.
2. 아동복지 서비스 중 아동의 기본 권리 보장을 강화할 수 있도록 개선되어야 할 서비스 기능은 무엇이라고 생각하는가?
3. 아동복지 원칙 중에서 가장 기초적이고 근간이 될 수 있는 원칙은 무엇인지 생각해 보자.

참고

1. 요보호아동이 입양될 경우 입양아동 양육수당은 월 15만 원, 가정위탁될 경우 위탁아동 양육수당은 월 12만 원, 소년소녀가정 양육보조금 월 12만 원이다(보건복지부, 2017).
2. 보건복지부의 '2016 시도별 퇴소 아동 1인당 자립정착금 및 대학입학금 지급 기준액'을 보면, 지방자치단체의 예산규모에 따라 지원액의 차이가 크게 나타났다. 서울과 부산, 인천, 울산 등 7개 시·도는 퇴소아동 1인당 500만 원을 자립정착금으로 지원하는 반면 대구와 대전, 경북, 전북 등 6개 시·도는 지원금이 없거나 평균에 못 미치는 300만 원을 지원했다. 대학등록금 역시 부산과 서울은 300만~350만 원을 지원한 데 비해 광주와 경남 등은 대학

등록금 지원이 국가장학금과 유사·중복제도에 해당한다고 보고 사업비를 책정하지 않았다. 경기도의 경우 아동양육시설 퇴소자에게만 대학등록금 400만 원을 지원하고, 그룹홈과 가정위탁 퇴소자들에게는 대학등록금을 주지 않았다.

3. 9개 시·도의 지방자치단체는 퇴소 아동의 거주시설 유형에 따라 퇴소지원금액과 대학등록금을 다르게 정하고 있다. 예를들어, 광주는 아동양육시설과 그룹홈(공동생활가정)에서 퇴소자는 자립정착금 400만 원을 주지만 가정위탁 퇴소자에게는 100만 원만 지원했다. 이와 같이 지역과 시설에 따라 기준이 천차만별이다 보니 부산 아동양육시설을 나오면 850만 원의 지원금을 받지만 전남 가정위탁으로부터 자립하게 되면 아무런 지원도 받을 수 없다(보건복지부, 2016).

참고문헌

보건복지부(2016). 요보호 아동 지원현황.

보건복지부(2016). 시도별 퇴소 아동 1인당 자립정착금 및 대학입학금 지급 기준액.

통계청(2017). 요보호아동현황.

장인협, 오정수(2001). 아동·청소년 복지론. 서울: 서울대학교출판부.

표갑수(2002). 아동청소년 복지론. 서울: 나남.

Casey Outcomes and Decision-Making Project. (1998). *Assessing outcomes in child welfare services: Principles, concepts, and a framework of core outcome indicators.* Englewood, CO: American Humane Association.

Children's Defeuse Fund. (1998). Family Support. *CDF Reports, 15,* 7.

Downs, S. W., Moore, E., McFadden, E. J., Michaud, S. M., & Costin, L. B. (2004). *Child Welfare and Family Service.* MA: Allyn and Bacon.

McFadden, E. J., & Downs, S. W. (1995). Family continuity: The new paradigm in permanence planning. *Community Alternatives: International Journal of Family Care, 7*(1), 44.

제5장

아동복지 발달사

이 장에서는 외국과 우리나라의 아동복지 발달사를 살펴보고자 한다. 아동복지 발달사는 아동에 관한 관심과 아동복지를 위한 활동의 변천 과정으로 볼 수 있다. 하나의 국가에서 아동복지 발달사는 사회복지 발달사라는 커다란 틀 안에서 사회 복지와의 관련하에 발달하게 된다. 또한 우리나라에서 현대적인 의미의 아동복지 발달사는 해방 이후 외국의 원조와 함께 시작되었기 때문에 외국의 아동복지 발달 사와 밀접한 관련이 있다. 따라서 이 장에서는 외국의 아동복지 발달사를 먼저 살펴 보고, 이어서 우리나라에서 현대적인 의미의 아동복지 발달사를 살펴보고자 한다.

1. 외국의 아동복지 발달사

1) 엘리자베스 구빈법

사회복지의 주된 기능인 상호부조의 기능은 옛날부터 거의 모든 나라에서 여러 가지 형태로 내려오던 전통이었지만, 현대적인 의미의 사회복지 역사는 13세기 자 본주의 사회의 발전 이후로 본다. 구체적으로 현대적인 의미의 사회복지 발달사의 출발은 1601년에 입법 · 시행되었던 영국의 엘리자베스 구빈법(Act for the Relief of the Poor of 1601)이다. 특히, 영국에서 1601년에 제정된 엘리자베스 구빈법과 이 법 을 전면적으로 수정하여 제정된 1834년의 신구빈법(Poor Law Reform of 1834)에서 확립된 주요 원칙들은, 이후 서구의 사회복지 발달사에서 비록 구체적인 정책이나 프로그램의 외형적인 면에서 차이를 보일지는 모르지만 각 정책과 프로그램의 목적과 핵심적인 내용이라는 측면에서는 변함없이 일관되게 유지되어 왔다(김형모, 2001).

엘리자베스 구빈법은 엘리자베스 1세의 치세 말기인 1601년에 입법되었고, 봉건제도의 붕괴와 자본주의의 발달에 따른 농노들의 이동과 빈민의 증가에 따른 일련의 정치적 · 종교적 · 경제적 변동에 대처하기 위하여 그 이전에 입법되었던 여러 가지 구빈법들을 집대성한 하나의 결정판이라고 할 수 있다. 즉, 엘리자베스 구빈법은 새로운 내용을 담고 있다기보다는 14세기 이후 1601년 이전까지 입법되었던 여러 구빈 관련법의 내용을 하나의 법률 속에 집대성하여 정리한 것이다. 또한 엘리자베스 구빈법의 제정 이후 1662년의 정주법(Law of Settlement of 1662), 작업장(workhouse)에 관련된 여러 법률, 그리고 원외구제 원리를 강화하고 최저임금을 조사하여 임금을 보조하는 스핀햄랜드법(Speenhamland Act of 1795)의 제정이 뒤를 이었다. 엘리자베스 구빈법과 함께 중요한 법은 1834년에 개정된 신구빈법(개정구빈법)이다. 신구빈법은 스핀햄랜드법에 따른 원외구제 방식에 대한 비판에 대처하기 위해 1601년의 엘리자베스 구빈법을 전면적으로 수정하여, 임금보조를 삭제하고 원내구제 원리로의 회귀를 강조하였다(Friedlander & Terrell, 1980; Trattner, 1999).

엘리자베스 구빈법과 신구빈법의 주요 내용들은 이후 서구의 사회복지 발달사에 커다란 영향을 미치게 되는 세 가지 주요 원칙으로 요약 · 정리될 수 있다. 첫 번째 원칙은 가족책임(family responsibility)의 원칙이다. 두 번째 원칙은 근로불능빈민(the impotent poor)과 근로가능빈민(the able-bodied poor)의 구분과 이에 따른 원내구제(in-door relief)와 원외구제(out-door relief)의 실시다. 그리고 세 번째 원칙은 1834년의 신구빈법에서 강조되기 시작한 열등처우(less eligibility)의 원칙이다.

첫 번째 원칙인 가족책임의 원칙은 부모와 자녀가 서로의 생계에 대한 일차적인 책임을 져야 한다는 것으로, 1597년의 빈민구제에 관한 법률(Act for the Relief of the Poor)에서 최초로 명문화되었다. 즉, 욕구(needs)가 있는 사람(빈민 포함)에 대한 구제의 책임은 일차적으로 가족에게 있으며, 국가는 가족이 서로의 욕구를 충족시키지 못할 경우에만 최종적으로 그리고 최소한으로 개입하여 구제한다는 것이다.

　두 번째 원칙은 근로불능빈민과 근로가능빈민의 구분과 이에 따른 구제의 원칙이다. 엘리자베스 구빈법에서는 국가의 도움을 필요로 하는 의존자들(dependents)을 크게 아동(children), 근로가능자(the able-bodied) 그리고 무능자(impotent)의 세 유형으로 구분하였다(Trattner, 1999). 그러나 엄밀한 의미에서 아동은 무능자(근로불능자)에 포함될 수 있으므로 근로가능빈민과 근로불능빈민으로 크게 구분할 수 있다. 이와 같은 분류는 20세기 초 영국과 미국에서 전개되었던 자선조직협회(Charity Organization Society: COS)의 우애방문자(friendly visitor)들에 의하여 사용되었던, 도와줄 가치가 있는 빈민(worthy poor 혹은 deserving poor)과 도와줄 가치가 없는 빈민(unworthy poor 혹은 undeserving poor)의 이분법적인 구분과 일맥상통하는 것이다.

　두 번째 원칙과 관련하여 중요한 점은 근로능력에 따라 빈민을 구분하고 주된 구제의 방법을 다르게 사용하였다는 것이다. 즉, 여러 가지 이유로 근로가 불가능한 사람(아동, 장애인, 노인 등)은 원칙적으로 구빈원(almshouse)에 수용하여 보호하도록 규정하였으나, 구빈원에 수용하지 않는 것이 비용이 적게 든다고 판단되면 원외구제를 받을 수 있도록 허용하였다. 이때 원외구제는 근로불능빈민이 사는 집에 음식, 의복 그리고 연료를 제공하는 현물급여(in-kind) 방식이었다. 이에 비해 근로가능빈민은 반드시 교정원(house of correction) 혹은 작업장(workhouse)에 수용하여 강제 노동하도록 하였으며, 그들에 대한 자선을 금지하였다. 즉, 철저한 원내구제의 원칙이 시행되었던 것이다.

　사회복지 발달사에서 중요한 세 번째 원칙은 1834년의 신구빈법에서 제시된 열등처우(less eligibility)의 원칙이다. 열등처우의 원칙이란 정부로부터 도움을 받는 수급자의 경제적 상황은 그 사회의 최하층 노동자의 경제적 상황만큼 실제로 혹은 명백하게 바람직하거나(eligible) 만족스럽지(satisfactory) 않아야 한다는 것이다. 즉, 수급자의 욕구(need)나 빈곤의 원인(cause)에 상관없이 모든 수급자의 경제적 상황은 최저의 노동자의 경제적 상황보다 열등해야 한다는 것이다. 열등처우의 원칙의 근본적인 목적은 빈민에게 정부로부터의 구제가 제공되더라도 그들의 삶이 매우 비참하여서 정부로부터 도움을 받느니 차라리 일을 선택하도록 만들기 위한 것이라고 볼 수 있다(Trattner, 1999). 또한 이후의 사회복지 발달사를 보면, 열등처우의 원칙은 구제를 제공하기 위한 수급대상자의 선정 과정에서 매우 엄격하고 경멸적인 자산조사(means test)의 절차를 강조함으로써, 빈민으로 하여금 구제를 비굴하게 요청하기보다는 어떠한 종류의 일이라도 하도록 유도하기 위한 목적이었음을 알 수 있다.

엘리자베스 구빈법과 신구빈법에서 나타나는 세 가지 주요 원칙(가족책임의 원칙, 근로불능빈민과 근로가능빈민의 구분과 이에 따른 구제의 원칙, 열등처우의 원칙)은 비록 1601년과 1834년에 영국에서 시작되었지만, 이후 미국을 비롯한 서구의 사회복지 발달사 그리고 서구의 사회복지를 받아들인 우리나라의 사회복지 발달사에서 구체적인 사회복지 정책과 프로그램의 외적인 형태는 다르지만 원칙적이고 실질적인 정책과 프로그램의 목적에서는 일관되게 유지되어 왔다. 특히, 세 가지 주요 원칙을 아동복지에 적용하여 보면 다음과 같다. 첫째, 가족책임의 원칙을 적용하면, 아동복지에 대한 일차적인 책임은 부모와 가족에게 있다. 둘째, 근로불능빈민과 근로가능빈민의 구분과 이에 따른 구제의 원칙을 적용하면, 아동은 근로불능빈민으로 구분되고 이에 따라 원외구제와 현물급여를 제공하는 것이다. 셋째, 열등처우의 원칙을 적용하면, 아동의 가족에게 제공되는 복지의 수준은 열악하게 되고, 그 결과 아동도 빈곤한 수준을 면하기 어렵게 되는 결과를 낳게 되는 것이다.

2) 아동복지 발달의 초기

1601년 엘리자베스 구빈법 이후 서구 사회복지 발달사에서 아동복지에 관한 주된 관점은 건설적인 이타주의(constructive altruism)의 가능성으로서 아동을 보았다는 것이다. 그 결과, 광범위한 아동복지 운동이 19세기에서 20세기 초 미국에서 진행되기에 이르렀다. 아동복지 운동은 크게 다음의 다섯 가지 형태를 띠었다(Trattner, 1999).

- 구빈원이나 다른 수용시설로부터 요보호아동, 방임아동, 비행아동을 분리시켜 개인 가정에 배치
- 소년법원(juvenile court)과 보호관찰(probation) 체계를 만들기
- 어머니연금 혹은 미망인연금(mothers' or widows' pensions)을 제공
- 의무적인 학교출석법(compulsory school attendance laws)을 제정
- 아동 노동의 금지를 위한 운동

　1601년 엘리자베스 구빈법 이후 수용중심의 아동복지에서 위탁보호(foster care)를 채택하기 시작한 조직이 뉴욕의 아동원조협회(New York Children Aid Society)다. 아동원조협회는 1853년 Charles Loring Brace 목사에 의해 설립되었다. Brace 목사는 뉴욕의 젊은 빈민 사이에 증가하는 청소년 비행과 범죄를 목격하고, 1872년에 발간한 그의 책에서 뉴욕 도시에서 집 없이 거리를 방황하는 비행아동을 사회의 위험한 계층(dangerous class)으로 규정하였다. 그는 기독교 정신에 입각하여 위험한 계층인 요보호아동들을 돕기 위해 야학, 쉼터, 직업학교, 훈련학교, 일시보호소 등을 운영하였다. 그러나 선구적인 것으로 평가되는 활동은 바로 위탁가정 배치(foster home placement)다.

　Brace 목사는 기독교적 신앙에 입각하여 뉴욕에서 문제가 되는 위험한 계층의 아동들을 서부 지역의 기독교 농부의 가정에 위탁 배치함으로써 뉴욕 도시의 문제를 해결하고, 아울러 아동이 서부의 기독교 가정에서의 일을 통하여 근면을 배워 자립할 수 있다고 믿었다. 이는 동부 도시의 범죄를 예방하고, 아울러 서부지역의 노동력의 문제를 해결하는 그 시대의 욕구에 잘 부합되었다. 그리하여 1854년부터 5만여 명의 아동을 고아기차(Orphan Train)를 이용하여 뉴욕에서 출발하여 서부로 가는 과정에서 각 기차역에서 아동들을 가정에 배치하는 위탁가정 배치운동을 전개하게 된 것이다.

　그러나 이와 같은 위탁가정 배치에 대한 여러 가지 문제점이 제기되었다. 첫째, 아동이 위탁될 가정에 대한 충분한 조사를 실시하지 못하였다. 둘째, 위탁된 후에

아동이 잘 지내고 있는지에 대한 사후관리를 실시하지 못하였다. 셋째, 천주교 가정의 아동을 개신교 가정에 위탁하여 개신교화한다는 비난을 받게 되었다. 일부 위탁 배치된 가정에서 아동에 대한 학대가 일어나는 경우도 없지 않았고, 서부 지역에 무료 노동력을 제공했다는 비난을 받기에 이르렀다. 그러나 분명한 것은 Brace 목사의 활동을 통하여 이전의 수용보호에서 벗어나 위탁보호가 실시되었다는 아동복지 발달상의 의의가 있다는 것이다.

미국의 아동복지 발달사에서 또 다른 전기는 1909년에 있었던 요보호아동에 대한 백악관회의(White House Conference on Dependent Children)다. 워싱턴의 변호사이자 루스벨트 대통령의 절친한 친구인 James West에 의해 전 미국민 앞에 국가의 불운한 아동의 문제를 가져오려는 생각에서 시작되었다. 그리하여 1909년 1월 이틀 동안 전국에서 아동 문제에 관한 200여명의 전문가를 초청하여 백악관회의를 개최하기에 이르렀다. 백악관회의에서 요보호아동을 위한 활동을 하고 있는 전문가들 사이의 경험과 의견 교환을 통해 요보호아동을 위한 지침을 제공하였다. 그것은 "가정에서의 삶은 문명의 가장 높고 훌륭한 산물이고, 아동은 위급하고 어쩔 수 없는 경우를 제외하고는 가정에서의 삶을 박탈당하지 않아야 한다(Home life is the highest and finest product of civilization, and children should not be deprived of it except for urgent and compelling reasons)."라는 것이었다(Trattner, 1999: 215). 이것은 이전까지의 요보호아동에 대한 수용보호(institutional care) 중심으로부터 벗어나 가정에서의 보호(family care)에 대한 강조였다.

1909년의 요보호아동에 대한 백악관회의의 또 다른 산물은 1912년의 미국 아동국(U.S. Children's Bureau)의 창설이다. 이는 이전까지의 아동에 대한 국가책임의 부인에서 벗어나 아동에 대한 국가의 책임을 천명하고, 아동 문제를 전담하는 아동국을 창설했다는 의의를 가진다. 미국 아동국은 처음에는 상업 및 노동청(Department of Commerce and Labor)에 속했는데, 1년 후 노동청(Department of Labor) 소속으로 변경되었고, 1953년 새롭게 창설된 보건·교육·복지청(Department of Health, Education, and Welfare) 소속이 되었다. 1912년에 창설된 미국 아동국은 "모든 계층 아동의 복지와 아동의 삶에 관한 모든 문제(all matters pertaining to the welfare of children and child life among all classes of our people)"에 대한 조사를 하고 결과를 보고하는 임무를 수행하였다(Trattner, 1999: 218). 그러나 미국의 아동국은 행정권한을 가지지 못하였고, 서비스를 제공하는 기관이기보다는 조사기관(research agency)이라는 한계를 지니게 되었다. 그러나 이와 같은 제한된 기능이나 한계에도 불구하고, 미국 아동국의 창설은 미국 전역에서 아동과 그 가족의 복지에 관한 전문적인 권위를 지닌 중심기관으로서의 역할을 수행하였다. 보다 중요한 점은 아동복지에 관한 미국의 공공정책에서의 주요한 변화로서, 연방정부가 아동의 권리를 인정하고 아동에 관한 연구를 수행하기 위한 영구적인 기관 창설의 필요성을 인식하게 되었다는 점이다.

3) 아동복지의 발달기

현대적인 의미에서 미국의 아동복지 발달사는 아동복지와 관련된 일련의 입법 과정과 그 내용으로 요약될 수 있다(Pecora et al., 2009).

(1) 아동학대 예방 및 치료법(Child Abuse Prevention and Treatment Act of 1974)
- 아동학대와 방임의 예방, 발견 및 치료를 위한 프로그램에 대한 재정적 지원
- 모든 주(state)로 하여금 아동학대와 방임 의심 사례에 대한 신고 의무화

(2) 청소년 재판 및 비행 예방법(Juvenile Justice and Delinquency Prevention Act of 1974)
- 청소년의 불필요하고 부적합한 구금을 감소시키기 위한 재원 제공
- 청소년 비행과 다른 범법행위의 예방과 치료를 위한 재원 제공

(3) 장애아동교육법(Education of all Handicapped Children Act of 1975)

- 장애아동을 위한 교육과 사회 서비스 지원
- 3~18세 장애아동의 교육을 위한 프로그램 제공
- 장애아동을 위한 개별화 교육 프로그램(Individualized Educational Program) 개발
- 장애아동을 일반학급에 통합하는 정상화(mainstreaming)에 대한 강조와 최소 제한적인 교육환경(the least restrictive educational environment)을 통한 학습기회 제공

(4) 사회보장법에 대한 수정법(Title XX Amendments to the Social Security Act of 1975: as amended by the Omnibus Reconciliation Act of 1981)

- 정액 교부금(block grant arrangement)을 통하여 연방정부 예산으로 각 주의 다양한 사회 서비스 프로그램 지원
- 아동학대와 방임의 예방 및 원가족의 보존과 복귀를 위한 사회 서비스
- 부적합한 시설보호의 예방을 위한 사회 서비스
- 적합한 시설보호와 서비스의 제공을 위한 사회 서비스

(5) 인디언 아동복지법(Indian Child Welfare Act of 1978)

- 인디언 아동을 가족으로부터 분리시키는 기준 강화
- 인디언 부족의 아동에 대한 서비스를 위한 다양한 방법 및 체계 제공

(6) 입양 원조 및 아동복지법(Adoption Assistance and Child Welfare Act of 1980)

- 아동복지의 개혁 입법
- 가정 외 배치의 예방과 영구적 배치 계획(permanency planning) 지원
- 위기에 처한 가족을 위한 예방적 서비스 제공
- 원가족과 생활할 수 없는 아동을 위한 영구적 배치 계획 제공

• 특별한 욕구를 가지고 있는 아동의 입양 비용 지원

(7) 독립생활법(Independent Living Initiative of 1986)

• 지역사회의 가정위탁보호 청소년들이 독립적으로 생활할 수 있도록 준비하는 서비스 지원

(8) 장애아동교육법에 대한 영유아수정법(Preschool Amendments to the Education of the Handicapped Act of 1986)

• 출생과 함께 특별한 욕구를 가지는 아동에 대한 건강, 재활, 교육 및 사회 서비스의 제공 의무화

(9) 가족지원법(Family Support Act of 1990)

• 저소득 가족을 위한 재정 지원을 위한 새로운 프로그램 수립

(10) 농장법(Farm Act of 1990)

• 이 법의 일환으로 푸드스탬프 프로그램(Food Stamp Program)이 1995년까지 연장

(11) 가족보존 및 지원 서비스법(Family Preservation and Supporting Services Act of 1993)

• 안전하고 안정된 가족을 증진하는 프로그램(promoting safe and stable families program) 지원
• 다양한 가족보존 프로그램(family preservation program) 지원
• 가족 지원, 가족보존, 가족 재결합, 입양 후 서비스 지원

(12) 다인종배치법(Multi-Ethnic Placement Act of 1994)

• 이전의 동일인종 배치 정책을 폐기

• 다인종입양법(Inter-Ethnic Adoption Provisions Act of 1996)과 함께 적용

(13) 개인책임 및 근로기회조정법(Personal Responsibility and Work Opportunity Reconciliation Act of 1996)

• 아동을 가진 가족에 대한 지원법(Aid to Families with Dependent Children)과 가족지원법에 의한 복지에서 근로 프로그램(welfare-to-work program)을 폐지하고, 욕구를 가진 가족에 대한 일시적 원조(temporary assistance to needy families) 실시
• 성인에 대한 원조는 일생 동안 최대 5년으로 제한
• 복지수급자는 수급 시작 2년 후 반드시 취업
• 18세 미만의 결혼하지 않은 아동은 반드시 부모와 함께 생활하고 학교에 재학
• 대부분의 이민자에 대한 소득 지원 중단

(14) 입양 및 안전가족법(The Adoption and Safe Families Act of 1997)

• 아동안전(the safety of children) 증진
• 아동을 위한 입양 및 영구적 가정 제공
• 이를 위한 가족 지원

(15) 가정위탁독립법(Foster Care Independence Act of 2008)

• 가정위탁으로부터의 독립적 생활에 대한 재정 지원 확대
• 18~21세 청소년들의 가정위탁으로부터의 전환을 위한 지원 확대
• 청소년을 위한 의료보호(medicaid) 확대

(16) 가정위탁과 입양 연계법(Fostering Connections to Sucess and Increasing Adoptions Act of 2008)

• 친척 가디언십과 입양 그리고 교육과 의료 지원을 통해 아동에 대한 영구적 가

족을 제공
- 인디언 아동에 대한 연방정부의 보호와 지원을 제공
- 영구적 가족이 없는 21세까지의 청소년들에 대한 연방지원을 확대

4) 아동복지의 향후 과제

미국 아동복지의 향후 과제는 다음과 같다(Pecora et al., 2009).

- 아동복지 서비스는 지역사회의 자원과 기관들과 함께 협력하여 가족을 강화시킨다.
- 소득 지원, 직업훈련과 다른 사회복지 서비스를 통하여 아동학대와 방임을 예방한다.
- 아동의 안전과 복지를 위한 예방 서비스를 아동과 가족에게 제공한다.
- 아동의 안전욕구와 부모의 권리와 책임이 균형을 이루도록 노력한다.
- 가정위탁보호되는 아동의 가족에 대해 적절하고 효과적인 가족복귀 서비스를 제공한다.
- 원가정에 복귀될 수 없는 가정위탁보호되는 아동에게는 입양의 기회를 제공한다.
- 아동의 욕구에 초점을 맞춘 아동복지 서비스를 위해 필요한 경제적 지원과 인적자원을 제공한다.
- 아동복지 서비스는 아동과 가족의 인종, 문화, 거주지, 성적 지향성에 차별을 두지 않고 공정하게 제공한다.
- 아동복지 서비스의 전달 과정과 성과에 대한 지속적인 점검을 통하여 아동복지 서비스의 지속적인 발전을 도모한다.
- 아동과 가족의 비밀보장을 저해하지 않는 범위 내에서 연구자와 대중매체를 활용하여 아동복지 서비스를 위한 공적 자금을 최대한 확보한다.

2. 한국의 아동복지 발달사

현대적인 의미의 한국 아동복지는 일반적으로 1945년의 해방과 1950년의 한국전쟁 이후로 보지만, 그 이전에도 아동을 위한 여러 가지 활동이 있어 왔다. 전통사회에서는 부모가 사망한 고아와 자연재해에 의한 기아를 홀아비, 과부, 독거노인과 함께 네 종류의 빈궁한 백성(환과고독)으로 분류하여 고아와 기아에 대한 구제를 시행하였다. 수용시설을 이용한 아동복지는 조선시대 말 서양인 선교사들에 의하여 시작되었다. 파리외방전교회가 파견한 프랑스선교사 매스트로는 1854년 영해회를 창설하여 어린이 구제사업을 시작하였고, 1880년 우리나라 최초의 아동생활시설인 천주교 고아원을 설립하였다. 1886년에는 미국 선교사 Underwood가 고아들을 모아 예수학당/구세학당을 시작하였고, 1892년에는 영국 선교사 Landis가 인천에 고아학원을 설립하였으며, 1923년에는 구세군이 서대문 밖에 고아원을 설립하였다(장인협, 오정수, 2004).

1945년 해방 이후 현대적인 의미의 한국 아동복지의 발달 과정은 아동복지의 대상과 수준을 기준으로 1945~1950년대의 사회구호 단계, 1960~1970년대의 선별적 아동보호 단계, 1980~1990년대의 보편적 아동복지 지향 단계, 2000년 이후의 보편적 아동복지 실시 단계로 나뉠 수 있다.

1) 사회구호 단계: 1945~1950년대

사회구호 단계는 1945년 해방 이후 1961년 「아동복리법」 제정 이전까지의 시기다. 이때에는 해방과 한국전쟁 이후의 수많은 전쟁고아와 기아, 미아를 수용 보호하는 응급구호에 치중하였다. 아울러 아동복지에 대한 국가의 책임이라는 인식이 형성되기 전이어서, 많은 수의 외국 원조기관이 국내에 들어와 아동을 위한 시설들을 설립하여 활동하였다. 또한 한국전쟁 이후 고아들의 해외입양이 시작되었고, 기독교아동복리회(CCF, 외원철수 후 한국어린이재단으로 명칭변경, 후에 초록우산 어린이재단으로 명칭변경), 양친회, 선명회(후에 월드비전으로 명칭 변경) 등이 아동복지사업을 전개하였다(장인협, 오정수, 2004).

이 단계에서 형성된 수용보호중심의 아동복지는 이후 요보호아동에 대한 한국 아동복지의 중심으로 자리 잡게 되었다. 한국전쟁 이후에 급증한 고아, 미아, 기아를 수용하기 위하여 민간 독지가와 외국 원조기관의 지원에 의해 설립된 아동수용시설은 1960년에 472개에 이르러 전체 사회복지시설 592개 중 80%에 이르게 되었다. 요약하면, 1940~1950년대 한국의 아동복지는 국가책임의 원칙이나 전문적인 아동복지 서비스의 제공이 이루어지지 못했고, 민간과 외국 원조기관에 의해 설립된 아동수용시설을 중심으로 고아, 미아, 기아를 대상으로 하는 응급구호적인 서비스에 그친 것으로 평가된다.

2) 선별적 아동보호 단계: 1960~1970년대

선별적 아동보호 단계는 1961년 「아동복리법」 제정 이후부터 1981년 「아동복지법」으로의 개정 이전까지인 1960~1970년대로 볼 수 있다. 한국의 사회복지와 아동복지에서 1961년은 중요한 의미를 가지는데, 사회의 빈곤자들을 대상으로 하는 「생활보호법」과 사회의 요보호아동을 대상으로 하는 「아동복리법」의 제정이 이루어져 사회복지와 아동복지에 대한 국가책임의 원칙이 법제화된 것으로 평가된다. 특히 1961년에 제정된 「아동복리법」은 아동복지에 관한 한국 최초의 법으로서, 이후 1981년에 「아동복지법」으로 개정되고 한국 아동복지의 기본법으로 자리 잡게 된다. 1961년의 「아동복리법」은 해방과 한국전쟁 이후의 고아, 기아, 미아 등 국가의 보호를 필요로 하는 아동에 대한 보호를 목적으로 제정되었다.

이 단계에서는 1960년대의 한국 경제의 성장으로 1970년대 이후 외국 원조기관들이 철수하고, 그 결과 아동수용시설의 사업이 축소됨에 따라 국가보조가 증가하는, 즉 외국 원조기관을 대신하여 국가가 보조를 하는 결과를 가져왔다. 특히, 이 단

계에서는 사회적으로 수용되지 못하는 미혼모의 아동을 대상으로 한 해외입양이
계속 증가하였으며, 산업화와 경제 성장에 따른 여성취업인구의 증가로 보육 서비
스에 대한 욕구도 증가하게 되었다. 이 시기는 「아동복리법」의 제정과 국가보조의
증가에 따라 아동복지에 대한 국가책임의 원칙이 명시되기 시작하였으나, 아동복
지의 대상이 고아, 미아, 기아와 같은 요보호아동을 주 대상으로 하여 선별적으로
제공된 아동보호의 단계로 평가된다.

3) 보편적 아동복지 지향 단계: 1980~1990년대

보편적 아동복지 지향 단계는 1961년에 제정된 「아동복리법」을 1981년에 「아동
복지법」으로 개정한 이후부터 2000년에 아동학대와 아동안전에 관련된 규정들을
중심으로 한 「아동복지법」의 개정 이전까지인 1980~1990년대의 시기로 분류될 수
있다. 이 시기에는 「아동복지법」을 중심으로 한 아동복지의 초점이 요보호아동뿐만
아니라 일반아동을 포함한 전체 아동으로 확대되었다. 아울러 지금까지의 수용시
설 중심의 아동복지에서 가정위탁과 입양을 위한 결연사업의 확대가 모색되었다.
특히 취업여성 증가에 따라 보육에 대한 욕구가 증대되어, 1991년에는 「영유아보육
법」을 제정하여 보호자가 근로 또는 질병 등의 이유로 돌보기 어려운 6세 미만 영유
아의 보육에 대한 국가의 책임을 천명하게 된 것이다.

요약하면, 1980~1990년대 한국의 아동복지는 아동복지의 대상을 요보호아동에
서 일반아동을 포함하는 모든 아동으로 확대함으로써, 아동복지의 모든 대상에 대
해 낙인(stigma)이나 자격 기준(eligibility)의 적용 없이 아동복지를 제공하는 보편주
의(universalism)를 지향하게 되었다. 특히 시설보호, 보육, 가정위탁, 입양 등으로
아동복지 서비스의 형태가 다양화됨에 따라 아동복지의 영역이 확대되었으며 전문
화를 지향하게 된 것으로 평가된다.

4) 보편적 아동복지 실시 단계: 2000년 이후

보편적 아동복지 실시 단계는 2000년 「아동복지법」 개정 이후의 시기로 볼 수 있다. 이 시기에는 1981년의 「아동복지법」 개정과 함께 아동복지에 대한 국가의 책임을 천명한 이래 모든 아동을 대상으로 하는 보편적 아동복지를 지향하는 것에서 그치는 것이 아니라, 실제적으로 아동복지의 각 영역에서 보편적 아동복지를 실시하기 시작한 것으로 평가될 수 있다.

첫째, 2000년의 「아동복지법」 개정은 아동학대와 아동안전에 관한 규정들을 중심으로 이루어졌다. 아동학대와 관련해서는 아동학대의 정의, 아동학대 관련 업무를 담당하는 아동보호전문기관의 설치와 업무 등에 대한 규정들을 마련하였다. 아울러 아동학대 신고 의무와 절차, 아동학대 신고접수 시의 응급조치 의무 등 아동학대와 관련된 구체적인 규정들을 마련하였다. 또한 아동안전과 관련해서는 아동복지시설과 아동용품에 대한 안전 기준을 정하였고, 아동용품과 관련된 안전에 대한 규정들을 마련하였다.

둘째, 2000년 이후 공보육에 대한 사회적인 관심이 증대되었다. 공보육이란 어머니의 근로 등을 포함한 여러 가지 이유로 부모가 일정한 시간 동안 아동을 양육할 수 없을 때 아동의 보육을 국가가 책임지는 것이다. 2000년 보건복지부에서 보육발전기획단과 보육발전위원회의 설치 및 운영을 통하여 공보육 체계의 구축을 위한 다양한 방안을 도출하였고, 2004년에는 보육담당 정부부처가 보건복지부에서 여성부(후에 여성가족부로 부서 명칭변경)로 이관되었고, 이후 「영유아보육법」의 개정과 보육시설 평가인증제도의 도입과 함께 공보육체계의 구축을 추구하고 있다. 그리고 2008년에는 보육담당 정부부처가 여성가족부에서 다시 보건복지가족부로 변경되었고, 2010년 정부부처 명칭 변경에 따라 보건복지부로 명칭이 변경되었다.

셋째, 2000년 이후 다양한 아동복지 서비스가 활성화되고 있다. 아동보호전문기관을 중심으로 아동학대에 대한 서비스가 제공되고 있으며, 가정위탁지원센터를 중심으로 가정위탁에 대한 서비스가 제공되고 있다. 또한 2000년 이후 「아동복지

법」제16조 아동복지시설의 종류(현행 「아동복지법」제52조)에 공동생활가정과 지역
아동센터가 추가됨에 따라, 보호대상아동에게 가정과 같은 주거 여건과 보호, 양육,
자립지원 서비스를 제공하는 것을 목적으로 하는 시설인 공동생활가정과 지역사회
아동의 보호ㆍ교육, 건전한 놀이와 오락의 제공, 보호자와 지역사회의 연계 등 아동
의 건전육성을 위하여 종합적인 아동복지서비스를 제공하는 시설인 지역아동센터
에 대한 국가적인 지원이 제공되고 있다.

이와 같은 아동학대와 아동안전에 대한 규정의 마련과 공보육체계의 구축, 다양
한 아동복지 서비스의 활성화를 통하여, 요보호아동을 포함하여 우리 사회의 모든
아동을 대상으로 하는 실제적이고 보편적인 아동복지를 실시하기 시작한 것으로
평가된다. 아동학대와 안전사고 같은 문제들은 모든 아동에게 언제라도 발생할 수
있는 사회문제로서, 이에 대한 사회적인 대책 마련은 모든 아동을 대상으로 하는 보
편적인 아동복지 서비스이다. 또한 공보육체계의 구축은 아동복지의 한 영역으로
서의 보육이 유치원보다 저렴한 유아교육의 제공이 아니라, 보육이 필요한 모든 아
동에게 건전한 양육 서비스를 국가가 제공한다는 보육 본래의 목적을 추구하는 것
으로 올바르게 자리매김하는 것이다. 특히 최근 아동보호전문기관, 가정위탁지원
센터, 공동생활가정, 지역아동센터, 실종아동전문기관 등에 대한 국가적 지원의 확
대를 통하여 다양한 아동복지 서비스가 활성화되고 있는 것은 아동이 가지고 있는
다양한 문제의 사후대처와 사전예방을 위한 바람직한 정책방향으로 평가된다.

요약하면, 2000년 「아동복지법」개정 이후의 시기에는 1981년의 「아동복지법」개
정에 따른 모든 아동을 대상으로 하는 보편적 아동복지의 지향에서 한걸음 더 나아
가 아동학대, 아동안전, 영유아보육, 다양한 아동복지 서비스 등을 중심으로 모든
아동을 대상으로 보편적 아동복지를 실시하기 시작한 것으로 평가된다.

네 단계로 나누어 살펴본 우리나라 아동복지의 발달사는 외국의 아동복지 발달
사와 매우 유사하게, ① 아동복지에 대한 국가의 책임이 점차 증대되었고, ② 아동
양육시설을 중심으로 한 집단적 수용보호로부터 입양, 위탁가정, 공동생활가정과
같은 소규모의 수용보호로, ③ 시설보호중심에서 입양과 위탁가정, 재가복지를 포

함하는 재가보호와 지역사회를 대상으로 한 아동보호로, ④ 포괄적인 서비스로부터 분화된 다양한 형태의 아동복지 서비스로, ⑤ 비전문적 서비스로부터 전문교육을 받은 사회복지사에 의한 전문적 서비스로 발전하여 왔다.

생각해 보기

1. 엘리자베스 구빈법과 신구빈법에서 나타나는 세 가지 주요 원칙을 아동복지에 적용해 보자.
2. 현대적인 의미의 미국의 아동복지 발달사를 아동복지와 관련된 일련의 입법 과정과 내용을 중심으로 생각해 보자.
3. 해방 이후 현대적인 의미의 우리나라 아동복지 발달사를 아동복지의 대상과 수준을 기준으로 네 단계로 나누어 보자.
4. 전체적인 우리나라 아동복지의 발달사를 다섯 가지 발전 과정으로 요약해 보자.
5. 2000년 이후 우리나라의 아동복지 발달사를 평가하고 향후 과제를 생각해 보자.

참고문헌 ┄┄┄┄┄┄┄┄┄┄┄┄┄┄┄┄┄┄┄┄┄┄┄┄┄┄┄┄┄┄┄┄┄┄┄┄┄┄┄

김형모(2001). 미국의 복지개혁과 한국의 생산적 복지의 비교 연구: 사회복지 발달사의 관점에서. **사회복지정책 13**, 75-101.

장인협, 오정수(2004). **아동 · 청소년 복지론**(제2 개정판). 서울: 서울대학교출판부.

Friedlander, W., & Terrell, P. (1980). *Introduction to Social Welfare* (5th ed.). New Jersey: Prentice-Hall.

Pecora, P. J., Whittaker, J. K., Maluccio, A. N., Barth, R. P., DePanfilis, D., & Plotnick, R. D. (2009). *The Child Welfare Challenge: Policy, Practice and Research* (3rd ed.). New Jersey: Aldine Transaction.

Trattner, W. I. (1999). *From Poor Law to Welfare State: A History of Social Welfare in America* (6th ed.). New York: Free Press.

제6장

아동복지 정책과
관련법 및 행정

이 장에서는 아동복지 정책, 아동복지 관련법 그리고 아동복지 행정체계에 대해 설명하고자 한다. 아동복지 정책은 아동복지 제도와 서비스 등을 계획하고 총괄하는 활동을 의미한다. 이러한 정책적 활동들은 아동복지 관련법들을 근거로 한다. 「아동복지법」을 비롯하여 매우 다양한 법이 아동의 복지와 관련된 다양한 정책과 활동을 규정하고 명시한다. 아동복지행정은 아동복지 정책과 관련법들이 원활히 집행될 수 있도록 예산을 마련하고, 인력을 구성하고, 조직체계를 짜는 활동을 의미한다. 이러한 아동복지 정책, 관련법, 행정은 서로 유기적으로 연결되어 함께 변화하고 발전해 가야 한다.

1. 아동복지 정책

1) 아동복지 정책의 개념

DiNitto(2005)에 따르면, 정책은 많은 수의 사람에게 영향을 미치는 일련의 선택된 행동이며, 만약 정부에 의해 선택된 행동이면 이것을 공공정책(public policy)이라고 말할 수 있다. 사회복지 정책은 이러한 공공정책의 한 부분으로서 취업, 수입, 음식, 주거, 보건, 돌봄, 관계와 같은 인간의 기본적 욕구충족을 위해 서비스나 소득지원 등의 방법을 이용하는 사회적 활동이다. Karger와 Stoesz(2006)는 사회복지 정책을 "사람과 관계된 사건을 다루는 공식적이며 지속적인 활동"이라고 설명하였다. 아동복지 정책은, 특히 아동과 그 가족의 욕구충족을 위한 사회복지 정책이라고 할 수 있다.

2) 아동복지 정책의 관점

아동복지 정책에는 아동의 올바른 성장과 발달을 위해 무엇을 중요시하고 무엇이 필요하다고 생각하는지에 대한 국가나 사회의 가치관이 녹아들어 있다. 오늘날의 복잡한 사회에서 아동 개인의 기본적 권리와 사회보장을 받을 권리는 무엇인가? 아동의 문제나 욕구를 해결하기 위해 국가는 그 가족에 대해 얼마나 개입하거나 간섭할 수 있는가? 아동에게 최우선의 이익은 무엇인가? 아동에게 최우선의 성장 환경은 무엇인가? 아동에 대한 부모와 그 가족의 권리와 책임은 어디까지인가? 아동의 성장·발달에서 가장 중요한 인간관계는 어떤 것인가? 이러한 질문들은 국가나 사회의 가치관을 내포하는 것이므로 쉽게 대답하기 어렵다.

따라서 아동복지 정책의 수립에서 몇 가지 고려해야 할 관점들을 Pecora, Whiffaker, Maluccio, Barth와 Plonick(2000)이 제안하였는데, 그중 몇 가지를 소개하면 다음과 같다.

(1) 일반인구에 대해 보편적으로 서비스 제공 vs. 위험 집단에만 선별적으로 서비스 제공

가장 서비스 욕구가 높은 위험 집단에만 서비스를 제공하는 것이 제한된 자원을 가장 유용하게 사용하는 방법일 수도 있지만, 한편으로는 일반아동이나 가족의 포괄적인 욕구충족에는 소홀하게 될 수 있다. Kamerman과 Kahn(1995)은 아동복지 정책의 주요 목표가 아동학대 예방을 위한 아동보호 서비스 제공 등 제한된 집단에만 치중하다 보면 모든 아동과 가족에게 필요한 사회의 기본적 지원(주거, 취업 프로그램, 산전관리와 산후관리 등)을 위한 정책이 취약해지는 결과를 초래한다고 비판하였다.

(2) 가정중심의 재가보호 접근(친가정 보존) vs. 가정 외 보호 접근(안전을 위해 아동분리)

아동복지 정책에는 아동이 자신의 가정에서 자랄 수 있고 가정이 아동을 잘 양육할 수 있도록 지원하며 될 수 있는 한 아동을 가정에서 분리시키지 않는 접근이 있는가 하면, 아동의 안전과 올바른 성장·발달을 고려하여 가정이 아동에게 위험한 환경이라고 판단되면 아동을 가정에서 분리시키는 접근이 있다. 정책의 방향은 이 두 가지 접근 중 어느 것에 더 치중할지 고려하게 된다. 미국의 경우, 역사적으로 친가정 보존을 강조하는 재가보호 서비스(in-home)를 강조하는 정책과 아동의 안전을 위해 아동을 가정에서 분리하여 대안양육 배치를 강조하는 정책 사이에서 혼선을 거듭해 왔다. 그러나 Bartholet(1999) 같은 학자는 미국을 포함한 대부분의 국가가 전통적인 가족상에 근거한 가족중심주의 정책을 표방함으로써 아동의 안전과 생명까지 위협하고 있다고 비판하였다. 즉, 가족의 사생활에 대한 국가의 개입을 최소한으로 하는 아동복지 정책은 기존의 전통적 가족 모형에 근거하여 부모는 본능적, 생물학적으로 아동의 복지를 위해 어떠한 어려움에도 불구하고 노력할 것이라는 가정을 하고 있다. 그러나 이러한 전통적 가족주의는 현대의 급격한 변화들, 예를 들어 여성의 사회진출 증가에 따른 권력과 권위 상승 등의 변화를 감안하지 않았다. 또한 Bartholet은 기존의 사회복지 정책과 제도들이 전혀 아동중심으로 구성되어 있지 못하다고 비판하였다.

(3) 다양한 전문가 집단 활용 vs. 비전문가 활용

어떤 사람들은 아동복지 분야에 다른 분야의 전문가들을 더 활용해야 할 필요를 주장하기도 하고, 또 다른 사람들은 너무 전문가적 지식을 강조하면 서비스의 중심이 아동의 문제에만 초점을 두는 방향으로 치우칠 것이라고 우려한다. 여기에서 중요한 질문은 과연 자원봉사자, 자조모임 등 비공식적 지원을 하는 일반인들을 아동보호 서비스(Child Protective Services)와 같은 영역에서 얼마나 잘 활용할 수 있을 것이냐 하는 것이다(Pecora et al., 2000).

(4) 예방 vs. 치료

치료에 초점을 두는 기존의 전통적 아동복지 서비스는 아동이 이미 피해를 입은 이후 개입한다는 점에서 비판을 받아 왔다. 아동복지 서비스는 어쩔 수 없이 위험 집단 아동에게 초점을 둘 수밖에 없다고 주장했던 Kadushin과 Martin(1988)도 사후 개입의 한계를 인정하였다. 따라서 최근의 아동복지 정책은 점차 예방을 강조하고 있으나, 예방의 초점에는 여러 가지 문제가 따른다. 즉, 위험의 소지가 있는 많은 가정이 실제로 예방적 서비스를 필요로 하는지 알 수 없기 때문에 많은 사람이 자신에게 필요 없는 서비스를 받는 경우가 많다. 자원은 언제나 한정되어 있기 때문에 예방과 치료의 균형을 잘 유지할 수 있는 정책이 필요하다(Pecora et al., 2000).

3) 아동복지 정책의 종류

사회복지 정책의 핵심 영역은 사회보험, 공공부조, 사회서비스 정책을 들 수 있다(남기민, 2010). 따라서 사회복지 정책을 바탕으로 아동복지 정책을 살펴보면, 아동 및 가족을 위한 사회보험, 공공부조, 아동복지 서비스 정책 등을 아동복지 정책의 종류에 포함할 수 있다. 그 외 아동수당과 소득세공제 제도, 정부의 아동 정책 등도 아동복지 정책에 포함된다. 이들 영역 중 사회복지 서비스 영역을 제외하면 대부분이 가족의 소득(생계)을 보완하고 보장함으로써 간접적으로 아동의 복지 수준 향상을 꾀하려는 것이라 할 수 있다.

(1) 사회보험 정책

우리나라 「사회보장기본법」 제3조의 정의에 따르면, 사회보험은 "국민에게 발생하는 사회적 위험을 보험의 방식으로 대처함으로써 국민의 건강과 소득을 보장하는 제도"를 말한다. 즉, 질병, 장애, 노령, 실업, 사망 등의 사회적 위험에 대비하여 정부의 주도와 관리를 통하여 국민 개개인이 일정의 기여액을 적립하여 위험 시에 현금이나 현물을 통해 지원받을 수 있게 하는 제도다. 우리나라의 사회보험 정책은 노령 시 소득을 보충해 주는 국민연금, 질병이나 부상 등의 의료비 보충을 위한 국민건강보험제도, 사업장에서의 업무상 재해 시 부상이나 질병에 대비하는 산업재해보상보험제도, 그리고 실직 시에 소득을 보충해 주는 고용보험이 있다.

(2) 공공부조 정책

우리나라 「사회보장기본법」 제3조에 따르면, 공공부조 정책은 "국가와 지방자치단체의 책임하에 생활 유지능력이 없거나 생활이 어려운 국민의 최저생활을 보장하고 자립을 지원하는 제도"다. 사회보험과는 달리 한 개인이 납부한 기여액이 없어도 최저생계비 이하의 소득 수준을 보이는 경우는 공공부조의 혜택을 받을 수 있다. 공공부조의 혜택을 받기 원하는 개인에 대한 소득과 자산 수준 조사를 통해 혜택 여부를 결정하게 된다. 최저생계비 보장을 위한 제도이므로 사회적으로 가장 취약한 계층을 위한 정책으로 생각될 수 있으며, 앞서 언급한 것처럼 국민의 최저생활 보장을 위한 국가의 책임을 원칙으로 하여 조세를 통해 운영된다. 최저생활 보장은 국가의 책임이라는 원칙에도 불구하고 공공부조를 받게 되면 낙인감과 오명이 따른다는 지적이 있다. 우리나라의 경우는 1999년 제정된 「국민기초생활 보장법」을 근거로 국민기초생활보장제도를 통해 공공부조 정책을 실시하고 있다.

(3) 사회서비스 정책(사회복지 서비스)

우리나라 「사회보장기본법」 제3조에서는 사회복지 서비스를 "국가 · 지방자치단체 및 민간부문의 도움이 필요한 모든 국민에게 복지, 보건의료, 교육, 고용, 주거, 문화, 환경 등의 분야에서 인간다운 생활을 보장하고 상담, 재활, 돌봄, 정보의 제공, 관련 시설의 이용, 역량 개발, 사회참여 지원 등을 통하여 국민의 삶의 질이 향상되도록 지원하는 제도"라고 설명하고 있다. 즉, 보다 직접적으로 클라이언트를 대하면서 서비스를 전달하고 타 전문직과 협력하면서 클라이언트의 변화를 꾀하는 전문화된 활동을 계획하고 이에 관한 제도 및 사업을 수립하는 것이라 이해할 수 있다. 특히, 아동과 그 가족을 위한 서비스를 계획하고 제도 등을 수립하는 것을 아동복지 서비스 정책이라고 할 수 있다.

(4) 아동/가족 수당

아동수당(Child Allowances) 혹은 가족수당이라고 불리는 이 제도는 자녀가 있는 가족에게 정해진 현금액을 지급하여 간접적으로 아동의 양육비를 보조해 주는 역할을 한다. 부모가 실직을 해도 아동에게 생활비가 될 정도의 금액이 아동/가족 수당을 통해 제공되므로 부모는 좀 더 나은 질의 아동보육 서비스를 이용하거나 출산휴가를 늘릴 수 있다(Zigler & Hall, 2000). 이 제도는 우리나라에서도 저출산 문제에 대한 해결책으로서 시행에 대한 검토와 논의가 꾸준히 있어 왔다. 그러나 막대한 재정부담에 비해 저출산 문제 해결 효과는 미미할 것이라는 지적이 있다. 따라서 전면적 아동수당 시행은 아직 되지 않았으나 2009년부터 만 5세 미만 아동에 대한 보육료 지원과 어린이집에 다니지 않는 어린 자녀를 둔 차상위 이하 가구에 대한 양육수당을 도입하여 시행하였으며, 2013년부터는 만 5세 이하 자녀를 둔 모든 가구에 지원하고 있다. 2016년 기준, 전국의 만 0~5세 아동의 39.3%(93만 3,153명)가 양육수당을 지급받은 것으로 나타났다(보건복지부, 2017a). 또한 각 지자체별로 일시금이나 분할금 형태로 지원하는 출산장려금이 있다. 2016년 기준으로 전국 대부분의 지역에서 출산장려금 명목으로 둘째 자녀부터 수당을 지급하고 있는데, 자녀 수와 지역에 따라 적은 곳은 5만 원부터 많은 곳은 2,000만 원까지 다양하다(아이사랑보육포털, 2017). 이러한 제도들은 그 대상 범위와 액수에서 아동수당이라고 하기에는 보편적 성격이 아직 부족하다.

아동수당의 액수와 관련해서 다른 국가들의 예를 보면, 모든 아동에게 동일한 일정액을 적용하여 제공하는 국가도 있고 아동의 연령, 출생순위, 가정의 아동 수 등을 따져 계산하는 국가도 있다. 대부분의 국가에서 아동수당은 세금공제를 받으며 자산조사 없이 지급된다. 일반적으로 유럽 국가들에서는 제조업 평균임금의 5~10% 정도의 수준으로 지급되고 있으며, 한부모가정이나 다자녀가정의 경우는 이보다 높은 수준으로 지급된다. 아동수당의 재원은 주로 세금 혹은 사업주의 기여금이다(Kamerman, 1999). 세금으로 운영되는 경우는 보편주의 제도에 입각하여 자녀가 있는 가정에는 모두 지급하는 유형에 해당된다. 사업주가 부담하는 경우는 고용 관련 제도로서의 유형을 띠며 근로자가 퇴직, 실업, 질병 등에 따라 자녀부양에 어려움이 발생할 때 지급된다(이재완, 최영선, 2006).

(5) 근로장려세제

　　근로장려세제(Earned Income Tax Credit: EITC)는 부양가족이 있는 저소득층 가구에 대해 세금공제 혜택을 통해 지원금을 지급하는 사회복지 정책으로서 우리나라에서는 2008년부터 시행하여 2009년부터 지급되기 시작하였다. 2012년 기준 근로장려세제의 지원 조건은 배우자가 있고 18세 미만의 부양자녀가 없거나, 18세 미만의 부양자녀를 1인 이상 부양해야 한다. 연소득 기준은 부양자녀 수에 따라 부양자녀가 없는 경우 1,300만 원에서 부양자녀 3명의 경우 2,500만 원까지로 달라진다. 전 가구원이 보유하고 있는 총 재산합계액은 1억 원 미만이어야 한다. 근로장려금의 액수는 자녀의 수와 급여액수에 따라 달라지는데, 최대 연 200만 원까지 받을 수 있다(한국조세연구원, 2012).

　　미국에서는 1974년에 근로장려세제가 처음 도입되었으며, 비교적 긍정적 평가를 받고 있다. 근로장려세제는 저소득가족에게 기본적 임금보조금을 지급하며, 소득이 높아질수록 보조금 혜택은 줄어들도록 설계되고, 세금을 통해 실시된다는 점에서 공공부조와 비슷하다. 그러나 근로장려세제는 일부 인구에게만(예: 저소득층의 봉급생활자가족) 적용된다는 점과 일하지 않는 사람에게는 적용되지 않는다는 점이 공공부조제도와 다른 점이다.

　　근로장려세제가 근로유인책 사회복지 정책이라고 평가되는 이유는 특정 저소득 수준까지는 수입이 늘어날수록 세금공제 수준도 늘어나지만, 일정 부분에 이르면 수준이 동일해지고, 수입이 더 늘어나면 공제혜택 수준이 오히려 낮아지는 방식을 택하기 때문이다. 미국의 경우, 2009년부터 자녀가 없는 경우, 1명, 2명, 3명 이상인 경우까지 급여액을 차등지급하기로 하였다. 따라서 2012년 기준으로 자녀가 3명

이상인 가족이 1만 3,090달러에서 1만 7,090달러까지의 연소득을 버는 경우 최대 소득공제율인 40%까지 적용되며, 이때 최대 5,891달러까지 세금을 환급받을 수 있다. 만약 이 가족의 연소득이 1만 7,090달러가 넘으면 소득공제율은 21.06%로 떨어지며, 연소득이 높아질수록 공제율이 더 떨어지다가, 연소득이 4만 5,060달러가 넘으면 공제 혜택은 더 이상 적용되지 않는다(한국조세연구원, 2012).

(6) 보건복지부의 최근 아동 정책

보건복지부의 보육업무를 제외한 아동 정책 관련 업무는 주로 인구정책실 아래 아동복지정책과와 아동권리과에서 담당하고 있다. 아동복지정책과에서는 디딤씨앗통장(아동발달지원계좌), 아동복지시설 운영, 입양 및 가정위탁 관련 업무를 맡고 있다. 아동권리과에서는 유엔아동권리협약 이행을 위한 제반 업무와 지역아동센터, 아동학대 예방, 아동안전사고 예방, 실종아동 관련 업무 등을 담당하고 있다. 그외 출산 지원 및 출산 정책 관련 업무는 출산정책과에서 맡고 있다. 보건복지부 내의 아동 정책 관련 구체적 서비스 전달체계 및 조직구조는 뒷부분의 아동복지행정 부분에서 다루도록 하겠다.

2. 아동복지 관련법률

1) 아동복지 관련법

아동복지와 관련되는 법들은 아동, 청소년, 가족 관련법으로 분류할 수 있다. 아동과 청소년으로 법률을 분류하여 살펴보는 이유는 청소년 관련법들은 청소년의 연령을 따로 9~24세로 규정함으로써 「아동복지법」의 아동연령 18세 미만의 연령과 대상규정 측면에서 다르기 때문이다. 우선 아동을 대상으로 하는 법을 보면 「아동복지법」이 기본법의 역할을 하고 있다. 〈표 6-1〉에 제시된 법들은 아동복지에 가장 직접적인 관련이 있다. 청소년 관련법들은 아동복지와 간접적으로 관련되는 것으로서 「청소년기본법」을 기본으로 하여 몇 가지 하위법이 존재한다. 그 외 가족 관련법으로 건강가정지원센터의 설치 근거가 되는 「건강가정기본법」과 저출산 및 고령화 문제를 해결하기 위한 정책의 근거가 되는 「저출산·고령사회기본법」 등을 들 수 있다.

〈표 6-1〉 아동복지 관련법률

관련 분야	법률
아동 관련	• 「아동복지법」 • 「영유아보육법」 • 「입양특례법」(2011년 전부개정으로 「입양촉진 및 절차에 관한 특례법」에서 명칭이 변경된 것) • 「실종아동 등의 보호 및 지원에 관한 법률」(2005년 제정) • 「아동의 빈곤예방 및 지원 등에 관한 법률」(2011년 제정) • 「장애아동복지지원법」(2011년 제정)
청소년 관련	• 「청소년기본법」 • 「청소년활동진흥법」 • 「청소년복지지원법」 • 「청소년보호법」 • 「아동·청소년의 성보호에 관한 법률」(2009년 전부개정으로 「청소년의 성보호에 관한 법률」이 변경된 것임)
가족 관련	• 「건강가정기본법」 • 「저출산·고령사회기본법」 • 「한부모가족지원법」

2) 아동복지법

「아동복지법」은 아동복지 정책과 서비스의 기초가 되는 가장 중요한 법이라고 할 수 있다.

(1) 연혁 및 입법 배경

「아동복지법」은 1961년 제정되었던 「아동복리법」을 1981년에 전면 개정하여 등장하게 되었다. 이전의 「아동복리법」은 전쟁고아를 중심으로 하여 보호자로부터 유기, 유실 또는 이탈되었거나 보호자가 아동을 양육하기 부적절한 요보호아동을 대상으로 하는 구호적 성격이 강하였다. 이러한 「아동복리법」을 「아동복지법」으로 전문개정하게 된 취지는 법의 기본 대상을 요보호아동에서 일반아동으로까지 확대하겠다는 점과 아동복지의 책임은 가족뿐만 아니라 국가에도 있음을 강조하기 위한 것이다. 1981년 제정 이후 「아동복지법」은 수차례 개정을 거쳐 왔다. 2000년에는 전문개정을 통해 아동의 권리와 안전 등 보편적 아동복지 측면을 강화하고 아동학대 관련 조항을 추가하고 체계화하였다. 2011년에는 전문개정을 통해 아동종합실태조사를 5년마다 실시하며, 친권상실의 선고를 청구할 수 있는 대상에 검사도 추가하여 그 범위를 확대하였다. 최근 2016년 개정을 통해 보호대상아동에 대한 사전 조사·상담 등 보호조치에 필요한 구체적인 내용을 정하여 보호대상아동에 대한 보호조치를 강화하였다.

(2) 아동복지법의 내용

① 법의 목적과 기본 이념

이 법의 목적은 제1조를 통해 아동이 건강하게 출생하여 행복하고 안전하게 자라나도록 그 복지를 보장함을 목적으로 한다고 명시하고 있으며, 제2조에 의하면 법의 기본 이념은 "아동은 자신 또는 부모의 성별, 연령, 종교, 사회적 신분, 재산, 장애 유무, 출생 지역, 인종 등에 따른 어떠한 종류의 차별도 받지 아니하고 자라나야 한다."라고 명시되어 있다.

또한 우리나라가 점차 다민족/다인종 국가가 됨에 따라 2006년 '인종'에 의한 차별을 금지한다는 조항을 다음과 같이 첨가하였다.

"아동은 완전하고 조화로운 인격 발달을 위하여 안정된 가정 환경에서 행복하게 자라나야 한다. 아동에 관한 모든 활동에 있어서 아동의 이익이 최우선적으로 고려되어야 한다."

그리고 2011년 전부개정 시 아동권리에 관한 다음의 내용을 추가하였다.

"아동은 아동의 권리보장과 복지증진을 위하여 이 법에 따른 보호와 지원을 받을 권리를 가진다."

② 국가의 책임

2011년 전부개정 시 과거 제4조(책임)의 조항 내용을 제4조(국가와 지방자체단체의 책무), 제5조(보호자 등의 책무)로 새로이 나누었다. 그 내용은 다음과 같다.

제4조(국가와 지방자치단체의 책무)

① 국가와 지방자치단체는 아동의 안전·건강 및 복지 증진을 위하여 아동과 그 보호자 및 가정을 지원하기 위한 정책을 수립·시행하여야 한다.

② 국가와 지방자치단체는 보호대상아동 및 지원대상아동의 권익을 증진하기 위한 정책을 수립·시행하여야 한다.

③ 국가와 지방자치단체는 아동이 태어난 가정에서 성장할 수 있도록 지원하고, 아동이 태어난 가정에서 성장할 수 없을 때에는 가정과 유사한 환경에서 성장할 수 있도록 조치하며, 아동을 가정에서 분리하여 보호할 경우에는 신속히 가정으로 복귀할 수 있도록 지원하여야 한다. (2016년 법 개정으로 인한 신설)

④ 국가와 지방자치단체는 장애아동의 권익을 보호하기 위하여 필요한 시책을 강구하여야 한다.

⑤ 국가와 지방자치단체는 아동이 자신 또는 부모의 성별, 연령, 종교, 사회적 신분, 재산, 장애유무, 출생 지역 또는 인종 등에 따른 어떠한 종류의 차별도 받지 아니하도록 필요한 시책을 강구하여야 한다.

⑥ 국가와 지방자치단체는「아동의 권리에 관한 협약」에서 규정한 아동의 권리 및 복지 증진 등을 위하여 필요한 시책을 수립·시행하고, 이에 필요한 교육과 홍보를 하여야 한다. (아동권리협약에 대한 내용을 5항을 통해 추가함)

⑦ 국가와 지방자치단체는 아동의 보호자가 아동을 행복하고 안전하게 양육하기 위하여 필요한 교육을 지원하여야 한다. (2016년 법 개정으로 인한 신설)

제5조(보호자 등의 책무)

① 아동의 보호자는 아동을 가정에서 그의 성장시기에 맞추어 건강하고 안전하게 양육하여야 한다.

② 아동의 보호자는 아동에게 신체적 고통이나 폭언 등의 정신적 고통을 가하여서는 아니 된다. (2014년 법 개정으로 인한 신설)

③ 모든 국민은 아동의 권익과 안전을 존중하여야 하며, 아동을 건강하게 양육하여야 한다.

또한, 2006년 개정을 통해, 지방자치단체의 장에게 보호대상아동의 귀가 조치 권한을 부여함으로써 보호대상아동 부모의 압력 행사로부터 아동복지시설의 장을 보호하는 한편 보호대상아동에게 안전하고 건강한 성장발달 환경을 제공하도록 도모하였다.

(3) 대상자 요건과 범위

2011년 전문개정에서 이 법의 대상(제3조)관련 내용도 다음과 같이 변경되었다.

제3조(정의)

1. '아동'이란 18세 미만인 사람을 말한다.

4. '보호대상아동'이란 보호자가 없거나 보호자로부터 이탈된 아동 또는 보호자가 아동을 학대하는 경우 등 그 보호자가 아동을 양육하기에 적당하지 아니하거나 양육할 능력이 없는 경우의 아동을 말한다.

5. '지원대상아동'이란 아동이 조화롭고 건강하게 성장하는 데에 필요한 기초적인 조건이 갖추어지지 아니하여 사회적 · 경제적 · 정서적 지원이 필요한 아동을 말한다.

8. '피해아동'이란 아동학대로 인하여 피해를 입은 아동을 말한다.

(4) 재정부담의 원칙

아동복지 정책과 서비스에 필요한 재원을 어떻게 마련할 것인지에 대해서는 제 59조(비용 보조)를 통해 아동복지시설의 설치 및 운영과 프로그램의 운용에 필요한 비용 또는 수탁보호 중인 아동의 양육 및 보호관리에 필요한 비용, 보호대상아동의 대리양육이나 가정위탁보호에 따른 비용, 아동복지사업의 지도, 감독, 계몽 및 홍보에 필요한 비용 등을 지원할 수 있다고 밝힌다. 여러 번의 법 개정을 통해 여러 아동복지 비용이 새로이 추가되었음에도 불구하고 여전히 '~하여야 한다'는 강행규정이 아니라 '~할 수 있다'의 임의조항으로 되어 있다. 이는 우리나라 대부분의 서비스 관련법의 재정부담 조항이 그렇듯이 예산에 대한 국가의 책임을 회피하고 있다고 할 수 있다.

(5) 아동복지 정책 및 서비스 실행을 위한 조직

아동복지 정책이나 서비스 실행을 위한 조직으로서 우선 법의 제10조 제1항에서 '아동정책조정위원회'의 구성 및 역할을 설명하였다. 그 주요 역할은 기본 계획의 수립, 아동 정책의 개선과 예산지원에 관한 사항 등을 포함한다. 또한 제14조에서는 시·군·구에 명예직인 아동위원을 두어 그 관할 구역 안의 아동에 대하여 항상 그 생활상태 및 가정 환경을 상세히 파악하고, 아동복지에 관하여 필요한 원조와 지도를 행하며, 전담공무원 및 관계 행정기관과 협력하여야 한다고 규정하였다. 그러나 아직 아동정책조정위원회와 아동위원 등은 아동 정책이나 서비스에 미치는 실제적 영향력이나 역할이 미비한 것으로 평가되고 있다.

(6) 아동복지 급여 및 서비스

「아동복지법」의 내용 중 급여 및 서비스에 관련된 내용은 아동복지시설의 종류와 그 사업을 규정한 내용에서 살펴볼 수 있다. 아동복지시설의 종류는 제52조에 따르면 아동양육시설, 아동일시보호시설, 아동보호치료시설, 공동생활가정, 자립지원시설, 아동상담소, 아동전용시설, 지역아동센터, 아동보호전문기관 및 가정위탁지원센터 등이 포함된다. 또한 아동양육시설의 정의와 관련하여 대상아동에 대한 서비스로 보호와 양육 외에도 취업훈련, 자립지원 서비스가 추가되었다.

3. 아동복지행정: 공공 아동복지 서비스 전달체계를 중심으로

1) 아동복지 서비스 전달체계의 개념

아동복지 서비스는 아동을 위한 사회복지 서비스다. 아동복지 정책 등이 가족이나 부모를 통해 간접적으로 아동복지에 기여하려는 경향이 강하다면, 아동복지 서비스는 아동을 대상으로 보다 직접적으로 아동복지 향상을 위해 개입한다. 서비스 전달체계(service delivery system)란 지역사회 내에서 서비스 제공자 간에, 서비스 제공자와 소비자들 간에 존재하는 조직적 연계를 의미한다(Gibert & Terrell, 2005). 우선 누구에게 어떤 서비스를 제공할 것인가가 정해지면 그것을 '어떻게' 전달할 것인가를 정해야 하는데, 이것이 바로 서비스 전달체계와 관련된 부분이다. 따라서 서비스 전달체계는 서비스가 기획되어 최종적으로 수급자들에게 전달되기까지의 구조와 과정이라 할 수 있다(김영종, 2010). 서비스 전달체계를 계획할 때 고민해야 하는 부분은 여러 가지가 있을 수 있는데, Gibert와 Terrell(2005)은 그 예를 다음과 같이 설명하였다.

- 중앙집권적인 행정체계를 갖출 것인가, 혹은 지방분권적인 행정체계를 갖출 것인가
- 여러 서비스를 종합적으로 제공할 것인가, 혹은 한 가지 서비스를 제공할 것인가
- 한 장소에서 서비스를 제공할 것인가, 혹은 여러 기관이나 장소로 분산시킬 것인가
- 여러 기관이 의사소통을 통한 협조체계를 제공할 것인가, 혹은 협조체계 없이

단독으로 제공할 것인가

- 전문가 직원들에게 의존할 것인가, 혹은 소비자나 자원봉사자들도 서비스 제공자로서 이용할 것인가
- 공무원들이 직접 서비스를 제공할 것인가, 혹은 민간기관에 위탁계약을 할 것인가

　우리나라의 아동복지 서비스를 담당하는 서비스 전달체계를 중앙의 공공부문을 중심으로 알아보고자 한다. 아동복지 서비스를 주로 담당하는 중앙부처로는 보건복지부를 들 수 있다. 보건복지부는 이전의 '보건복지가족부'(2008~2010년)로, 2008년 중앙부처 개편을 통해 기존의 보건복지부가 여성가족부의 가족 관련 부서들과 국가청소년위원회 등을 흡수하여 탄생된 것이다. 그러던 것이 다시 2010년에 보육을 제외한 가족 업무와 청소년 관련 업무가 여성가족부로 이관된 후 '보건복지부'로 명칭이 바뀌었다.

　보건복지부 내의 아동 관련 부서에는 인구정책실이 있다. 인구정책실은 다시 인구아동정책관, 노인정책관, 보육정책관으로 분류된다. 이 중 인구아동정책관은 저출산 · 고령사회 정책과 인구 관련 정책의 총괄, 아동복지에 관한 종합 계획의 수립 · 조정 및 아동정책조정위원회 운영, 빈곤아동 지원(빈곤아동 맞춤형 통합 서비스 제공, 아동발달계좌, 결식아동 지원 등), 아동건강 관리, 아동권리 증진, 아동학대 예방 · 보호 및 아동권리 관련 국제협약, 아동의 안전 및 실종에 관한 정책, 입양, 아동양육시설, 지역아동센터, 그룹홈 등 아동복지시설 관리 등을 담당한다. 보육정책관은 영유아 정책(유아교육 정책 제외)의 총괄, 보육 예산 및 행정 관리, 보육시설종사자 관리, 가정양육 지원, 보육 프로그램 개발, 보육시설 관리 등을 담당한다(보건복지부 홈페이지 참고, 2017 기준).

2) 아동복지 예산 규모

보건복지부에서 집행하는 보건복지 예산과 아동복지 예산의 현황과 변화추이를 살펴보면 다음과 같다. 〈표 6-2〉를 보면 2013년부터 2017년까지 보건복지 예산이 전체 정부 예산에서 차지하는 비율은 13~15% 정도된다. 아동복지 서비스 예산은 해마다 그 규모가 늘어나고는 있지만 이것이 전체 정부 예산에서 차지하는 비율은 0.1% 수준 정도에 불과하다. 보육 예산은 아동복지 예산과 구별하였는데, 다른 예산에 비해 그 규모가 훨씬 크기 때문이다.

〈표 6-2〉 보건복지부 아동복지 예산   (단위: 억 원)

구분	2013		2014		2015		2016		2017	
	예산액	비중	예산액	비중	예산액	비중	예산액	비중	예산액	비중
정부 예산	1,944,000	100%	2,016,000	100%	2,087,000	100%	2,146,000	100%	2,244,000	100%
보건복지부 예산	251,761	13%	292,416	14.5%	327,237	15.7%	326,938	15.2%	334,589	14.9%
보건복지부 아동복지 예산	2,091	0.108%	2,053	0.102%	2,142	0.103%	2,208	0.13%	2,313	0.103%

* 각 예산은 일반회계만을 기준으로 함

출처: 기획재정부(2017), 보건복지부(2017a).

4. 우리나라 아동복지 정책의 한계와 과제

1) 보편적이고 장기적인 아동복지 정책의 부재

현재 우리나라의 아동복지 정책을 살펴보면 아동복지 향상을 주목표로 하는 보편적 정책이 부족한 실정이다. 앞서 소개한 각종 사회보험 정책은 아동과 가족의 복지 향상만을 목표로 하는 정책이 아니므로 고유한 아동복지 정책은 아니다. 가장 대표적인 보편적 아동복지 정책으로 아동/가족 수당제도를 들 수 있으나 우리나라에서는 아직 아동수당을 도입했다고 하기 어렵다. 그 대상범위가 한정적인 보육비 지원이나 둘째 자녀 출산 시 일시적으로 지급되는 출산장려금 정도가 있을 뿐이다. 또한 앞서 언급한 것처럼 아동복지 정책 수립에는 국가와 사회의 가치관이 개입되지 않을 수 없으며, 가치관과 정책 방향을 기본으로 장기적 비전을 수립하여 정책을 계획해야 한다. 그러나 우리나라의 아동복지 정책은 그때그때 닥치는 현안과 일시적 여론중심으로 정책을 수립하려는 경향이 있어서 한시적이며 비일관적이고 단편적인 한계를 지니고 있다.

2) 아동복지법의 문제

지금까지의 「아동복지법」 분석 내용을 살펴보면, 법의 대상에 대한 규정 중 특히 보호대상아동에 대한 구체적이고 정확한 규정이 필요함을 알 수 있다. 현재의 규정은 '보호자가 없거나 보호자로부터 이탈된 아동 또는 보호자가 아동을 학대하는 경우 등 그 보호자가 아동을 양육하기에 부적당하거나 양육할 능력이 없는 경우의 아동'이라고 규정하고 있는데, 이런 규정만으로 아동을 보호대상아동으로 규정하여 원가정에서 분리하기에는 무리가 있다. 또한 보호자에 대한 규정도 필요한데, 보호자가 양육하기 부적당하거나 양육할 능력이 없는 경우에 그들의 친권이나 양육권을 어디까지 어떻게 제한할지에 대한 규정도 필요하다. 예를 들어, 아동이 시설이나 위탁가정에 있는 동안 적어도 양육권은 누가 가지며 부모의 책임과 권한을 얼마나 제한할지에 대한 명시가 필요할 것이다.

재정부담의 원칙에서는 아동복지 정책 집행과 서비스 제공을 위한 예산에 대한 규정이 전부 임의규정으로서 비용의 전부 또는 일부를 '보조할 수 있다'로 되어 있는 문제점을 드러낸다. 재정부담에 대한 적극적 의지의 표명 없이는 아동복지에 대한 국가의 책임과 관련된 조항들이 단지 선언적 수준에 그치고 말 것이다. 또한 정책 및 서비스 제공을 위한 조직에 대한 분석 내용을 살펴보면, 조직 운영의 실효성이 부족하다는 것을 알 수 있다. 예를 들어, 아동정책조정위원회의 경우 실질적 권한, 예산권 등에 대한 법적 규정이 없으며, 위원회 개최 등에 대한 정확한 규정도 없다.

3) 서비스 전달체계의 문제

현재 우리나라의 서비스 전달체계는 민간 서비스 전달체계는 물론이고 공공 서비스 전달체계도 가족을 체계적으로 보호하고 지원할 수 있는 통합성이 부족하다. 서비스가 산발적으로 제공됨으로써 서비스가 중복되거나 정작 서비스가 필요한 아동이나 가족에게 전달되지 않는 심각한 비효율성의 문제가 초래될 수 있다. 따라서 공공 서비스 전달체계를 하나로 묶어서 관리할 수 있는 구심점 역할을 할 수 있는 통합적 체계의 구축이 시급하다.

4) 미미한 아동복지 예산

마지막으로 지적해야 할 부분은 미미한 아동복지 예산이다. 이미 설명한 것처럼, 보육 예산을 제외한 아동복지 예산은 국가 전체 예산의 약 0.1%에 불과한 것으로 나타났다. 우리 정부의 아동복지에 대한 미미한 예산은 유엔아동권리위원회의 지적을 받았다. 즉, 유엔아동권리위원회는 우리 정부의 2차 보고서에 대한 심의 결과, 아동에 대한 우리 정부의 낮은 예산할당에 대한 우려를 표하며 국가의 가용재원 내에서 아동에 대해 재원을 우선 배정할 것을 권고하였다. 또한 우리 정부 3·4차 통합보고서에 대한 유엔아동권리위원회의 권고사항에서는 각 지방에 따라 아동복지 예산의 차이가 발생할 것을 우려하였다.

생각해 보기

1. 우리나라의 아동복지 정책의 가장 중요한 장기적 목표는 무엇이 되어야 할지 생각해 보자.
2. 우리나라 「아동복지법」에 더 추가해야 할 내용이 있다면 무엇이 있을지 제안해 보자.
3. 우리나라의 많은 아동복지 서비스 분야가 지방정부로 이양되었는데, 이것이 아동복지에 미치는 긍정적 혹은 부정적 영향은 무엇인지 논의해 보자.
4. 본문에서 지적한 것 외에 아동복지 정책의 한계와 과제는 무엇인지 생각해 보자.

참고

최근 우리나라에서 아동수당의 필요에 대해 지속적인 논의가 활발하게 이루어지고 있고, 단계적 도입을 추진하자는 정책안도 나오고 있다. 아동수당제도는 2004년 기준, 전 세계적으로 88개국에서 실시되고 있다(이재완, 최영선, 2006).

참고문헌

기획재정부(2017). 나라살림 예산개요 참고자료.

김영종(2010). 사회복지행정(3판). 서울: 학지사.

남기민(2010). 사회복지정책론(2판). 서울: 학지사.

보건복지부(2017a). 2017 예산 및 기금운용 개요.

보건복지부(2017b). 아동분야사업안내.

윤찬영(2004). 사회복지법제론. 서울: 나남출판.

이재완, 최영선(2006). 세계의 아동수당제도. 경기: 양서원.

한국조세연구원(2012). 주요국의 자영업자에 대한 근로장려세제 적용기준 연구.

Bartholet, E. (1999). *Nobody's Children*. Boston: Beacon Press.

DiNitto, D. M. (2005). *Social Welfare: Politics and Public Policy* (6th ed.). Boston: Pearson.

Gibert, N., & Terrell, P. (2005). *Dimensions of Social Welfare Policy* (6th ed.). Boston: Pearson.

Kadushin, A., & Martin, J. A. (1988). *Child Welfare Services* (4th ed.). New York: Macmillan Publishing Company.

Kamerman, S. B. (1999). Child and family policies: An international overview. In E. F. Zingler, S. L. Kagan, & N. W. Hall (Eds.), *Children, Families, and Government* (pp. 31-50). New York: Cambridge Press.

Kamerman, S. B., & Kahn, A. J. (1995). *Starting Right: How America Neglects its Youngest Children and What We Can Do about It.* New York: Oxford University Press.

Karger, H. J., & Stoesz, D. (2006). *American Social Welfare Policy: A Pluralist Approach.* Boston: Pearson.

MacRae, D., & Wilde, J. A. (1979). *Policy Analysis for Public Decisions.* Belmont, CA: Wadasworth.

Pecora, P. J., Whittaker, J. K., Maluccio, A. N., Barth, R. P., & Plotnick, R. D. (2000). *The Child Welfare Challenge: Policy, Practice, and Research*(2nd ed.). New York: Aldine de Gruyter.

Zigler, E. F., & Hall, N. W. (2000). *Child Development and Social Policy.* Boston: McGraw-Hill.

보건복지부 http://www.mohw.go.kr
아이사랑보육포털 http://www.childcare.go.kr

제7장

빈곤아동

  최근 빈곤아동의 수는 가족해체의 증가와 경제 위기에 의해 급증하고 있다. 아동 빈곤율이 증가하는 추세이지만 빈곤아동을 지원하고 그들이 빈곤 상황에서 탈피하도록 원조할 수 있는 사회안전망은 미비한 실정이다. 빈곤가정의 아동은 단순히 낮은 경제 소득 때문이 아니라 총체적으로 생활여건이 어렵고 상대적 빈곤감을 경험하게 됨으로써 사회심리적 · 교육적 · 문화적 박탈감을 느끼게 된다.

  빈곤아동은 성장하면서 건강한 발달과업을 성취하기 어려울 뿐 아니라 성인기 발달이 저해되거나 빈곤을 대물림할 가능성이 높다. 결과적으로 빈곤의 대물림 현상이 예측되며, 빈곤에 의한 아동의 건강한 발달과 학업성취 저하는 국가적으로 인적자원의 질적 저하를 가져오게 된다. 이 장에서는 빈곤아동의 현황과 원인, 영향을 고찰하고, 관련 아동지원 서비스 상황을 살펴보며, 이러한 문제점들을 통해 개선 방안을 제시한다.

1. 빈곤의 정의

  빈곤은 경제력이 최저생활수준에 미달하는 상태를 의미를 말하는데, 빈곤에 대한 정의는 국가와 시대 또는 학자에 따라 다양하다. 빈곤은 경제적 상황뿐 아니라 사회문화적 특성도 포함하여 정의된다.

1) 절대적 빈곤

절대적 빈곤(absolute poverty)은 인간이 살아가는 데 절대적으로 필요한 최소한의 자원을 충족시키지 못하는 상태를 말하며, 가장 역사가 깊고 널리 사용되는 정의다. 절대빈곤의 관점에서 빈곤은 '한 가구의 소득(또는 지출)이 최저생활을 유지하는 데 필요한 생계비에 미달하였을 경우'를 말한다. 절대적 빈곤은 생활필수 자원이 절대적인 기준인 빈곤선 또는 최저생계비에 도달하지 못할 때의 상태이며, 수치나 지수로 계량화하여 빈곤을 측정한다. 여기서 빈곤선은 최저생활에 필요한 기본 수요를 추정하는 것으로 정의할 수 있다.

절대적 빈곤의 측정방법에는 최저생계비 방식과 엥겔 방식이 있다. 최저생계비 방식은 의식주의 기본적인 욕구를 해결하는 데 드는 비용을 계산하는 방법이며, 엥겔 방식은 음식비가 소득에서 차지하는 일정한 비율을 빈곤선으로 산정하는 방법이다. 절대적 빈곤은 전체 사회의 소득분포와 관계없이 최저라고 생각되는 어떤 수준을 정하고, 경제력이 이 수준에 미달하면 빈곤으로 정의한다. 절대빈곤율은 전체 인구 중 최저생계비 수준에 미달하는 비율로 결정하게 되는데, 최저생계비에 따라 절대빈곤율이 달라지게 된다(통계청, 2017). 아동가구의 절대빈곤율은 전체 아동가구 중에서 최저생계비 이하의 아동가구의 비율을 말한다(어린이재단, 2015).

2) 상대적 빈곤

상대적 빈곤(relative poverty)은 한 사회의 다른 사람들과 비교해서 상대적으로 빈곤한 상태를 의미한다. 절대적 빈곤의 추계가 실제적으로 매우 어렵기 때문에 현대 사회에서는 절대적 빈곤보다 상대적 빈곤 개념을 더 많이 사용하고 있다. 상대적 빈곤을 추정하는 방법으로는 순수상대빈곤과 유사상대빈곤 방식이 있다. 순수상대빈곤은 전체 사회의 계층별 소득 순서에서 하위층에 해당되는 일정한 비율을 빈곤층으로 정의하는 것인데, 가장 보편적으로 하위 20% 또는 하위 40%를 빈곤계수로 정의한다. 유사상대빈곤 방식은 전체 사회에서 평균소득에 해당되는 일정한 비율을 빈곤층으로 정의하는 것인데, 개발도상국가의 경우 평균소득의 1/3을 빈곤계수로 정의한다(공계순 외, 2013).

　　상대적 빈곤은 전체 사회의 소득분포를 대표하는 값의 일정 비율을 빈곤선으로 정하고 경제력이 이 수준에 미달하면 빈곤으로 정의할 수 있는데, 우리나라의 상대적 빈곤은 중위소득의 일정비율을 빈곤선으로 하여 측정하며, OECD는 중위소득의 50%를 가장 자주 국제 비교에 사용한다. 기준 중위소득은 복지부 장관이 급여의 기준 등에 활용하기 위하여 국민기초생활보장법 제20조제2항에 따른 중앙생활보장위원회의 심의·의결을 거쳐 고시하는 국민 가구소득의 중위값을 의미한다. 가처분 소득을 기준으로 한 전가구의 상대적 빈곤율(중위50%)은 12.6%('07년)→12.6%('08년)→12.2%('09년)→12.1%('10년)→12.3%('11년)→12.2%('12년)으로 증감되어 왔다. 2008년 우리나라와 주요 국가의 상대빈곤율을 비교하면 다음 표와 같다. 다양한 복지 정책과 서비스를 제공하며 복지국가로 평가받는 유럽 국가들의 상대적 빈곤율이 낮게 나타났다.

〈표 7-1〉 2008년 주요 국가의 상대적 빈곤율 비교

스웨덴	노르웨이	프랑스	벨기에('07)	일본('06)	미국	한국	OECD 평균
8.4	7.8	7.2	9.1	16.7	17.3	14.7	11.1

출처: 통계청(2017) e-나라지표(http://www.index.go.kr)

〈표 7-2〉 빈곤율 추이

	2007	2008	2009	2010	2011	2012	2013
절대적 빈곤율	7.0	7.0	7.0	6.4	6.3	6.0	5.9
상대적 빈곤율	12.9	12.9	13.0	12.5	12.3	12.2	11.7

출처: 통계청(2017) e-나라지표(http://www.index.go.kr)

한편 우리나라 절대적 빈곤과 상대적 빈곤의 비율추이를 보면, 2007년 이후로 지속적으로 감소 추세를 보이고 있다.

3) 아동결핍지수

우리나라 아동의 일상생활에서의 궁핍감과 결핍을 설명하기 위해 2013년 보건복지부는 아동종합실태조사에서 아동결핍지수(Child deprivation index)를 조사하였다. 아동결핍 수준은 성장 과정에서 주요하게 고려되어야 할 소유 상태, 서비스 및 각종 기회 충족 여부(14개 문항)를 측정하고 있다. 아동결핍지수에 포함된 세부 문항은 하루 세끼 섭취 여부, 한 끼 이상 육류, 생선 섭취, 매일 과일 · 채소 섭취, 교과서 이외 도서 보유, 자전거 등 야외활동 장비 보유, 정기적인 여가활동(수영, 악기, 태권도 등), 장난감, 교육용 실내 활동 도구 보유, 소풍, 수학여행 등 학교 이벤트 참가, 가정내 독서공간 여부, 가정에서 인터넷 활용 가능, 새 옷 보유 , 두 켤레 이상 신발 보유, 친구 초대 기회, 생일잔치, 가족행사 등 이벤트 참여로 구성되어 있다. 아동종합실태조사 결과 한국 아동의 결핍 수준은 OECD 국가 중 가장 높은 것으로 나타났는데, 빈곤아동의 경우 85%로 전체 아동 결핍지수 53.5%보다 매우 높은 것으로 나타났다(한국보건사회연구원, 2013).

2. 빈곤아동의 정의와 현황

1) 빈곤아동의 정의와 법적 근거

2012년 빈곤아동에 대한 법률이 제정되면서 빈곤아동에 대한 국가적 정의나 지원 대책이 논의되고 있다. 2012년 8월 5일 시행된「아동의 빈곤예방 및 지원 등에 관한 법률」에 의하면, '아동빈곤'이란 아동이 일상적인 생활여건과 자원이 결핍하여 사회적 · 경제적 · 문화적 불이익을 받는 빈곤한 상태를 말한다. 또한 동법에서 '빈곤아동'이란 생활여건과 자원의 결핍으로 인한 복지 · 교육 · 문화 등의 격차를 해소하기 위하여 지원이 필요한 아동을 말하며, 그 구체적인 기준은 보건복지부령으로 정한다고 하였다. 「아동의 빈곤예방 및 지원 등에 관한 시행규칙」 제2조 빈곤아동의 기준에 의하면, 빈곤아동은 다음 각호의 어느 하나에 해당하는 아동으로 정의된다.

- 「아동복지법」 제3조 제4호 및 제5호에 따른 보호대상아동 및 지원대상아동
- 「국민기초생활보장법」 제2조 제2호에 따른 수급자인 아동
- 「한부모가족지원법」 제4조 제2호에 따른 한부모가족 및 「다문화가족지원법」 제2조 제1호에 따른 다문화가족의 아동 등 복지 · 교육 · 문화 등의 격차를 해소하기 위하여 사회적 · 경제적 · 문화적 지원이 필요하다고 보건복지부 장관이 인정하는 아동

우리나라 아동이 건강하고 안전하게 성장하는 것을 지원하기 위한 국내법인 「아동복지법」은 아동이 사회적 신분이나 재산 등에 따르는 어떠한 종류의 차별도 받지 아니하고 자라나야 한다는 기본 이념을 바탕에 두고 있다. 제37조에서는 아동의 성장 및 복지 여건이 취약한 가정의 아동과 가족에게 보건, 복지, 보호, 교육, 치료 등을 종합적으로 지원하는 통합 서비스를 실시함으로써 취약계층 아동에 대한 지원 근거를 마련하고 있다. 국제규약인 「유엔아동권리협약」은 박탈 혹은 빈곤과 관련된 아동의 안녕에 관한 권리들에 대해 명시하고 있다. 제26조에서는 모든 아동이 사회보장제도의 혜택을 받을 권리가 있음을, 그리고 제27조에서는 아동이 발달에 적합한 생활 수준을 누릴 권리가 있음을 명시하고 있다.

2) 빈곤아동 현황

빈곤아동 관련 통계는 여러 기관에서 작성되고 있다. 보건복지부는 5년마다 아동

종합실태조사를 통하여 아동의 복지 수준, 성장여건 등을 파악하고 있다. 여성가족
부는 3년마다 한부모가족 실태조사와 다문화가족 실태조사를 통하여 취약계층의
빈곤아동을 조사하고 있다. 보건사회연구원도 빈곤통계연보에서 빈곤아동 현황을
제시하고 있다. 그러나 전체 아동을 대상으로 하거나 취약계층 가족을 대상으로 선
정하기 때문에 빈곤아동 현황을 파악하는 데 한계가 있다. 절대빈곤과 상대빈곤의
정의에 따라 2013년도 아동빈곤율을 살펴보면, 절대빈곤율은 전 가구의 5.3%, 도시
근로자 기준 2.8%이며([그림 7-1]), 상대빈곤율은 전 가구의 8.4%, 도시근로자 기준
7.8%([그림 7-2])를 차지하고 있다. 아동빈곤율은 2010년도부터 점차적으로 감소 추
세에 있다. 그러나 2011년도를 기준으로 부양가족이 있다는 이유로 지원을 받지 못
하는 복지 사각지대에 있는 빈곤한 아동의 수가 39만~68만 명에 이르고 있다(허선,
2016).

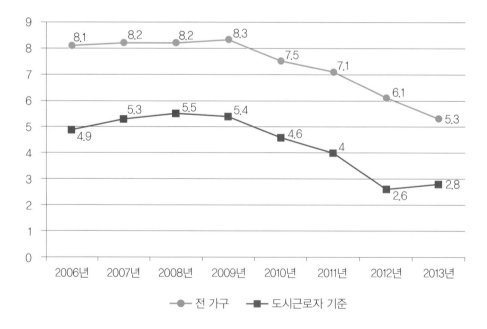

[그림 7-1] 아동빈곤율 변화 추이(절대빈곤율)

출처: 한국보건사회연구원(2015), 2014 빈곤통계연보

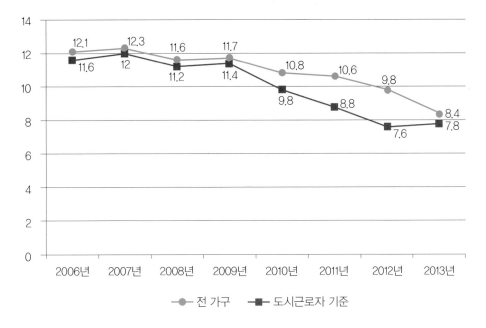

[그림 7-2] 아동빈곤율 변화 추이(상대빈곤율)

출처: 한국보건사회연구원(2015), 2014 빈곤통계연보

　또한 지방자치단체에서 '결식 우려 아동'으로 지정해서 급식 지원을 하는 18세
미만 아동의 수가 2016년 33만 2,865명이었는데, 이는 2015년 기준 전체 아동인
구 896만 1,805명의 3.7%에 해당하는 비율이다(보건복지부, 2017). '결식 우려 아동'
은 소년·소녀 가장이나 한부모 가정, 저소득(중위소득 52%이하) 가정의 아동 중에
서 식사를 거를 우려가 있는 아동을 지방자치단체가 발굴해서 선정한다. '결식 우
려 아동'으로 선정되면 지역사회의 단체 급식소나 학교 급식소를 무료로 이용하
거나 도시락 배달을 받아 식사를 해결할 수 있다. 2017년도 식사당 지원 단가는
3,500~6,000원이며, 전체 예산은 2,832억 2,000만 원이다.

3. 아동빈곤의 원인

아동빈곤의 원인은 아동보다는 아동이 속한 가정의 빈곤 원인으로 접근해야 한다. 구인회(2002)는 빈곤가구의 빈곤 원인을 노동시장에서의 일자리 부족으로 보고 있다. 그는 빈곤가구의 과반수는 노동시장에서 자신의 인적자본 수준에 맞는 일자리를 찾는 데 어려움을 겪어서 장기화된 실업과 빈곤을 경험하고 있다고 지적하였다. 아울러 빈곤층은 저학력, 많은 가족 수, 6세 미만 아동에 의한 기혼여성 취업의 어려움 문제를 특징으로 하고 있었다. 황덕순(2002)에 따르면, 빈곤가구는 고연령인 특성을 지니고, 대부분이 여성가구주이며, 학력은 중·고졸인 경우가 많고, 배우자와 동거한 경우, 가구주가 무직이거나 분류할 수 없는 직종에 종사하고 있을 경우, 판매서비스직이나 기능직보다는 단순노무직인 경우, 그리고 가구 규모가 크고 가구 내의 취업자 수가 적을수록 빈곤한 가구가 많았다. 이와 같이 아동빈곤은 아동이 속한 가정의 가구주의 저학력 및 고연령, 부의 부재, 많은 가족 수, 6세 미만 아동의 존재, 실업이나 미숙련 직종에의 취업 등이 주요한 원인이라고 할 수 있다.

한편 아동빈곤과 관련하여 주목할 점은 6세 미만 아동의 존재가 가구의 빈곤요인이 된다는 것이다. 즉, 아동을 안전하게 맡길 수 있는 장소가 없고 보육비용을 충당할 수 없는 경우 빈곤가정이 될 수 있는 위험요인이 많다는 것이다. 따라서 보육시설의 확충은 탈빈곤을 위한 주요한 수단이 될 수 있다. 또한 교육을 통해 빈곤에서 탈피할 가능성이 높다. 이러한 점을 고려할 때 빈곤아동에 대한 교육기회의 확충은 빈곤의 대물림을 끊을 수 있는 주요한 요인이 될 수 있다.

류연규, 최현수(2003)는 노동시장 참여 형태 및 가족구조 중 가구 특성별로 아동빈곤율의 변화 경향을 분석하였는데, 아동 수가 많을수록, 가구주의 고용 형태가 비정규직일수록, 홀벌이가구에 해당될수록 아동빈곤율이 높아짐을 밝혀냈다. 또한 배화옥(2008)은 '2006년도 전국가계조사' 자료를 활용해 가족요인별 및 사회요인별 아동빈곤 특성을 파악하고 가족요인과 사회요인이 아동빈곤 여부에 미치는 영향력을 분석한 바 있다. 그 결과로 아동빈곤을 결정짓는 요인으로 가구주의 성, 연령, 학력, 가구 유형, 가구주의 직종을 도출했는데, 특히 아동가구의 가구주가 저학력·고령·사별한 여성이거나 보육아동이 있는 다자녀가구, 혹은 조손가정이나 모자가구, 취업인원수가 적거나 단순노무직이나 서비스·판매직에 종사하는 경우에 아동이 빈곤할 확률이 높은 것으로 나타났다.

4. 빈곤이 아동발달에 미치는 영향

빈곤은 아동발달에 부정적 영향을 미치는 것으로 나타났는데, 2000년대 이후 실증적 연구가 활발하게 진행되면서 이를 입증하고 있다. 빈곤은 아동의 인지발달과 사회정서적 발달에 부정적 영향을 미치고 있다. 아동기 빈곤경험은 이후 성인기 빈곤과 연결되어 만성적으로 빈곤층에 머무르게 될 가능성이 높다(정은희 외, 2013).

1) 신체 및 인지발달

빈곤이 아동의 인지발달에 미치는 영향을 살펴본 연구들은 빈곤을 어떻게 측정하고, 어떤 자료를 이용하였는지, 어떤 아동을 분석하였는지에 따라 차이가 나타나지만, 전반적으로 빈곤이 아동의 인지발달에 부정적 영향을 미치고 있음을 보여 주고 있다(보건사회연구원, 2013). 아동의 신체발달을 건강상태 지표를 통해 살펴본 연구결과(보건사회연구원, 2015)에 의하면, 아동의 87%는 건강상태가 좋다고 응답했는데, 빈곤가구 아동은 평균보다 낮은 75%인 반면 비빈곤가구 아동은 89%로 평균 이상의 비율을 나타냈다. 또한 건강이 나쁘다고 보고한 아동은 전체 2% 수준인데, 빈곤가구 아동은 5% 정도로 높게 나타났다(〈표 7-3〉). 이경혜와 김정일(2009)은 한국교육종단연구를 이용하여 부모의 빈곤이 아동의 성적에 부정적 영향을 미치는 것을 나타냈다. 구인회 외(2009)의 연구는 서울아동패널(2004~2006)의 자료를 이용하여 빈곤층 아동의 학업성취 수준이 부정적 변화 양상을 보이고 있었다. 김광혁 (2006)은 한국청소년패널을 이용하여 빈곤기간이 3년이상 지속된 경우 아동의 학업 성취에 부정적 영향을 미치는 것을 입증하였다. 보건사회연구원(2015)은 아동패널 을 활용하여 아동의 인지적 발달을 아동의 학업성취(학업성적)를 통해 살펴보았다. 학업을 '아주 잘함'으로 응답한 아동의 비율이 전체적으로 24% 정도인데, 이 중 비 빈곤아동은 평균보다 높은 25%로 나타났지만, 빈곤아동의 경우 6% 정도로 아주 낮 은 비율을 보이고 있다. 즉, 학령기 아동의 인지발달 측면에서 지표로 볼 수 있는 학 업성적에 있어서 빈곤가구의 아동은 〈표 7-4〉 와 같이 비빈곤가구의 아동보다 학 업성적을 대체로 낮게 평가하는 것으로 나타나 인지적 발달이 비빈곤가구 아동에 비해 낮다는 것을 유추할 수 있다.

〈표 7-3〉 건강상태   (단위:%)

구분	전체	빈곤가구 아동	비빈곤가구 아동
좋음	87.15	74.61	88.45
보통	11.13	20.55	10.16
나쁨	1.71	4.84	1.39

출처: 보건사회연구원(2015). 한국복지패널 10차년도 조사보고서.

〈표 7-4〉 학업성취   (단위:%)

구분	전체	전체	빈곤가구 아동	비빈곤가구 아동
전 과목 평균	아주 잘함	23.48	6.33	25.27

출처: 보건사회연구원(2015). 한국복지패널 10차년도 조사보고서.

2) 심리 및 사회정서적 발달

한국복지패널자료를 활용하여 아동의 심리정서적 발달을 심리정서 관련 특성을 통해 살펴본 결과, 가구의 소득이 낮을수록 아동의 자아존중감이 낮게 나타났고, 주의집중에 어려움을 겪고 있으며, 우울 · 불안, 위축이 높고, 공격성이 높은 것으로 나타나 빈곤가구의 아동이 비빈곤가구의 아동보다 심리정서적 어려움을 더 경험하는 것으로 볼 수 있다(보건사회연구원, 2015, 〈표 7-5〉 참조). 한편 빈곤이 사회정서적 발달에 미치는 영향에 관한 선행연구를 분석한 결과, 빈곤이 학령기에는 인지발달에 더 영향을 미치는 것으로 나타났지만, 장기적으로 사회정서발달에 부정적 영향을 미칠 가능성이 높으므로 빈곤이 아동의 사회정서적 발달에 미치는 영향에 대한 장기적 연구가 필요함을 지적하였다(보건사회연구원, 2013).

〈표 7-5〉 심리정서 (단위:점)

구분	전체	빈곤가구 아동	비빈곤가구 아동
자아존중감	28.7	26.7	28.9
우울 · 불안	3.7	4.8	3.6
주의집중	2.8	3.5	2.7
위축	1.9	2.1	1.9
공격성	2.5	2.8	2.4

* 주의집중은 점수가 높을수록 주의집중이 잘되지 않은 것임.

출처: 보건사회연구원(2015). 한국복지패널 10차년도 조사보고서.

5. 빈곤아동을 위한 국가적 지원

1) 빈곤아동지원법

그동안 아동복지 학계와 현장실무자들은 빈곤아동을 위한 지속적이고 체계적인 지원을 위해 빈곤아동지원법의 제정을 촉구하였다. 이러한 노력의 결과 2011년 7월 14일 「아동의 빈곤예방 및 지원 등에 관한 법률」이 제정되어 2012년 8월 5일부터 시행되었다. 동법은 빈곤아동과 관련된 법률로 처음 제정된 것으로 아동빈곤을 예방하고 지원하고자 하는 정부의 의지를 담고 있다.

이 법은 빈곤아동이 복지, 교육, 문화 등의 분야에서 소외와 차별을 받지 아니하고 한 사회의 구성원으로 건강하게 자랄 수 있도록 제도적 기반을 마련하는 것을 목적(제1조)으로 하고, 빈곤아동이 부모의 사회적 · 경제적 지위와 상관없이 태어나서 자립할 때까지 충분한 역량을 갖출 수 있도록 균형 있고 조화로운 성장과 건강하고 행복한 삶을 누릴 수 있도록 하는 것을 기본 이념(제2조)으로 정하고 있다.

국가 및 지방자치단체의 책무로 국가 및 지방자치단체는 재원 확보와 정책 수립 및 시행해야 하며 빈곤아동이 어떠한 종류의 차별도 받지 아니하도록 필요한 시책을 마련하도록(제4조) 규정하였다. 제5조에서는 다른 법률과의 관계에 대해 「아동의 빈곤예방 및 지원 등에 관한 법률」을 제정하거나 개정하는 경우 이 법의 목적과 기본 이념에 부합하도록 하였다.

아동의 빈곤예방 및 지원을 위해 보건복지부 장관은 빈곤아동의 복지, 교육, 문화 등의 기본적인 욕구들에 대한 실태조사를 하여 기본 계획을 5년마다 수립하도록(제6조) 하였으며, 보건복지부 장관, 중앙행정기관장 및 시 · 도 교육감은 기본 계획에 따라 연도별 시행 계획을 각각 수립 및 시행하도록(제7조) 하였다.

또한 이 법은 종합적인 빈곤아동 정책의 수립 및 관계 기관 간의 연계 및 조정과 상호협력을 위해 아동정책조정위원회의 분과위원회로 아동빈곤예방위원회를 설치하도록(제8조) 하였으며, 위원회의 구성은 15명 이내이며 위원장은 보건복지부 장관이 된다(제9조). 아동빈곤의 예방 및 빈곤아동의 지원에 관한 중요 사항을 심의하기 위하여 지자체에 지역아동빈곤예방위원회를 설치하며(제10조), 위원회 및 지역위원회는 필요하다고 인정하는 경우 관계 전문가의 의견을 듣거나 관계 행정기관 등에 대하여 협조를 요청(제11조)할 수 있다.

빈곤아동지원법이 빈곤아동을 예방하고 빈곤아동의 발달을 지원하기 위한 국가적 노력을 표명한 것임에는 분명하나, 동법은 국가와 지방정부의 역할에 대한 기본적인 사항만 포함하고 있어 그 실효성에 대해 의문이 제기되고 있다. 또한 빈곤아동지원법의 시행령이나 시행규칙에 위임하고 있는 사항도 상당이 부족하여 빈곤아동

지원법의 제정 목적이나 기본 이념을 달성하기가 어려울 것으로 간주된다. 이에 빈곤아동 발생 예방과 빈곤아동 지원이 실효성을 발휘하기 위해서는 동법의 대폭적인 개정이 요구된다(문영희, 2012).

2) 빈곤아동 지원 사업

빈곤아동을 위한 보건복지부 서비스를 보면, 담당부서가 서로 구분되어 있어서 서비스의 중복성과 사각지대가 발생할 가능성이 있다. 빈곤아동에 대한 지원 사업을 통합해서 일관성 있게 대상자 선정과 기준선을 제시할 필요가 있다. 빈곤아동을 위한 보건복지부 지원 사업을 구체적으로 살펴보면 〈표 7-6〉과 같다.

〈표 7-6〉 보건복지부 빈곤아동 지원 사업

담당부서	사업명	지원 대상	지원 내용
아동 정책과	소년소녀가정 지원	• 기존 지원 대상자에 대한 사업 설명으로, 2013년부터는 추가지정을 금지하며, 단, 아동이 만 15세 이상으로 아동복지법 제19조에 의해 후견인을 선임하는 경우에 한해 추가	• 생계 · 교육급여, 의료급여, 부가급여, 전세자금 지원(국토교통부)
	결연사업 운영	• 시설보호아동 - 가정위탁보호아동 - 소년소녀가정아동 - 기타 빈곤세대 등	• 사회복지법인 초록우산 어린이재단이 후원금 모집, 송금, 관리 등 사업 운영을 하고 있음
	보호아동 자립 지원	• 대리양육 또는 가정위탁보호 중인 아동 - 아동복지시설에서 보호 중인 아동 - 아동복지시설에서 퇴소 또는 가정위탁보호 종료 후 5년이 지나지 아니한 아동	• 보호대상아동의 보호 종료 이후 자립에 필요한 주거 · 생활 · 교육 · 취업 등의 지원 - 자립에 필요한 자산의 형성 및 관리 지원(자산 형성 지원) - 자립에 필요한 자립정착금의 지원

	디딤씨앗통장 (CDA)	• 보호대상아동, 기초생활수급가구아동, 기 가입 아동 중 가정복귀 및 탈수급가구 아동(지자체의 유사 자산형성지원사업과 중복 지원 불가함)	− 기본 매칭 적립 • 아동이 후원자 또는 보호자의 도움 등으로 적립 시 국가(지자체)가 월 4만 원 내에서 1:1 매칭 지원 • 추가 적립액 − 기본 정부지원 최고한도 4만 원을 적립한 아동(보호자, 후원자 등)은 월 46만 원(연간 552만 원) 내에서 추가 적립 가능하며, 추가 적립액에 대한 국가 매칭은 없음 * 아동적립금은 월 최대 50만 원, 정부 매칭 지원금은 월 최대 4만 원까지 가능
아동 권리과	드림스타트	• 0세(임산부) ~ 만 12세(초등학생 이하) 아동 및 가족 ※ 만 12세 이상 아동 중 초등학교 재학 아동 포함 ※ 수급자 및 차상위계층 가정, 보호대상 한부모가정(조손가정 포함), 학대 및 성폭력피해아동 등에 대한 우선 지원 원칙 ※ 만 12세 이상 아동 중 위기개입 · 집중사례관리 등급에 한해 지속적인 사례관리가 필요하다고 인정되는 경우 사례회의 및 자치단체장의 승인을 거쳐 사례관리 기간 연장 가능(최대 15세까지)	• 대상자의 복합적인 욕구를 파악하여 지역자원과 연계한 맞춤형 통합 서비스 제공 − 인적조사 및 사정을 통해 대상자의 욕구 및 문제를 파악하여 보건, 복지, 보호, 교육 등 필요한 서비스를 종합적으로 지원하고 주기적인 모니터링 실시 − 대상에게 필요한 서비스를 제공할 지역자원 발굴 및 관리
	지역아동센터 운영	• 지역사회 내 방과후 돌봄 서비스를 필요로 하는 18세 미만의 아동 ※ 18세 이상인 경우에도 재학 중인 아동을 포함함	• 아동보호(안전한 보호, 급식 등), 교육 기능(일상생활 지도, 학습능력 제고 등), 정서적 지원(상담 · 가족 지원), 문화서비스(체험활동, 공연) 등으로 지역사회 내 아동돌봄에 대한 사전예방적 기능 및 사후 연계 제공
	결식아동 급식 지원 (지방이양)	• 다음 각호의 사유에 해당하여 보호자의 식사 제공이 어려워 결식 우려가 있는 아동 ※ (결식 우려의 정의) 보호자가 충분한 주	* 미취학아동 : 조 · 중 · 석식 중 아동별 특성에 따라 급식형태 선택 지원 ※ 미취학아동의 특성과 지역여건에 따라 다양한 급식방법으로 지원

| | | 식과 부식을 준비하기 어렵거나, 주·부식을 준비할 수 있다 하더라도 아동 스스로 식사를 차려 먹기 어려운 경우 | |

식과 부식을 준비하기 어렵거나, 주·부식을 준비할 수 있다 하더라도 아동 스스로 식사를 차려 먹기 어려운 경우

※ 외국국적 아동의 경우에도 아래 지원기준에 따라 결식 우려가 있을 경우 지원

※ 단, 아동복지법 제15조에 따라 아동양육시설, 공동생활가정 등으로 보호조치된 아동 제외

① 소년소녀가정아동(지자체로부터 소년소녀가정아동으로 지정된 아동)

② 한부모가족지원법상 지원 대상 가정 아동(한부모가족으로서 국민기초생활보장법에 따른 지원 대상 가구도 포함)

③ 보호자가 장애인복지법상 등록 장애인으로서 중위소득 52% 이하 가구의 아동

④ 긴급복지 지원 대상 가구의 아동

⑤ 보호자의 가출, 장기복역 등으로 보호자가 부재한 가구의 아동

⑥ 보호자 사고, 급성질환, 만성질환 및 학대·방임 등으로 보호자의 양육능력이 미약하여 긴급한 보호가 필요한 아동

⑦ 맞벌이 가구로 건강보험료 부과액(또는 산정액) 기준 소득인정액이 중위소득 52% 이하인 가구의 아동

⑧ 위 각호에는 해당되지 않으나 그 밖에 담임교사, 사회복지사, 이·통반장, 시·군·구 담당공무원 등이 추천하는 아동으로서 아동급식위원회에서 급식지원이 필요하다고 결정한 아동

※ 다만, 담임교사 등이 추천한 아동 중 급식 지원 기준에 적합하여 위원회의 판단이 필요 없는 경우에는 위원회 결정 불요

• 지역아동센터, 사회복지관 등의 아동복지 프로그램 이용 아동

* 취학아동: 조·중·석식 중 아동별 특성에 따라 급식형태 선택 지원

－조·석식 연중 지원 : 지방자치단체

－중식 지원

① 학기중 중식 지원 : 교육청(학교급식)

② 학기중 토·일·공휴일 중식 지원 : 시·도교육비특별회계를 지원받아 지방자치단체에서 실시(※ 교육청과 협의)

③ 방학중 중식 지원 : 지방자치단체

※ 취학 아동의 특성과 지역 여건에 따라 다양한 급식방법으로 지원

출처: 보건복지부 (2017) 아동분야 사업안내 1, 2

(1) 아동급식 지원

보건복지부의 아동급식의 목적은 저소득가정의 아동들이 건강하고 행복하게 자라날 수 있도록 민·관이 협조체계를 구축하여 지역 실정과 아동의 가정 환경과 욕구에 맞는 급식을 효율적으로 제공하기 위한 것이다. 아동은 신체적·정신적으로 성숙하지 않아 스스로의 급식능력이 부족하다. 아동급식의 개념은 아동이 가정빈곤, 가족해체, 가정위탁, 소년소녀가정, 부모(보호자)의 실직·질병·가출 및 직업적 특성, 아동학대·방임·유기 및 부양기피·거부, 그 밖에 여러 가지 가정 사정으로 제대로 보살핌을 받지 못해 끼니를 거르거나, 먹는다 해도 필요한 영양을 충분히 공급받지 못하는 경우에 아동의 건강한 성장과 발달을 위하여 식사를 직접 제공하거나 식사를 할 수 있도록 관련 식품 등을 지원하는 일체의 행위를 말한다.

급식대상지원 연령은 「아동복지법」 제2조에서 정한 18세 미만의 취학 및 미취학 아동이며, 18세 이상인 경우에도 고등학교에 재학 중인 아동을 포함한다. 지원 대상은 국민기초생활보장 수급자 및 차상위 저소득 계층 중 가정 사정 등으로 급식지원이 필요한 아동이며, 지역아동센터 및 사회복지관 등의 아동복지 프로그램을 이용하는 아동 모두에게 급식을 지원한다. 그리고 학기 중 학교급식비 지원 대상자 중(각 지역 교육청이 지방자치체로 명단 통보) 가정 사정 등으로 급식 지원이 필요한 아동, 학교교사와 민간 사회복지사, 이장·통장·반장 등 아동 관련 민간관계자가 추천하는 자 중 가정 사정 등으로 급식 지원이 필요한 아동, 그 밖에 이에 준하는 자로 시장·군수·구청장이 급식 지원이 필요하다고 판단한 아동이 포함된다. 지원 방법은 아동(가정)의 취사능력 유무, 지역사회의 식사 제공 가능 시설 등을 고려하여 아동에게 맞는 방법으로 지원하지만 현금 지급은 하지 않는다. 아동 개인별 급식 방법, 급식 장소, 담당공무원 및 자원봉사자 전화번호 등을 포함한 급식 지원 계획을 수립하여 시행하고 있다.

(2) 드림스타트

가정해체 등에 따라 빈곤아동 수가 증가 추세에 있으며 빈곤아동을 위한 기존의 사후 개별 서비스는 더 이상 효과적 대응이 곤란하므로 빈곤아동의 전인적 발달을 지원하는 집중적인 사회투자가 필요하게 되었다. 최근 선진국에서는 복지·고용·교육이 연계된 사회적 서비스를 통해 양극화의 위협에 대응하고 있으며, 특히 빈곤아동을 포함한 모든 아동의 인적자본 개발을 통해 사회통합과 지속 성장을 담보하는 정책을 도입하여 시행하고 있다. 이에 사회적 투자사업의 일환으로 드림스타트 프로젝트를 발표하였는데, 지자체의 호응도가 높게 나타났다. 드림스타트는 지방자치체중심의 지역사회 보건복지 파트너십을 구축하여 빈곤아동의 실제 욕구에 부응하는 맞춤형 통합 서비스를 제공한다. 또한 빈곤의 대물림을 차단하고 모든 아동에게 공평한 출발 기회를 보장하고, 수요자중심의 사전예방적 통합 서비스 지원체계의 도입을 통하여 빈곤아동의 신체적·정서적·사회적 능력 등 전인적 발달을 지원하고자 한다.

구체적 사업 목표는 빈곤아동에 대한 사회적 투자를 확대하여 미래 우리 사회의 성장동력을 확보하는 것이다. 이러한 목표를 달성하기 위한 추진 방향은 첫째, 건강·영양·안전의 증진과 학대·방임아동의 보호, 둘째, 아동양육과 인지능력을 향상하는 포괄적 돌봄 서비스 제공, 셋째, 학습능력 증진과 정서적·문화적 지원이다. 이를 바탕으로 하여 빈곤아동 개개인의 능력을 함양시키고 공평한 출발 기회를 보장하며, 궁극적으로 빈곤아동이 가난을 대물림하는 경로를 차단한다.

드림스타트 서비스 대상은 0세(임산부)에서 만 12세 저소득 아동 및 가정이며, 지자체에서 해당 연령대 아동과 그 가족에 대한 욕구조사를 통해 대상아동을 선정하는데, 기초생활수급자 및 차상위 계층 가정, 결손가정, 성폭행 피해아동, 한부모가정 아동에 대한 우선 지원을 원칙으로 한다. 집중 서비스 대상아동 규모는 읍·면·동 단위별로 300명 이상으로, 지자체 사업 운영 실정에 따라 인근 읍·면·동으로 단계적 범위를 확대할 수 있다.

(3) 아동발달지원계좌 지원

사회 계층의 양극화 현상이 심화됨에 따라 빈곤층이 증가하면서 가정해체의 영향으로 아동빈곤율이 늘어나는 추세다. 빈곤 계층의 아동은 심리적/물리적 박탈감으로 부정적 영향을 받을 뿐만 아니라, 성인기 초기에 사회진출 시 필요한 학자금이나 기타 부대비용 등 경제활동에 소용되는 초기비용 마련을 위한 기초자산 부족에 의해 여러 가지 문제를 경험할 수 있다. 이에 그들의 초기자산 형성을 적극적이고 장기적으로 지원할 필요성이 사회적으로 요구되었으며, 빈곤의 대물림을 방지하고 건전한 사회인 육성을 위해 아동발달지원계좌(CDA)를 도입하여 2007년 4월부터 사업을 시행하였다.

아동발달지원계좌의 지원대상아동인 보호아동은 전체 4만 1,500명으로서 「아동복지법」에 의한 요보호아동 3만 7,000명, 「장애인복지법」에 의한 장애인시설 아동 4,500명이다. 아동발달지원계좌 지원 기간은 0세부터 만 17세까지며, 만 18세 이후의 보호아동 및 보호기간 6개월 미만인 보호아동은 지원 대상에서 제외된다. 그러나 가정 회복 및 정부의 가정보호 확대 정책으로 중도에 가정으로 복귀하는 차상위 계층 이하 아동이 희망할 시에는 계속 지원한다.

아동발달지원계좌사업의 비전은 아동을 미래 성장동력으로 육성하는 것이며, 목표는 아동에게 보다 나은 사회 출발 여건을 제공하기 위한 자산 형성과 경제 교육을 지원하는 것이다. 추진 전략은 아동의 자립을 목표로 하여 자산 형성 지원, 경제(금융)교육, 후원 활성화, 운영 지원체계 확립이다. 사업추진체계를 살펴보면, 사업관리체계를 총괄하는 부서는 보건복지부이며, 계좌 운영은 금융기관에서 관리하며, CDA 후원기관에서 아동후원 정보를 통합 관리하게 된다.

(4) 지역아동센터

지역아동센터사업의 목적은 방과후 돌봄이 필요한 지역사회 아동의 건전한 육성을 위하여 보호·교육, 건전한 놀이와 오락의 제공, 보호자와 지역사회의 연계 등 종합적인 복지 서비스를 제공하는 것이다. 이 사업의 근거는 「아동복지법」 제50조~제52조, 제54조~제75조(설치근거 「아동복지법」 제52조 제1항 제8호)와 「사회복지사업법」 제3조(다른 법률과의 관계)에 따라 시행된다. 「아동복지법」에 규정이 있는 경우를 제외하고는 「사회복지사업법」을 따른다.

지역아동센터사업의 지원 대상은 지역사회 내 방과후 돌봄 서비스를 필요로 하는 18세 미만의 아동인데, 18세 이상인 경우에도 재학 중인 아동을 포함한다. 지원 내역은 아동보호(안전한 보호, 급식 등), 교육 기능(일상생활 지도, 학습능력 제고 등), 정서적 지원(상담·가족 지원), 문화서비스(체험활동, 공연) 등으로 지역사회 내 아동 돌봄에 대한 사전예방적 기능 및 사후 연계 서비스를 제공하는 것이다.

(5) 교육복지우선지원사업

교육복지우선지원사업은 「초중등교육법」을 근거로 다음 조건에 해당하는 자로서 종합적인 교육 지원이 필요하다고 사업학교의 장이 인정하는 자를 지원한다. 대상자 선정기준은 시/도교육감이 지역여건 및 사업대상 학생의 수, 비율 등을 고려하여 사업학교 선정기준을 정한다. 희망하는 학생은 재학 중인 학교로 신청하면 된다(복지로, http://www.bokjiro.go.kr).

- 지원 대상
  - 교육급여 수급건자
  - 차상위 계층의 자녀
  - 보호대상자인 한부모가족의 자녀
  - 다문화가족의 자녀
  - 특수교육 대상자
  - 그 밖에 교육감이 정하는 학생

지원 내용을 살펴보면, 사업학교에서 대상 학생에게 교육과정과 연계한 학습, 문화체험, 심리·정서, 보육·복지 등을 종합적으로 제공한다. 교육복지우선지원사업의 주요 지원 내용은 다음과 같다.

- 지원 내용
  - 학습: 교육과정과 연계한 기초학습능력 확보 및 학습의 결손 치유, 예방 프로그램 운영(예: 일대일 학습, 방학 캠프, 대학생 멘토링 등)
  - 문화체험: 각종 현장체험학습 실시로 문화체험에 대한 기회 결핍을 해소하고 살아있는 학습 경험을 제공(예: 예술제, 축제, 캠프, 동아리, 자원봉사활동, 박물관 및 미술관 견학 등)
  - 심리·정서: 건강한 자아 형성 및 부적응 치유를 위한 맞춤형 상담 및 심리치료 지원(예: 학생상담 및 심리치료, 학교 부적응 예방 프로그램 참여 등)
  - 복지: 학교-가정-지역사회와 연계한 학생 통합 보호, 지원체계 구축(예: 치관, 안과 치료, 학습준비물 지원, 가정방문, 간식비 등)

(6) 한부모가정지원사업

여성가족부에서 지원하는 한부모가정지원사업은 저소득 한부모가족·미혼가족·조손가족 등이 가족 기능을 유지하고, 건강하고 문화적인 생활을 영위할 수 있도록 내실 있는 지원사업을 수행함으로써 한부모가족의 생활안정 및 자립기반 조성과 복지증진에 기여하는 것을 목적으로 한다. 2017년 사업내용을 살펴보면, 중위소득 52%이하 한부모 및 조손가족을 대상으로 만 13세 미만 자녀가 있는 경우 월 12만 원을 아동양육비로 지원하고 추가아동양육비와 학용품비, 생활보조금을 지방자치단체에서 지원한다. 청소년한부모의 경우 중위소득 60% 이하 만 24세를 대상으로 하며 아동양육비 17만 원을 지원하고, 학습지원과 자립촉진을 위한 기타 수당을 지방차지단체에서 지급하고 있다.

6. 빈곤아동 지원 개선 방향

우리나라는 1991년 가입한 '아동권리에 관한 국제협약'을 기준으로 아동의 생존권, 발달권, 보호권, 참여권의 영역에서 아동권리를 구체화하여 실현시키고 있다. 국제협약의 기본은 '아동이익 최선 원칙'으로, 아동의 건전한 발달과 성장을 위해 의식주를 지원하는 것이다. 아동빈곤은 기본적으로 아동의 생존권, 발달권, 보호권을 침해하는 것이므로 국가가 아동의 기본권을 보장하기 위한 지원을 강화해야 한다.

또한 저출산의 확대로 미래 경제활동인구의 감소가 예측되므로 미래 성장동력을 키워 내기 위해 아동에 대한 보다 적극적인 사회투자가 요구되고 있다. 외국의 경우 3~4세 유아에 대한 투자가 사후적 대책보다 7.16배 효과적이라는 연구결과를 토대로 아동에 대한 사회적 투자를 확대하고 있다. 빈곤아동의 경우 빈곤한 가정 환경에 따라 신체적·인지적·사회적 발달 저해 위험에 쉽게 노출되며, 학교부적응이나 낮은 학업성취도로 고등교육의 기회가 감소될 수 있어 성인기 경제활동에 지장을 초래하며, 자녀 세대에 빈곤을 대물림할 수 있다. 따라서 빈곤아동에 대한 국가의 적극적 지원 대책은 아동의 기본적 권리를 보장하고, 미래 국가의 인적자원을 개발하며, 빈곤의 대물림을 차단하는 결과를 얻을 수 있다.

아동수당은 아동이 있는 가족에 대해 경제적인 지원을 해 주는 소득 보충적 보편적인 현금 급여로, 세계적으로 88개국 이상이 도입하고 있다. OECD 국가 평균 아동수당 급여 수준은 평균가처분소득의 8.5%인데, 우리나라의 경우 약 10만 원 수준이다. 아동수당의 도입 여부에 대해서 가장 논란이 되는 부분은 소요 예산이다. 연간 약 13조 원이나 되는 예산 투입에 대해 다양한 관점이 제시되고 있는데, 아동복지 예산의 확대는 이제 국가의 경쟁력을 제고시키는 투자 개념으로 해석할 필요가 있다.

생각해 보기

1. 인적자본에 대한 투자라는 개념에서 국가가 빈곤아동에게 제공할 수 있는 아동복지 정책과 서비스의 범위와 한계에는 어떤 것들이 있는가?
2. 빈곤아동의 건강한 발달을 증진시키기 위해 제공되는 아동복지 정책과 서비스를 고찰하고, 이러한 정책과 서비스가 실제적으로 아동의 발달에 어떠한 영향을 미치고 있는지 지역사회 아동복지시설 종사자와 아동을 통해서 알아보자.
3. 빈곤아동을 위한 다양한 아동복지 정책과 서비스 중에서 가장 효율적이고 효과적인 사업이 무엇인지 생각해 보자.
4. 빈곤아동의 욕구를 충족시키고 궁극적으로 빈곤에서 탈출할 수 있는 아동의 잠재력을 향상하기 위한 예방적 사업에는 무엇이 있는지 알아보자.

참고

1. OECD 국가의 아동 가족복지 지출을 분석한 결과, 우리나라는 지출 수준이 가장 낮은 GDP의 0.458%였다. 자유주의 복지국가 평균은 1.426%, 보수주의 복지국가 평균은 2.339%, 시민주의 복지국가 평균은 3.071%다(보건·복지 Issue & Focus, 2011. 9. 30.).
2. 2011년 대상별 1인당 복지비를 비교해 보면, 노인 약 85만 원, 영유아(6세 미만) 약 83만 원, 장애인 약 27만 원인데 비교 아동(6~18세)은 약 2만 원이었다(보건·복지 Issue & Focus, 2011. 9. 30.).

참고문헌

공계순, 박현선, 오승환, 이상균, 이현주(2013). **아동복지론**(4판). 서울: 학지사.

구인회(2002). 빈곤층의 사회경제적 특성과 빈곤이행: 경제위기 이후의 시기를 중심으로. 한국사회복지학, 제48호, 82-112.

류연규, 최현수(2003). 우리나라 아동빈곤율 수준과 변화경향: 1992~2002년 도시근로자가구를 중심으로. 한국아동복지학, 제16호, 135-165.

문영희(2012). 아동의 빈곤예방 및 지원등에 관한 법률의 개정 및 보완방안. 법과 정책연구, 제

12권, 제2호, 519-541.

배화옥(2008). 아동빈곤 결정요인 분석: 가족요인과 사회요인. 보건복지포럼, 제139호.

보건복지부(2017). 아동분야 사업안내 1. 아동정책과.

보건복지부(2017). 아동분야 사업안내 2. 아동권리과.

어린이재단(2015). 2015 아동지표.

한국보건사회연구원(2013). 우리나라 아동빈곤의 특성.

한국보건사회연구원(2015). 한국복지패널 10차년도 조사보고서.

황덕순(2002). 빈곤에 대한 동태적 분석. 정진호 외(편), 소득불평등 및 빈곤의 실태와 정책과제
     (pp. 88-124). 한국노동연구원.

허선(2016). 아동빈곤의 현황과 정책과제: 기초보장 사각지대 빈곤아동을 중심으로. 보건복지
     포럼, 3, 19-30.

보건·복지 Issue & Focus(2011. 9. 30.).

드림스타트 http://www.hopestart.org

보건복지부 http://www.mw.go.kr

보건복지부 통계포털 http://stat.mw.go.kr

We Start 운동본부 http://www.westart.or.kr

제8장

장애아동

장애아동이란 18세 미만의 아동 중에서 장애를 가지고 있는 아동을 의미한다. 아동복지의 기본 전제가 아동이 가지는 특성을 고려하는 것이라고 한다면, 장애아동을 위한 복지의 기본 전제는 아동의 특성과 장애를 가진 사람의 특성을 함께 고려하는 것이다. 그동안 장애아동을 위한 복지는 아동복지 영역이나 장애인복지 영역 모두에서 많은 관심을 받지 못하였으나, 최근 증가하고 있는 장애를 가지고 있는 아동에 대한 사회적 관심이 증대되고 있다.

이 장에서는, 첫째, 장애의 개념을 정의하고, 둘째, 신체적 장애와 정신적 장애의 종류와 특성을 구분하고, 셋째, 재활의 개념과 종류를 설명하고, 넷째, 장애아동을 위한 복지 정책과 실천을 살펴보고자 한다.

1. 장애의 개념

장애인의 개념은 크게 두 가지로 구분할 수 있다. 첫째, 장애인(handicapped person)으로서, 장애에 의해 불리한 상황에 처한 사람을 의미한다. 둘째, 장애를 가진 사람(person with disability)으로서, 신체적·정신적 기능 또는 능력에 손상을 입은 사람을 의미한다. 첫 번째 개념은 사람에 초점을 둔 반면, 두 번째 개념은 장애에 초점을 두고 있다. 이 장에서는 신체적·정신적 기능 또는 능력에 손상을 입은 18세 미만의 아동을 장애아동, 즉 장애를 가진 아동으로 정의하고자 한다.

장애인복지에 관한 기본법인 「장애인복지법」 제2조에서 장애인이란 "신체적·정신적 장애로 오랫동안 일상생활이나 사회생활에 상당한 제약을 받는 자"로 명시되어 있다. 또한 장애의 종류는 신체적 장애와 정신적 장애로 구분하고 있는데, 신체적 장애란 '주요 외부 신체 기능의 장애, 내부기관의 장애 등'을 말하고, 정신적 장애란 '발달장애 또는 정신질환으로 발생하는 장애'를 말한다.

보다 구체적으로 살펴보면, 신체적 장애는 외부신체장애와 내부기관장애로 구분된다. 첫째, 외부신체장애는 지체장애, 뇌병변장애, 시각장애, 청각장애, 언어장애, 안면장애로 구분된다. 둘째, 내부기관장애는 신장장애, 심장장애, 호흡기장애, 간장애, 간질장애, 장루·요루장애, 뇌전증장애로 구분된다. 이에 비해 정신적 장애는 발달장애(지적장애, 자폐성장애)와 정신장애로 구분된다(이승기 외, 2016).

2. 외부신체장애

1) 지체장애

지체장애란 사지(팔과 다리)와 몸통의 운동 기능장애를 의미한다. 운동 기능장애란 운동기관이 있는 중추신경계, 근육 및 뼈, 관절 등의 부상이나 질병에 의해 장기간 일상생활에서 스스로 활동하는 것이 곤란한 상태의 장애를 의미한다. 장애 유형 중 가장 다양한 종류가 있으며, 인구에서 가장 많은 수를 차지한다.

(1) 종류
- 절단: 상지나 하지의 일부분을 잃어버린 상태, 선천적 결손도 포함
- 지체 기능장애: 팔·다리의 장애와 척추장애로 구분되고, 신체의 일부 또는 전부를 움직일 수 없거나 움직일 수 있어도 조절이 되지 않고 약화된 상태로서, 마비에 의한 팔·다리의 기능장애는 말초신경계의 손상이나 근육병증 등으로 운동 기능장애가 있는 경우
- 관절장애: 관절의 강직, 근력의 약화 또는 마비, 관절의 불안정이 있는 경우

• 변형: 척추나 상·하지의 형태가 변질된 상태이고 기능적 장애가 있는 경우

(2) 특성

운동장애의 요인이 되는 질환, 장애 부위, 뇌장애의 유무 등과 함께 신체 기능이나 운동의 발달지체는 아동의 심리적 발달 과정에 영향을 미친다. 예를 들어, 운동장애는 이동이나 손동작의 곤란을 야기하며, 이것은 유아기에 탐색활동을 제한하고, 학령기에는 경험 부족을 유발하여 학업부진이나 학습장애를 일으킬 수 있다. 또한 사춘기를 포함한 청년기에는 자신의 신체나 운동에 대한 열등감을 야기할 수 있다. 이와 같은 지체장애 아동의 특성은 심리적 문제뿐만 아니라 욕구불만, 열등감, 사회성 미숙 등이 될 수 있다. 아울러 지체장애에 의해 또래관계에서 위축되거나 부정적인 자아개념이 형성될 수도 있다.

2) 뇌병변장애

뇌병변장애는 뇌성마비, 외상성 뇌손상, 뇌졸중 등 뇌의 기질적 병변으로 인하여 발생한 신체적 장애로서 보행이나 일상생활의 동작 등에 상당한 제약을 받는다.

• 뇌성마비: 미성숙한 뇌에 대한 비진행성 병변 혹은 손상에 의해 생기는 신경근육계의 결함과 다른 동반 증상을 보이는 임상중후군
• 뇌졸중: 일반적으로 중풍으로 불리며, 운동장애, 감각장애, 인지 및 지각장애, 언어장애, 대소변장애, 시야결손, 경직 등의 증상
• 외상성 뇌손상: 교통사고, 산업재해, 스포츠 등 각종 사고의 결과로 발생하는 뇌손상

3) 시각장애

시각장애란 시각 기능의 현저한 저하 또는 소실에 의해 일상생활 또는 사회생활에 제약이 있는 경우를 의미하고, 시력장애와 시야결손장애로 구분된다. 시력은 교정시력을 기준으로 하여 나쁜 눈의 교정시력이 0.02 이하이면 시각장애로 규정된다.

(1) 종류

- 맹: 좋은 쪽 눈의 교정시력이 0.05 미만이거나 시야가 20도 이하인 자, 또는 학습에 시각을 주된 수단으로 사용하지 못하고 촉각이나 청각을 주된 수단으로 사용하여 학습활동이나 일상생활에서 특별한 지원을 지속적으로 요구하는 자
- 저시력: 좋은 쪽 눈의 교정시력이 0.05 이상 0.3 이하인 자, 또는 저시력기구(광학기구와 비광학기구), 시각적 환경이나 방법의 수정 및 개선을 통해 시각적 과제를 학습할 수 있는 자

(2) 특성

시각장애 아동은 시각을 통한 정보 접수에 제약을 받기 때문에 학습에 어려움이 있을 수 있으며, 지적 기능에서도 시각적 경험의 범위가 제한됨으로써 부정적인 영향이 있을 수 있다. 또한 시각장애 아동은 사실에 대한 지식을 갖고 있으나 그것을 통합하는 능력이 낮은 경향을 보이거나 어휘에 대한 이해의 정도가 낮다.

4) 청각장애

청각장애인은 농인과 난청인으로 구분된다. 첫째, 농인은 보청기를 착용하거나 착용하지 않은 상태에서 귀만으로는 말을 이해할 수 없을 정도로 청각에 장애가 있는 사람을 의미한다. 둘째, 난청인은 보청기를 착용하거나 착용하지 않은 상태에서

귀만으로 말을 들어 이해하기가 불가능하지는 않으나 곤란한 정도로 청각에 장애가 있는 사람을 의미한다.

(1) 종류
- 농: 보청기를 사용하거나 사용하지 않은 상태에서 귀만으로는 말을 들어 이해할 수 없을 정도(보통 70dB 이상)로 청각에 장애가 있어 학습활동이나 일상생활에서 특별한 지원을 지속적으로 요구하는 자
- 난청: 보청기를 사용하거나 사용하지 않은 상태에서 귀만으로 말을 들어 이해하는 것이 불가능하지는 않으나 어려운 정도(보통 35~69dB)로 청각에 장애가 있어 학습활동이나 일상생활에서 특별한 지원을 요구하는 자

(2) 특성

청각장애 아동의 일차적인 장애는 소리를 잘 듣지 못하는 것이지만, 소리를 잘 듣지 못함으로써 야기되는 이차적인 장애는 언어장애다. 즉, 어릴 때부터 말소리를 듣지 못한 청각장애 아동들은 대부분 언어장애를 가지게 된다. 이 때문에 교육적으로도 불이익을 당하게 된다. 청각장애 아동들은 의사소통에 어려움이 있으므로 학업성취가 기대 수준에 미치지 못할 수도 있다.

5) 언어장애

언어장애는 음성 기능 또는 언어 기능에 영속적으로 상당한 장애가 있는 것을 의미한다. 즉, 의사소통상의 방해를 받아 사회생활 면에서 정상적인 적응에 곤란을 겪는 경우로서 말을 해도 발음이 정확치 않아 타인에게 쉽게 들리지 않거나, 말의 내용이 적절히 이해되지 않게 말하거나, 음성이 타인이 듣기에 거북하거나, 특정 음성을 변형되게 말하거나, 언어학적으로 불완전하거나, 발성이 어렵거나, 말의 리듬, 음조 또는 고저에 이상이 있거나, 말하는 사람의 연령, 성별, 신체적인 발달 정도와

176

일치하지 않게 말을 하는 경우 등을 의미한다.

(1) 종류

- **언어발달지체**: 정상적 언어발달단계에서 기대된 시기에 언어발달이 이루어지지 않고 언어의 이해와 표현에 어려움을 갖는 경우
- **조음장애**: 음운장애라고도 하며, 말할 때 말소리를 생략, 대치, 왜곡 또는 첨가하는 경우
- **음성장애**: 후두 · 구강 · 비강 등에 장애가 있는 경우로서, 음성장애가 후두 내의 기능장애와 관련이 있으면 발성장애, 구강 및 비강통로의 기능장애와 관련이 있으면 공명장애
- **유창성장애**: 리듬장애라고도 하며, 말의 흐름의 유창성 · 속도 · 리듬의 세 가지 요소 중 일부 또는 전부에 이상이 있는 경우. 말더듬은 말소리, 음정 또는 조음운동을 비정상적으로 반복 또는 연장하는 경우이고, 속화증은 말더듬과 유사하나 말더듬과는 반대로 듣는 사람이 자기의 말에 주의를 기울이면 개선되고 이완되어 있을 경우에는 심해지는 경우
- **뇌성마비에 의한 언어장애**: 뇌손상 부위에 따라 약간의 차이가 있는데, 경직형은 언어장애와 청력손상 발생률이 낮은 경우이고, 불수의 운동형은 언어장애와 청력손상 발생률이 높은 경우
- **실어증**: 대뇌손상을 입어 언어 기능의 손상을 초래하여 의사소통의 과정인 언어 이해, 언어 표현, 언어 구성 과정에 이상이 생긴 경우

(2) 특성

인간의 언어 기능은 생후 1년 내지 수년에 걸쳐 학습의 결과로 습득된다. 생후 9개월부터 24개월까지를 언어형성기라고 하는데, 연령이 2년 6개월에 이르러서도 언어발달이 충분하지 않을 때 언어발달지체라고 하며, 7세에 이르러서도 완전하지 못할 때 언어장애라고 한다. 언어발달지체와 조음장애 등은 아동의 적절한 학습을

방해하므로 지능발달상의 지체를 가져올 수 있다.

6) 안면장애

안면장애는 화상, 사고, 화학약품, 질환, 산업재해 등에 의한 안면부 추상, 함몰, 비후 등의 변형을 의미하고, 이와 같은 안면부위의 변형이나 기형으로 사회생활에 상당한 제약을 받는 장애다. 특히 안면장애 아동은 외모의 변형 때문에 대인관계와 사회생활에 어려움을 갖는 경우가 많으며, 사회적 차별에 의해 곤란을 겪는 경우가 많다. 또한 다른 사람들의 시선 때문에 외출이 자유롭지 못하거나 이에 따라 성격이 소심하게 변화하는 경향을 보이기도 하며, 성인이 되어서도 장애로 인해 경제활동이 자유롭지 못하여 경제적인 어려움을 겪을 수도 있다.

3. 내부기관장애

1) 신장장애

신장장애는 신장의 기능부전으로 인하여 혈액투석이나 복막투석을 지속적으로 받아야 하거나, 신장 기능의 영속적인 장애로 인하여 일상생활에 상당한 제약을 받는 장애다. 신장장애인은 정상적인 타인의 신장을 말기 신부전 환자에게 이식함으로써 정상적인 기능을 유지할 수 있지만, 경제적인 문제와 공여자 수의 제한으로 그들 다수가 혈액정화를 위한 투석요법을 시행받고 있다.

2) 심장장애

심장장애는 심장의 기능부전으로 인한 호흡곤란 등의 장애로 일상생활에 상당한 제약을 받는다. 심부전은 심장의 펌프 기능이 장애를 일으켜 정맥압을 상승시키고 충분한 양의 산소를 말초조직에 공급할 수 없는 상태를 말하며, 심기능부전이라고도 한다. 심장장애인은 일상적인 생활뿐만 아니라 사회생활에서 큰 어려움을 겪게 되며, 특히 직업생활이 힘들어 경제적인 어려움이 가중되고 있다.

3) 호흡기장애

호흡기장애는 폐나 기관지 등 호흡기관의 만성적 기능부전으로 인한 호흡 기능의 장애로 일상생활에 상당한 제약을 받는다. 호흡기장애인은 원인이 되는 폐질환이나 심장질환 없이 기도폐쇄가 발생하여 기류의 속도가 감소하는 질환군으로서, 일상생활에 상당한 제한을 받는다.

만성폐쇄성 기관지염은 단순한 기침 및 객담 이외 기도폐쇄 증상이 동반되어 기도저항이 증가하고 폐쇄성 환기장애를 보인다. 천식성 기관지염은 천식 발작과 감별하기 힘든 경우가 많다. 폐기종은 말초세기관지와 폐포가 비정상적으로 늘어나서 폐장 고유의 신축 기능이 없어진 상태를 말한다.

4) 간장애

간장애는 간의 만성적 기능부전과 그에 따른 합병증 등으로 인한 간 기능의 장애로 일상생활에 상당한 제약을 받는다. 주로 만성간질환(간경변증, 간세포암종 등)으로 간이식수술을 받은 경우나 잔여 간 기능 평가등급이 C인 경우, 내과적 치료로 조절되지 않는 난치성 복수, 자발성 세균성 복막염 등이 포함된다.

5) 간질장애

간질장애는 간질에 의한 뇌신경세포의 장애로 인하여 일상생활이나 사회생활에 상당한 제약을 받아 다른 사람의 도움이 필요한 장애다. 간질은 간질 발작이 언제든지 재발할 수 있는 만성적인 질병 상태를 말한다. 즉, 월 1회 이상 중증 발작 또는 2회 이상 경증 발작을 포함하여 연 6개월 이상의 발작이 있고, 이에 따라 협조적인 대인관계가 현저히 곤란한 경우를 의미한다. 일반적으로 약물치료나 수술치료 등에 의해 치료가 가능한 경우도 있으나, 장애 판정이 가능한 경우는 난치성 간질이라 할 수 있다.

6) 장루 · 요루장애

장루 · 요루장애는 배변 기능 또는 배뇨 기능의 장애로 인하여 장루(인공항문) 또는 요루(인공방광)를 시술하여 일상생활에 상당한 제약을 받는 장애다. 즉, 장루 · 요루장애는 대장암이나 방광암 등으로 수술을 받았거나 각종 사고 등으로 정상적인 배변 기능을 상실하여 발생한다.

장루 · 요루장애인은 대변이나 소변 조절능력이 없어 수시로 배설하기 때문에 신체에 부착하는 보조장치를 이용하여 관리하게 된다. 이에 따라 일상생활에서 냄새 등 여러 가지 문제로 당사자와 주변 사람들이 불편함을 겪을 수 있고, 대인관계에 어려움을 가질 수 있다. 취업 등 사회적 활동에 어려움을 갖고, 일상생활에 지장을 받게 된다.

7) 뇌전증장애

뇌전증장애는 뇌전증에 의한 뇌신경세포의 장애로 인하여 일상생활 또는 사회생활을 하는 데 상당히 제한을 받는 것을 의미하며, 뇌전증발작이 언제든지 재발할 수 있는 만성적인 질병상태를 말한다. 뇌전증장애는 2003년 제2차 장애인 범주 확대에 따라 추가된 장애로 간질장애로 불리다가, 2014년 6월 「장애인복지법 시행령」 개정으로 명칭이 뇌전증장애로 변경되었다. 대뇌의 이상 또는 손상이 있게 되면 원래 갖고 있는 전기에너지가 과도하게 방출되어 주변으로 퍼져나가게 되고, 이로 인해 경련발작, 의식소실 등의 증세를 유발하게 되는데, 뇌전증이란 이러한 현상들이 반복적으로 발생하는 질병을 말한다. 뇌전증의 특성으로는 발작으로 인해 뇌기능이 일시적으로 정지되는 증상이 계속되는 경우 뇌 전체에 나쁜 영향을 미쳐 학습장애, 기억력, 집중력, 기능 저하와 사회적응능력 저하를 유발하기도 하며, 갑자기 허공을 응시하고, 멍청해지거나 몸의 일부 또는 전체를 뒤틀고 정신을 잃으면서 온몸을 뒤흔드는 갑작스런 행동을 보이기도 한다.

4. 정신적 장애

1) 지적장애

지적장애는 정신발육이 항구적으로 지체되어 지적능력의 발달이 불충분하거나 불완전하고 자신의 일을 처리하는 것과 사회생활에 적응하는 것이 상당히 곤란한 장애다.

(1) 등급 기준
- 제1급: 지능지수가 35 미만인 사람으로서 일상생활과 사회생활에 적응하는 것이 현저하게 곤란하여 일생 동안 다른 사람의 보호가 필요한 사람
- 제2급: 지능지수 35 이상 50 미만인 사람으로서 일상생활의 단순한 행동을 훈련시킬 수 있고, 어느 정도의 감독과 도움을 받으면 복잡하지 아니하고 특수 기술이 필요하지 아니한 직업을 가질 수 있는 사람
- 제3급: 지능지수 50 이상 70 이하인 사람으로서 교육을 통한 사회적 · 직업적 재활이 가능한 사람

(2) 특성

지적장애 아동은 개인차가 크며, 특히 장애 정도에 따라 다르므로 공통적인 발달 특성을 보이지는 않는다. 대체로 지적장애 아동은 주의가 산만하고 기억력이 부족하며, 관찰이나 모방을 통해 배우는 모방학습능력이 부족하다.

2) 자폐성장애

자폐성장애는 소아기 자폐증, 비전형적 자폐증에 따른 언어·신체 표현, 자기조절, 사회적응 기능 및 능력의 장애로 인하여 일상생활이나 사회생활에 상당한 제약을 받아 다른 사람의 도움이 필요한 장애다.

(1) 등급 기준

- 제1급: ICD-10(International Classification of Diseases, 10th Version)의 진단기준에 따른 전반성발달장애(자폐증)로 정상발달의 단계가 나타나지 아니하고, 지능지수가 70 이하이며, 기능 및 능력 장애로 인하여 주위의 전적인 도움 없이는 일상생활을 해 나가는 것이 거의 불가능한 사람
- 제2급: ICD-10의 진단기준에 따른 전반성발달장애(자폐증)로 정상발달의 단계가 나타나지 아니하고, 지능지수가 70 이하이며, 기능 및 능력 장애로 인하여 주위의 많은 도움이 없으면 일상생활을 영위하기 어려운 사람
- 제3급: 제2급과 동일한 특징을 가지고 있으나 지능지수가 71 이상이며, 기능 및 능력 장애로 인하여 일상생활 혹은 사회생활을 해 나가기 위하여 간헐적으로 도움이 필요한 사람

(2) 특성

자폐성장애 아동들은 언어발달이 거의 일어나지 않거나 지연되며, 언어발달이 일어나더라도 말의 의미를 적절하게 이해하지 못한다. 표현성 언어뿐만 아니라 수

용성 언어의 발달에 장애가 있어서 다른 사람들의 말을 이해하는 능력이 결핍되어 있다. 행동상의 발달에도 이상을 보여 일반아동들과는 다른 놀이 형태를 보이기도 한다. 자폐성장애 아동의 특성은 다음과 같다.

- 대인관계를 형성하지 못한다.
- 언어 습득이 지연된다.
- 언어발달상에서 대화할 수 없는 언어를 사용한다.
- 앵무새처럼 다른 사람의 말을 되풀이하는 경향이 있다.
- 대명사를 반전하여 사용한다.
- 틀에 박힌 놀이를 반복한다.
- 동일성 유지에 대한 강박적인 요구를 가지고 있다.
- 상상력의 결여를 보인다.
- 기계적 암기력이 좋다.
- 외면상 정상적인 신체발달을 보인다.

3) 정신장애

2000년 장애인 범주의 확대로 새롭게 장애인 범주에 포함된 정신장애는 생물학적 · 심리적 병변으로 인하여 정신기능의 제 영역인 지능, 지각, 사고, 기억, 의식, 정동, 성격 등에서 병리학적 현상이 진행되는 것이라고 할 수 있다. 정신장애는 지속적인 정신분열병, 분열형 정동장애(여러 현실 상황에서 부적절한 정서 반응을 보이는 장애), 양극성 정동장애 및 반복성 우울장애에 따른 감정조절 · 행동 · 사고 기능 및 능력의 장애로 인하여 일상생활이나 사회생활에 상당한 제약을 받아 다른 사람의 도움이 필요한 장애다.

(1) 종류

- 정신분열병: 환각 등의 지각장애, 망상이나 사고전파 등의 사고장애, 감정이 무 뎌지는 감정장애, 무관심 등의 의지장애
- 양극성 정동장애: 기분 및 감정의 변동이 심한 증상이 반복적으로 나타나는데, 기분이 비정상적으로 너무 고양되고, 과대망상, 사고비약, 수면장애(잠을 거의 자지 않음) 등의 증상이 수반되는 조증상태와 기분이 비정상적으로 침울하고, 죄책망상, 자살사고, 수면장애(잠을 너무 많이 자거나 자고 싶어도 잠을 자지 못 함), 식욕부진, 대인관계 기피 등의 증상이 동반된 우울상태가 반복되는 경우
- 반복성 우울장애: 기분이 비정상적으로 침울하고, 죄책망상, 자살사고, 수면장 애, 식욕부진, 대인관계 기피 등의 증상이 동반되고 우울상태가 반복되는 경우
- 분열형 정동장애: 정신분열병의 증상과 정동장애(조증 또는 우울증)의 증상이 동일한 정도로 동시에 존재하는 경우

(2) 특성

일반적으로 정신장애의 발병 시기는 사춘기 이후 활발한 사회활동과 경제활동을 시작하는 20대 초반인 경우가 대부분이다. 정신장애인들은 다른 장애인과 마찬가 지로 일상생활이나 직업활동에서 어려움을 겪게 되며, 신체장애와 동일하거나 그 이상의 사회적 편견이 강하게 남아 있다.

5. 재활

1) 재활의 개념

재활(rehabilitation)은 의료적·물리적·심리적·직업적 중재를 제공하여 장애를 가진 사람이 스스로 자립하여 사회와 기능적으로 상호작용할 수 있도록 돕는 것을

의미한다. 재활의 궁극적인 목적은 인간다운 권리, 자격, 존엄이 어떠한 원인에 의해 손상된 사람에 대해 그 권리, 자격, 존엄을 회복하는 것이다. 따라서 재활은 장애인이 한 사람의 사회인으로서 생활이 가능하도록 적절한 욕구를 만족시키는 종합적인 접근이라 할 수 있다(권선진, 2007).

2) 의료적 재활

의료적 재활은 가장 기본적인 재활 분야로서, 그 목표는 장애를 완화하거나 장애발생을 예방하여 신체적인 기능을 최대한 증대시키는 것이다. 세계보건기구에서는 의료재활을 질병이나 사고에 의한 후유증, 만성질환 등 치료 기간이 장기화되기 쉬운 환자의 잠재능력을 활용하여 치료를 적극적으로 촉진시키며, 치료와 더불어 물리적·심리적 수단을 보완하는 의료적 조치로 정의한다. 의료재활의 방법은 다음과 같다.

- 기본적인 기능장애를 개선하는 것으로 손상이 있는 부분을 치료하는 것
- 기본적인 기능장애의 회복에 한계가 있는 경우 다른 기능을 훈련시켜 통상적인 기능을 발휘할 수 있도록 전체적인 능력의 향상을 도모하고 재활보조기구(보장구) 등을 활용하여 기능장애를 대체하는 것
- 장애인이 자립생활을 영위할 수 있도록 생활환경이나 직장환경에 대한 개선을 의료적인 입장에서 자문하는 것

3) 교육재활

교육재활은 장애인이 가진 능력을 최대한 향상하고 잠재력을 계발하여 사회생활에 적응하도록 도움을 주는 교육 제도와 교육 방법 및 기술을 통한 교육적 서비스다. 교육재활은 장애 때문에 일반학교나 또는 일반학교에서 교육의 효과를 기대하

기 어려운 학생을 위한 특수학교나 특수학급을 마련하고, 각 장애의 특성에 맞는 교과과정에 따라 실시하는 특수교육을 의미한다. 모든 장애아동이 특수교육을 필요로 하는 것은 아니며, 장애 정도가 경미한 경우에는 일반 교육도 가능하다.

특수교육의 목적은 장애아동이 가진 잠재력을 개발하여 최대한 활용할 수 있게 하는 것이다. 즉, 장애아동에게 점자, 수화 등을 사용하여 교육 및 취업 알선을 하는 것이다. 실생활에 필요한 지식을 위한 교과교육과 언어치료, 물리치료, 작업치료 등 장애를 교정해 주는 치료와 교육을 실시한다. 최근에는 사회통합의 이념이 강조됨에 따라 장애아동에 대한 특수교육도 일반아동과 함께 하는 통합교육에 역점을 두고 있다. 이에 따라 통합교육의 일환으로 일반학교 내 특수학급 등 다양한 형태로 운영되고 있다. 통합교육은 장애아동과 일반아동이 함께 교육을 받으면서 서로의 경험을 공유하고 의미 있는 상호작용을 할 수 있도록 교육의 동등한 권리와 기회를 제공하는 것이다.

4) 직업재활

직업재활은 장애인의 직업적인 능력을 최대한 개발하여 직업상담, 평가, 직업훈련, 정치활동 등을 통해 직업인으로서 완전한 사회복귀와 능동적인 사회참여를 돕는 과정이다. 직업재활은 장애인으로 하여금 사회통합을 위한 최대 과제인 자립생활을 영위케 하는 재활 중에서도 가장 핵심적인 과정이다.

직업재활은 장애인의 직업적 능력을 회복시키는 활동이며, 장애인이 적절한 직업을 얻고 유지할 수 있도록 직업훈련, 직무지도, 취업 알선 등을 해 주는 것으로서 장애인의 직업능력을 평가하고, 직종을 개발하고, 직업훈련을 실시하며, 취업을 알선하고, 취업 후 사후지도를 실시하는 일련의 과정으로 구성된다. 직업재활의 과정은 다음과 같다.

- 직업상담: 장애인의 적성, 기능 수준, 흥미 등을 객관적 자료를 통해 평가하고,

장애인이 장애 이전에 갖고 있었거나 새로 원하는 직업적 조건을 평가하여 가장 적합한 직업을 갖도록 돕는 것

- 직업평가: 직업에 대한 장애인의 적합성을 측정하기 위해 신체적 · 정신적 장애와 직업을 갖는 것에 대한 제한점을 진단 · 판별하고, 잠재력을 파악하며, 능력과 한계에 맞는 직업 선택을 위한 방향을 결정하고 적응할 수 있도록 돕는 것
- 직업적응훈련: 장애인 개인과 직업적 환경의 부적응을 해결하기 위해 직업의 의미, 가치, 태도 등을 학습하는 것으로서, 일상생활훈련, 사회성 훈련, 인성적응훈련 등 직장생활 및 대인관계 등을 포함
- 직업훈련: 장애인의 고용 계획에서 직업 발달을 도울 수 있는 가용능력을 최대한 신장하고 기능을 습득하는 것으로서, 직장에서 과업을 수행하는 데 반드시 필요한 직업적 지식과 기술을 제공하는 훈련
- 직무개발 및 직업배치: 직무개발은 장애인의 욕구, 적성, 이전의 경험, 고용 가능성, 장애조건에 대응할 수 있도록 취업원을 개발하는 것이고, 직업배치는 취업 준비가 된 장애인을 적절한 직업에 선별적으로 배치하는 전문적 활동
- 사후지도: 장애인이 취업 상태를 계속 유지하도록 지원하는 목적으로 사후지도가 제공되며, 직업적 요구사항의 변화에 따른 보충훈련의 실시, 건강 서비스의 제공 등을 포함

5) 사회적 재활

사회적 재활은 장애인이 사회생활이나 가정생활에 적응하도록 원조하는 과정이다. 즉, 장애인도 인간으로서 존엄과 권리를 가지고 완전 참가와 평등의 이념에 입각하여 아무런 차별과 불편을 느끼지 않고 그가 속한 주류문화를 공유하면서 사회생활을 충분히 영위하도록 수용적 태도와 인식을 개선하는 것이다. 따라서 장애인의 사회적 재활의 목적은 장애인을 사회로부터 격리시키지 않고 사회의 일원으로서 삶을 영위할 수 있도록 하는 데 있다.

사회적 재활의 주요 활동으로는 개인과 가족의 사회능력 확대를 위한 지지적 상담, 본인의 문제 해결에 도움이 되는 법적 · 제도적 조치, 장애인을 둘러싼 가족 · 이웃 · 친구 등의 사회적 인간관계 조성, 자원봉사 또는 관련 프로그램 등 사회적 자원의 개발 등이다. 사회적 재활에서는 장애인의 특성에 따라 다양한 접근 방법이 사용될 수 있는데, 사회적응훈련, 집단지도, 집단상담, 가족치료, 사례관리 등이 사용될 수 있다.

6) 심리적 재활

심리적 재활은 장애인과 그 가족 및 주위 사람들의 심리적 문제, 재활 과정 중에 갖는 욕구, 정서, 관심, 가치관, 태도 등과 같은 심리적 요인에 대한 접근으로서 장애인의 심리적 향상을 도모하는 것이다. 장애인은 장애에 의해 부정적인 심리 상태, 즉 불안, 상실감, 자존심의 결여, 좌절감, 열등감, 박탈감, 수치심, 소외감, 현실도피 등을 경험할 수 있다. 장애인이 가질 수 있는 심리적 특성은 다음과 같다.

- 부정: 장애에 대한 최초의 심리적 반응으로 현실을 받아들이지 못하고 부정하는 심리
- 퇴행: 감정조절능력이 약화되어 생각이나 행동이 어린 시절로 되돌아가는 것처럼 정서가 불안해짐
- 분노: 두려움을 없애려는 심리적 반응으로 불행을 거부하며 화를 내기도 함
- 불안: 장애를 하나의 위험 상황으로 받아들이는 심리 상태로서, 다른 사람으로부터 인정받지 못할 것 같은 두려움, 죄책감 등을 갖게 됨
- 우울: 장애에 의한 상실감을 현실로 느낄 때 생기는 것으로서, 단순히 슬픈 감정에서부터 자살을 기도하는 등 정도가 심하게 나타나기도 함

심리적 재활은 장애인이 가진 심리적 문제들을 발견하여 제거하고 새로운 가능

성을 찾도록 돕는 것이다. 심리적으로 재활되었다는 것은 장애인이 자신의 장애를 현실적으로 극복하고 자신의 사회적 기능을 다할 수 있음을 의미한다. 심리적 재활에서는 각종 심리검사, 인성검사, 약물요법 등의 임상요법과 개별상담, 심리치료 등 자기수용과 동기유발을 위한 방법들이 사용된다.

6. 장애인복지 정책

1) 기본 방향

아동복지법 제4조에서 국가와 지방자치단체는 장애아동의 권익을 보호하기 위하여 필요한 시책을 강구하여야 하고, 아동이 자신 또는 부모의 성별, 연령, 종교, 사회적 신분, 재산, 장애유무, 출생지역 또는 인종 등에 따른 어떠한 종류의 차별도 받지 아니하도록 필요한 시책을 강구하여야 한다고 명시되어 있다.

장애인복지 정책의 기본 방향은 제4차 장애인정책종합계획(2013~2017)에 제시되어 있다(보건복지부, 2013). 이 계획은 '장애인과 비장애인이 더불어 행복한 사회'를 비전으로 설정하고, 정책 과제로서 4대 분야 19대 중점과제 71개 세부과제를 제시하고 있다. 4대 분야는 첫째, 장애인 복지·건강 서비스 확대, 둘째, 장애인 생애주기별 교육 강화 및 문화·체육 향유 확대, 셋째, 장애인 경제자립기반 강화, 넷째, 장애인의 사회 참여 및 권익증진이다.

4대 분야의 19대 중점과제는 다음과 같다.

(1) 장애인복지·건강 서비스 확대
- 장애인 서비스 전달체계 확대
- 발달장애인 지원 강화
- 장애인복지 서비스 확대

- 장애인 주거지원 확대
- 장애 발생 예방 및 의료재활 강화

(2) 장애인 생애주기별 교육 강화 및 문화 · 체육 향유 확대

- 생애주기별 교육 지원체계 구축
- 특수교육 지원 강화
- 장애학생 인권보호 및 인식 개선
- 장애인 문화활동 활성화
- 장애인 체육활동 강화

(3) 장애인 경제자립기반 강화

- 장애인 소득보장 강화
- 장애인기업 및 우수고용기업 지원
- 장애인 고용지원 강화
- 장애인 고용 인프라 확대

(4) 장애인의 사회참여 및 권익 증진

- 장애인 정보 접근성 강화
- 장애인 이동 · 편의 증진
- 장애인 인권보호 강화
- 여성장애인 인권보호 및 사회참여 활성화
- 장애인 정책 관련 국제 협력 강화

2) 장애수당

장애인의 경제적 생활안정을 위하여 「장애인복지법」에 의거하여 장애수당, 장애

아동수당과 보호수당, 자녀교육비를 지급하고 있다. 첫째, 국가와 지방자치단체는 장애인의 장애 정도와 경제적 수준을 고려하여 장애로 인한 추가적 비용을 보전하게 하기 위하여 장애수당을 지급할 수 있다. 다만 「국민기초생활보장법」에 따른 생계급여 또는 의료급여를 받는 장애인에게는 장애수당을 반드시 지급하여야 한다(장애인복지법 제49조). 둘째, 국가와 지방자치단체는 장애아동에게 보호자의 경제적 생활수준 및 장애아동의 장애 정도를 고려하여 장애로 인한 추가적 비용을 보전하게 하기 위하여 장애아동수당을 지급할 수 있다. 또한 국가와 지방자치단체는 장애인을 보호하는 보호자에게 그의 경제적 수준과 장애인의 장애 정도를 고려하여 장애로 인한 추가적 비용을 보전하게 하기 위하여 보호수당을 지급할 수 있다(장애인복지법 제50조). 셋째, 장애인복지실시기관은 경제적 부담능력 등을 고려하여 장애인이 부양하는 자녀 또는 장애인인 자녀의 교육비를 지급할 수 있다(장애인복지법 제38조).

3) 특수교육

「장애인 등에 대한 특수교육법」 제2조에서 특수교육은 특수교육 대상자의 교육적 요구를 충족시키기 위하여 특성에 적합한 교육과정 및 특수교육 관련 서비스 제공을 통하여 이루어지는 교육으로 정의되어 있다. 특수교육 관련 서비스는 특수교육대상자의 교육을 효율적으로 실시하기 위하여 필요한 인적·물적 자원을 제공하는 서비스로서, 상담 지원·가족 지원·치료 지원·보조인력 지원·보조공학기기 지원·학습보조기기 지원·통학 지원 및 정보접근 지원 등을 말한다. 특수교육은 특수학교를 통한 특수교육, 일반학교에서의 특수학급을 통한 특수교육, 일반학교에서의 일반학급을 통한 통합교육, 순회교육, 유아특수교육으로 구분된다.

「장애인 등에 대한 특수교육법」 제3조에서 특수교육 대상자의 유치원, 초등학교, 중학교 및 고등학교 과정의 교육은 의무교육으로 하고, 만 3세 미만의 장애영아교육은 무상으로 하고 있다. 또한 「초·중등교육법」 제59조에서 국가와 지방자치단체는 특수교육이 필요한 사람이 초등학교, 중학교 및 고등학교와 이에 준하는 각종 학교에서 교육을 받으려는 경우에는 따로 입학 절차, 교육과정 등을 마련하는 등 통합교육을 하는 데 필요한 시책을 마련하여야 한다고 규정되어 있다.

7. 장애인복지 실천

1) 장애인복지시설

「장애인복지법」 제58조에서 장애인복지시설의 종류는 다음과 같이 구분되어 있다.

- 장애인 거주시설: 거주 공간을 활용하여 일반가정에서 생활하기 어려운 장애인에게 일정 기간 동안 거주·요양·지원 등의 서비스를 제공하는 동시에 지역사회생활을 지원하는 시설(장애 유형별 거주시설, 중증장애인 거주시설, 장애영유아 거주시설, 장애인 단기거주시설, 장애인 공동생활가정)
- 장애인 지역사회재활시설: 장애인을 전문적으로 상담·치료·훈련하거나 장애인의 일상생활, 여가활동 및 사회참여활동 등을 지원하는 시설(장애인복지관, 장애인주간보호시설, 장애인 체육시설, 장애인 수련시설, 장애인 생활이동지원센터, 수화통역센터, 점자도서관, 점자도서 및 녹음서 출판시설, 장애인 재활치료시설)
- 장애인 직업재활시설: 일반 작업환경에서는 일하기 어려운 장애인이 특별히 준비된 작업 환경에서 직업훈련을 받거나 직업생활을 할 수 있도록 하는 시설(장애인 보호작업장, 장애인 근로작업장, 장애인직업훈련시설)
- 장애인 의료재활시설: 장애인을 입원 또는 통원하게 하여 상담, 진단·판정, 치료 등 의료재활 서비스를 제공하는 시설

2) 장애인복지 전문인력

우리나라 장애인복지 분야에서 종사하는 전문인력은 매우 다양하다. 장애인복지 전문인력에는 재활의학전문의, 물리치료사, 작업치료사, 언어치료사, 청각임상가, 의지 · 보조기 기사, 직업재활상담원, 수화통역사, 보행지도사, 장애인스포츠지도 자 등이 있으며, 아울러 치료레크리에이션사, 음악치료사, 놀이치료사 등 장애인복지 전문인력의 범위가 확대되고 있다(권선진, 2007).

(1) 재활 영역 전문인력

- 재활의학전문의: 사고, 질병, 선천적인 요인 등에 의해 신체 기능의 일부를 상실한 장애인에게 적절한 재활의학적 서비스를 제공하여 손상된 신체 기능의 회복을 가능케 하는 전문가
- 물리치료사: 온열치료, 전기치료, 광선치료, 수치료, 기계 및 기구치료, 마사지, 기능훈련, 교정운동 및 재활에 필요한 기기 · 약품의 사용 · 관리 및 기타 물리요법적 치료 등을 수행하는 전문가
- 작업치료사: 정신이나 신체, 질병 또는 장애가 있는 사람에게 여러 가지 흥미롭고 목적 있는 작업이나 동작, 놀이를 통해 불완전한 신체 기능을 회복시키고 일에 대한 동기를 부여하여 장애를 가지고도 학교나 직장, 가정에서 최대한 독립된 생활을 할 수 있도록 돕는 역할을 하는 전문가
- 의지 · 보조기 기사: 장애인이 장애의 예방, 보완 및 기능의 향상을 위하여 사용하는 의지, 보조기 등의 재활보조기구의 전문가
- 언어치료사: 말이나 언어장애에 의해 의사소통에 문제를 가진 자의 잠재되어 있는 언어능력을 최대한 개발시키며 의사소통 기술을 습득케 하여 일상생활에서 원만한 의사소통을 할 수 있도록 하여 정상적인 언어발달을 유도하는 전문가
- 청각임상가: 청각장애를 예방 및 진단하여 청각장애인의 재활을 돕는 전문가

(2) 교육 영역 전문인력

특수교육교사는 심신의 장애가 있는 아동에게 그들의 독특한 교육적 욕구에 맞는 교육을 시키는 핵심적인 재활전문인력이다. 특수교육교사 자격제도는 일반학교 교사의 자격제도와 동일하며, 특수교육교사는 크게 특수학교에 근무하는 교사와 일반학교 특수학급에 근무하는 교사로 구분된다.

(3) 직업재활 전문인력

- 직업재활사: 혼자의 힘으로는 취업 및 직업유지가 힘든 장애인에게 직업평가, 직업훈련, 직업 알선 및 사후지도에 이르기까지 일련의 서비스를 제공함으로써 궁극적으로 장애인의 완전한 자립을 지원하는 전문가
- 직업재활상담원: 장애인이 고용된 업체에서 장애인 근로자의 효율적인 고용관리와 직장 내 생활상담 지도 업무 등의 역할을 담당하는 전문가
- 직업훈련교사: 각 직업에서 필요로 하는 기술, 이론 등을 실기와 강의를 통하여 가르치고 시험으로 평가하여 취업상담과 진로지도 등을 실시하는 전문가

(4) 사회 · 심리재활 전문인력

- 사회복지사: 경제적 · 심리적으로 주변 환경에서의 문제를 가지고 있거나 문제가 있을 것으로 예상되는 장애인의 문제를 파악하고 문제 해결을 위한 여러 가지 방법을 알려 주어 문제 해결에 도움을 제공하는 전문가
- 수화통역사: 청각장애인의 언어인 수화를 통하여 청각장애인이나 그 관계자에 대하여 의사소통을 해 줌으로써 청각장애인의 사회참여를 지원하는 전문가
- 점역 · 교정사: 시각장애인이 촉각을 이용하여 일반 도서를 읽을 수 있도록 일반 문자를 점자로 번역 · 교정하는 것을 직무로 하는 전문가
- 보행지도사: 시각장애인으로 하여금 학교, 직장 등에서 보행 및 일상생활이 가능하도록 돕는 전문가
- 장애인스포츠지도자: 장애인의 스포츠 활동을 위하여 체육 프로그램 및 실기

를 지도하는 전문가

- 치료레크리에이션사: 장애나 그 외 유사한 신체적·정신적·사회적·정서적으로 적응상의 문제를 지닌 개인들에게 치료를 목적으로 한 다양한 레크리에이션 활동을 통해 부족한 기능을 회복하고, 자신감을 회복하고, 사회에 적응할 수 있도록 도와주는 전문가
- 미술치료사: 그림이나 조소, 디자인 기법 등과 같은 다양한 미술활동을 통하여 심신의 어려움을 겪는 장애인의 심리를 진단하고, 창작활동과 적절한 신체적 에너지를 유발시켜 장애인의 갈등 해소와 치료를 돕는 전문가
- 음악치료사: 장애인을 도와 기능을 회복시키기 위해 음악적 경험과 관계들을 통해 역동적인 변화를 이끌어 내는 체계적인 치료를 하는 전문가
- 놀이치료사: 사회·정서적 적응 문제로 성장·발달과 학습에 어려움을 겪는 장애아동을 놀이를 통해 진단하고 치료·교육하는 전문가

8. 향후 과제

장애아동을 위한 복지 증진을 위한 향후 과제는 아동의 생애주기(life-cycle)에 입각하여 필요한 정책과 프로그램을 개발하여 제공하는 것이다. 첫째, 아동의 출생 이전에는 모자보건사업을 통하여 장애 발생을 예방한다. 이를 위해 임산부의 건강 진단과 유전상담을 강화하고, 선천성 대사 이상 검사를 확대한다. 둘째, 아동의 출생 이후에는 미숙아 및 선천성 이상 아동을 등록하여 관리한다. 이를 위해 저소득가정의 미숙아 및 선천성 이상 아동에 대한 의료비를 지원하고, 장애인 등록 관리체계(database)를 구축하여 관리한다. 셋째, 아동의 유아기에는 저소득 계층의 영유아 건강 진단 및 영유아 성장·발달 스크리닝을 강화한다. 아울러 유아를 위한 특수교육기관을 증설하고, 교육비지원을 확대하고, 중증장애를 가진 영유아를 위한 거주시설을 확충한다. 넷째, 아동기와 청소년기에는 장애학생의 특수교육 진단체계를 확

립하고, 재택 장애아동 학교교육을 지원하고, 특수학급과 특수학교를 증설한다. 또한 특수교육 대상학생에 대한 통합교육의 기회를 확대하고, 장애아동 부양수당, 자녀교육비, 장애아동 보육에 대한 지원을 확대한다.

생각해 보기

1. 장애가 있는 아동에 대한 사회적 관심이 증대되고 있는 배경에 대해 생각해 보자.
2. 장애인의 개념을 두 가지 개념으로 구분해 보자.
3. 장애의 종류와 특성에 대해 논해 보자.
4. 장애아동을 위한 재활의 개념과 그 유형을 논해 보자.
5. 장애아동을 위한 우리나라 장애인복지 정책과 실천을 평가해 보자.

참고문헌

권선진(2007). 장애인복지론(제2판). 서울: 청목출판사.

보건복지부(2013). 제4차 장애인정책종합계획(2013~2017).

이승기, 윤상용, 서동명(2016). 장애인복지론. 서울: 신정.

제9장

이혼가족 및
한부모가족의 아동복지

최근 우리 사회는 이혼율이 급속하게 증가하면서 이혼가족 및 아동의 적응 지원에 관심을 두게 되었다. 이혼은 부부가 겪는 한순간의 사건이라기보다는 당사자인 부부뿐만 아니라 자녀에게도 심각한 영향을 미치는 일련의 과정으로 이해되어야한다. 이혼가족의 아동은 다양한 문제를 경험할 수 있지만, 이혼 과정이나 이후의 부모-자녀 관계나 양육의 질, 적응유연성 등에 따라 긍정적인 성취를 보이기도 한다. 그러므로 이혼가족과 아동들이 이혼 과정에서 받는 부정적인 영향을 줄일 수 있도록 다양하고 전문적인 아동복지 서비스가 제공될 필요가 있다. 부모의 이혼뿐만 아니라 사별, 가출, 혼외관계 등의 이유에 의해서 구성되는 한부모가족 역시 아동복지의 주된 관심 대상이다. 한쪽 부모가 없어서 생기는 부모역할의 공백은 아동에게 다양한 영향을 주게 되므로, 한부모가족의 상황과 욕구에 따라 필요한 서비스가 제공되어야 한다. 이 장에서는 이혼가족과 한부모가족의 개념 및 현황을 정리하고, 이들 가족과 아동이 갖는 문제와 욕구를 파악하며, 이들에게 필요한 아동복지 정책 및 서비스를 제시해 보고자 한다.

1. 이혼가족의 아동복지

1) 이혼의 개념

최근 들어 우리 사회는 이혼율이 증가하면서 다양한 사회문제를 경험하고 있다. 특히, 부적절하고 갈등적인 이혼 과정에서 미성년 자녀가 경험하는 부정적인 영향을 최소화하고 안정적인 양육 환경이 제공될 수 있도록 사회적 개입을 해야 한다는 점이 강조되고 있다. 유엔아동권리협약 제18조에서는 "부모 쌍방이 아동의 양육과 발달에 공동책임을 진다는 원칙이 인정받을 수 있도록 최대의 노력을 기울여야 한다."라고 규정하고 있다. 부모가 이혼하더라도 아동양육은 부모가 공동으로 책임지며 지속하여야 한다.

이혼에 관한 연구가 시작된 1950년대에는 이혼을 일종의 일탈로 규정하였으나, 1970년대 이후부터는 이혼을 불행한 결혼관계, 스트레스와 갈등으로부터의 해방, 그리고 새로운 자기 발견의 기회라는 긍정적인 측면으로 인식하기 시작하였다(김인숙, 김혜선, 성정현, 신은주, 윤영숙 외, 2000). 부부에게 이혼은 법적으로 결혼관계를 끝냄으로써 불행한 결혼관계나 갈등으로부터 해방되어 새롭게 출발하는 것일 수 있다. 그러나 자녀에게 부모의 이혼은 자신의 의지와는 상관없이 한쪽 부모 혹은 부모 모두를 잃거나, 적어도 더 이상은 양쪽 부모 모두와 함께 생활할 수 없게 되는 것이다.

물론 부모의 이혼으로 자녀도 갈등적이거나 폭력적인 가족 환경에서 벗어나서 새롭게 더 안정적인 양육 환경을 제공받게 되는 경우가 있다. 그러나 이혼은 기본적으로 부부중심으로 진행되는 갈등적인 과정이어서, 자녀의 욕구나 의사가 반영되지 못하는 경우가 많기 때문에 아동복지의 측면에서는 미성년 자녀들의 복리가 최대한으로 보장되도록 이혼 과정에 사회적으로 개입해야 할 필요가 있다.

이혼은 한순간에 일어난 사건이라기보다는 여러 단계를 거쳐서 진행되는 과정이다. 부부간의 '개인적인 사건'으로 이해되기보다는 가족과 아동이 복잡한 심리ㆍ정서적이며 사회ㆍ경제적인 영향과 변화를 경험하는 '일련의 과정'으로 이해되어야 한다. 이혼은 결혼이 해체되는 법적 과정일 뿐만 아니라 정서적 격동을 경험하는 과정이라고 설명한 Phil Rich는 정서적 과정에 초점을 맞춰 이혼 과정 발달모형을 제시하였다. 그는 〈표 9-1〉과 같이 이혼을 4단계로 개념화하면서 단계별로 다뤄야 할 주요 내용 및 과제를 제시하였다(Rich, 2007).

〈표 9-1〉 이혼 단계별 내용 및 과제

단계	내용	주요 과제
1단계 충격과 부인	• 별거나 이혼을 하겠다는 생각이 처음 떠오르고, 지속되면 시작 • 이혼이 선언되면 1단계가 시작되는 것	현실 직면, 자존감과 부적절감, 세상에 알리기, 지원과 도움
2단계 초기 적응	• 삶의 새로운 국면에 적극 적응하는 능력이 중요 • 핵심 목표는 이 시기에 직면하게 되는 무수한 정서적 · 실질적 변화를 감당하는 데 필요한 개인적 자원을 모으고 조절하는 것	기능과 책임, 현실적 문제, 법적 문제, 감정 처리
3단계 재구조화	• 이혼당사자들의 생활방식과 갑자기 혼자가 된 현실에 어떻게 대처하는가가 중요	생활방식과 실질적 문제, 관계 재정립, 가치와 신념 재구조화, 법적 절차 마무리하기
4단계 삶의 재구성	• 정서적인 내용이 다루어지고, 삶을 지속하면서 접하게 되는 선택과 관련된 문제들과 직면	관계 구축, 새로운 관심거리, 스스로 책임지기, 새로운 삶 받아들이기

한편 이혼당사자의 적응 과정을 Guttmann(1993)은 결정, 분리, 투쟁, 극복의 단계로 분류하여 다음과 같이 설명하고 있다(서영숙, 황은숙, 2004 재인용).

- 결정 단계: 결혼에 대한 낭만적인 생각이 사라지고 부부관계가 계속 악화되어 이혼을 결정한다.
- 분리 단계: 이혼을 결정하고 헤어지는 단계로 상실에 따른 고통, 고독감, 두려움 등을 느끼게 된다.
- 투쟁 단계: 이혼한 부부가 분리된 가구가 되어 새로운 출발을 하는 시기로 이혼 이후에도 분노나 배신감이 재강화된다.
- 극복 단계: 이혼 후 적응의 성공 여부가 결정되고 지속되는 시기로 개인의 삶을 총체적으로 재조직화하고 높은 인격 성장과 자아실현의 정도를 획득하게 된다.

2) 이혼의 현황

(1) 이혼 발생 현황

통계청(2017a) 자료를 보면, 2016년 한 해 동안 총 28만 1,635쌍이 결혼하였고 10만 7,328쌍이 이혼함으로써 혼인 대비 이혼 비율은 38.1%에 달하고 있다(〈표 9-2〉 참조). 1971년에 4.7%이던 비율이 2000년대에 접어들면서 급격하게 증가하여 40%를 넘어서다가 2003년에 급기야 54.8%에 이르러 사회적으로 큰 충격을 주었다. 이후 점차 감소하여 최근 30%대를 유지하고 있다. 인구 1,000명당 이혼 건수를 살펴보는 조이혼율로 봐도 2016년 조이혼율은 2.1건으로 우리나라 인구 1,000명당 2.1명이 이혼을 하는 것으로 나타나고 있다. 1971년 0.3%이던 것과 비교하면 불과 35년 사이에 거의 7배나 증가한 것이다.

참고로 혼인 건수 대비 이혼 건수의 비율은 전체 결혼한 부부 중 이혼하는 부부의 비율을 살펴보는 것이 아님에도 마치 결혼한 부부의 30~50%가 이혼하는 것처럼 오해하게 돼서 이혼발생률을 과대평가하게 되며, 조이혼율은 혼인이나 이혼과 관련 없는 아동의 수를 포함한 전체인구 대비 이혼 비율이기 때문에 이혼율을 오히려 과소평가하게 되는 문제가 있다.

〈표 9-2〉 연도별 이혼율 추이

	1971	1981	1991	2001	2003	2011	2016
혼인 건수(건)	239,457	406,795	416,872	320,063	304,932	329,087	281,635
조혼인율(1,000명당, 건)	7.3	10.5	9.6	6.7	6.3	6.6	5.5
이혼 건수(건)	11,361	24,278	49,205	135,014	167,096	114,284	107,328
조이혼율*(1,000명당, 건)	0.3	0.6	1.1	2.8	3.5	2.3	2.1
혼인대비 이혼 비율**(%)	4.7	6.0	11.8	42.2	54.8	34.7	38.1

* 조이혼율: 인구 1,000명당 이혼 건수

** 혼인대비 이혼비율: 한 해 동안 발생된 총 혼인 건수 대비 그해 발생된 이혼 건수 비율

출처: 통계청(2017a). 인구동태 건수 및 동태율.

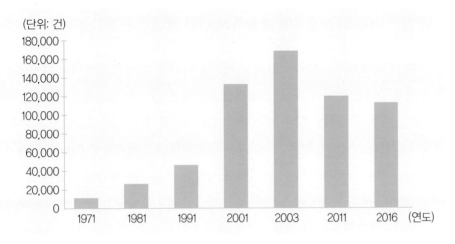

(단위: 건)

[그림 9-1] 이혼 건수 추이

이혼 실태를 정확하게 통계로 표현하기는 쉽지 않지만, 과거와는 달리 빠른 속도로 이혼이 증가하고 있음은 분명하다. 2003년을 정점으로 하여 최근 감소하고는 있지만, 2000년 이후 해마다 10만 쌍이 넘는 부부가 이혼하고 있다. 1971년 이후 연도별 이혼 건수 추이를 그래프로 살펴보면 [그림 9-1]과 같다.

(2) 이혼 당시 미성년 자녀 수

이혼 당시 미성년 자녀 수에 대한 통계청(2017b) 자료를 살펴보면, 2016년 기준 10만 7,328건의 이혼 중에서 자녀가 없는 경우는 5만 5,444건으로 51.7%였으며, 1명이 있는 경우가 2만 7,332건(25.5%), 2명이 1만 9,979건(18.6%), 3명 이상이 3,713건(3.5%), 밝혀지지 않은 경우가 860건(0.8%)이었다. 전체 이혼가족의 47.6%가 미성년 자녀가 있는 가족이었던 것으로 파악된 것이다.

이혼가족의 수가 급격히 증가하고 있고, 절반 정도의 이혼가족에 미성년 자녀가 있다는 사실은 이혼이 더 이상 성인 부부들만의 문제가 아니며, 개별 가족만의 문제도 아니라는 점을 상기시켜 준다. 그러므로 이혼 과정에서 아동의 권리가 최대한 보장되도록 정책적 · 실천적으로 개입해야 할 것이다.

3) 법적 이혼 과정에서의 아동복지 관련 쟁점

「민법」 제836조의 2에서는 "협의상 이혼을 하려는 자는 가정법원이 제공하는 이혼에 관한 안내를 받아야 하고, 가정법원은 필요한 경우 당사자에게 상담에 관하여 전문적인 지식과 경험을 갖춘 전문상담인의 상담을 받을 것을 권고할 수 있다."고 규정하고 있다. 이는 이혼당사자인 부부가 협의했다고 하더라도 신중하게 다시 검토할 것을 권하는 절차이며 이 과정에서 상담은 아직 의무사항이 아니라 권고사항이다. 그러나 이혼을 하려는 모든 부부는 가정법원의 안내를 받아야 하며 안내를 받은 날부터 1개월이 지난 후에야 이혼의사의 확인을 받을 수 있는데, 양육하여야 할 자녀가 있으면 그 기간을 3개월로 규정하고 있다. 자녀가 있는 부부는 이혼 과정에서 적어도 3개월의 숙려 기간을 갖도록 함으로써 이혼 과정에서 자녀양육에 관한 문제를 검토하도록 하고 있다. 물론 가정폭력 등의 문제가 있는 상황에서는 숙려기간을 단축 또는 면제할 수 있다. 또한 「민법」 제837조에서는 이혼 시 자녀의 양육 책임과 관련하여, 양육자의 결정, 양육비용의 부담, 면접교섭권의 행사 여부 및 방법에 관한 사항을 협의내용에 포함하여야 한다고 규정하고 있으며, 이러한 결정들이 자녀의 복리에 반하는 경우 법원이 직권으로 적당한 처분을 할 수 있도록 함으로써 이혼 과정에서 자녀의 복지를 고려하고 있다.

법적 이혼 과정에서 다뤄지는 아동복지에 관한 쟁점은 다음과 같다.

(1) 친권 및 양육권

친권은 '미성년인 자녀(만 20세 미만자)를 양육·감독·보호하고, 자녀의 재산관리를 적절히 함으로써 자녀의 복리를 확보하도록 하기 위한 부모의 권리이자 의무'를 말한다. 즉, 양육권과 재산관리권을 포함하는 개념이다. 그런데 부모가 이혼하면 자녀의 친권은 부모 중 한 명이 갖게 된다. 부모 중 누가 자녀의 친권을 갖게 되는지는 아동에게 매우 중요한 결정인데, 이와 관련해서 「민법」 제909조 제4항에서는 "부모가 이혼한 경우에는 부모의 협의로 친권자를 정하여야 하고, 협의할 수 없거나 협의가 이루어지지 아니하는 경우에는 가정법원은 직권으로 또는 당사자의 청구에 따라 친권자를 지정하여야 한다. 다만, 부모의 협의가 자(子)의 복리에 반하는 경우에는 가정법원은 보정을 명하거나 직권으로 친권자를 정한다."라고 규정하고 있다. 이혼 과정에서 친권자를 정해야 하며, 부모가 협의했어도 이 결정이 자녀의 복리에 반한다면 법원이 개입한다는 것이다. 친권 결정 과정에서 자녀의 복리와 관련해서는, 특히 2011년 「민법」을 개정하여 제912조의 1항에서 "친권을 행사함에 있어서는 자의 복리를 우선적으로 고려해야 한다."고 규정하였으며, 제2항에서 "가정법원은 친권자를 지정함에 있어서 자의 복리를 우선적으로 고려하여야 한다. 이를 위하여 가정법원은 관련 분야의 전문가나 사회복지기관으로부터 자문을 받을 수 있다."라고 규정함으로써, 성인인 부모가 자유의사에 따라 이혼을 하더라도 친권을 누가 가질지와 관련해서 자녀의 복리에 반하는 결정을 하면 가정법원이 개입할 수 있게 되었다. 그뿐만 아니라 가정법원이 친권자를 적절하게 지정하기 위해서 관련 분야의 전문가나 사회복지기관으로부터 조언을 받을 수 있도록 하고 있다. 이혼 이후 친권을 부모 중 누가 갖게 되는가는 아동의 생활에 큰 영향을 주게 되므로 부모 중 누가 친권자가 되고 싶은지도 중요하지만 누가 더 적합한지도 중요한데, 이를 결정하기는 쉽지 않다. 자녀의 나이, 양육 상태, 부모의 재산 상황, 양육의지와 자녀에 대한 애정 등의 내용이 전문적인 지식과 경험에 기초해서 포괄적으로 조사되어 판단되어야 하기 때문인데, 이러한 규정으로 아동복지 전문가가 개입할 수 있는 여건이 조성되었으나 아직은 적극적으로 운영되지는 못하고 있다.

친권에는 양육권이 포함되어 있지만, 간혹 가정법원의 처분에 따라 분리될 수도 있다. 즉, 부모 중 한쪽이 친권을 갖고 다른 한쪽이 양육권을 갖게 되는 것이다. 양육권은 '아동을 양육할 권리'로서, 양육권만 갖게 되면 자녀의 여권 신청이나 은행 통장 개설 등과 같은 재산관리는 할 수 없으며 가족관계등록부에는 기재되지도 않는다. 자녀가 있는 부부는 이혼 과정에서 누가 자녀를 양육할지 결정해야 하는데, 부모 중 한쪽이 단독으로 양육권을 갖게 될 수도 있고, 공동으로 가질 수도 있으며 (공동양육권), 두 명 이상의 자녀를 부모가 나누어 양육하는 예도 있다(분할양육권).

이처럼 이혼하는 부부는 양육자를 결정하고 양육비용의 부담과 관련된 내용을 결정하여 협의서를 제출해야 하는데, 이는 최근 이혼 과정에서 양육 책임을 서로 미루다가 발생되는 아동 방임을 예방하기 위함이다. 물론 친권과 양육권을 누가 가질지 결정하는 과정에서 아동의 의사가 존중되고 반영되어야 한다.

(2) 면접교섭권

면접교섭권은 이혼 후 자녀양육을 맡지 않은 부모가 자녀를 만날 수 있는 권리를 의미한다. 「민법」 제837조2의 제1항에서 "자를 직접 양육하지 아니하는 부모의 일방과 자는 상호 면접교섭할 수 있는 권리를 가진다."라고 규정하고 있으며, 제2항에서 "가정법원은 자의 복리를 위하여 필요한 때에는 당사자의 청구 또는 직권에 의하여 면접교섭을 제한하거나 배제할 수 있다."라고 규정하고 있다.

면접교섭권은 부모를 위한 권리일 뿐만 아니라 자녀의 권리이기도 하다. 그러나 갈등이 심해져서 이혼하면, 이혼 이후에 자녀를 상대방 배우자와 만나도록 하기가 쉽지 않다. 물론 자녀에게 부정적인 영향이 우려되는 경우에는 제한될 수 있으나, 그 외에는 면접 시간과 장소, 빈도 등을 분명히 결정해서 이혼 이후에도 부모-자녀 관계는 유지되도록 하는 것이 바람직하다. 부모-자녀 관계뿐만 아니라, 2016년 12월에는 조부모와의 관계도 유지할 수 있도록 하는 조항이 「민법」 제837조2의 제2항에 신설되었다. 이에 따르면, 자녀를 직접 양육하지 않는 부모의 직계존속도 부모의 사망이나 불가피한 사정으로 면접교섭을 할 수 없는 경우에 자녀의 의사, 관계, 동기 등의 사정을 참작하여 면접교섭을 청구할 수 있다.

(3) 양육비

부모가 이혼하게 되더라도 자녀의 양육을 위한 비용은 동일하게 발생한다. 오히려 자녀양육을 담당하던 한쪽 부모의 역할이 없어지면서 부가적인 보육비가 발생하기도 한다. 그러므로 법적 이혼 과정에서 양육비의 산출과 지급 방식을 결정하는 것이 중요한 과제다. 이와 관련하여, 이혼의 절차에서 부부는 양육비부담을 협의하고 협의내용을 확인하는 양육비부담조서를 작성하여야 한다고 규정하고 있다(「민법」제836조의 2 제2항 5호). 양육비는 2012년 「한부모가족지원법」제17조의 3항을 신설하여 "여성가족부 장관은 자녀양육비 산정을 위한 자녀양육비 가이드라인을 마련하여 법원이 이혼 판결 시 적극 활용할 수 있도록 노력하여야 한다."라고 규정함으로써 적정 수준의 양육비를 산출하도록 하고 있다. 또한, 이혼 이후 양육비 지급을 이행하지 않는 경우도 발생하게 되는데, 이 경우 법적으로는 이행명령을 내리거나 불이행에 대한 제재를 내릴 수 있지만 법적 절차를 밟는 것은 비용과 시간이 소요된다는 문제가 지적되고 있다. 이에 몇몇 선진국에서와 같이 월급에서 자동 이체되도록 하고, 이행하지 않으면 국가가 선납한 후 해당 부모로부터 받도록 해야 한다는 의견이 제시되고 있다.

4) 이혼이 아동발달에 미치는 영향

결혼을 통하여 사실적 · 법률적 부부관계를 형성하고 재산을 공유하며 함께 생활하던 부부가 이혼을 통하여 가족관계를 청산하는 것은 그리 단순한 일이 아니다. 서구사회에서조차 이혼부부의 1/4에서(1/3은 헤어진 후 수년 동안, 혹은 서로의 견해차를 좁힐 수 있다고 기대할 만한 시간을 훨씬 넘어서까지) 자녀를 일상적으로 돌보는 문제에 대해 심각한 적대감과 불화를 경험하고 있으며, 이혼하는 모든 부부의 약 1/10은 끊임없는 증오 때문에 자녀의 성장 기간 전체를 그늘지게 한다고 지적되었다(Johnston & Roseby, 2003).

이혼의 영향에 대해서는 다양한 입장이 있는데, 모든 아동이 부정적인 반응을 보이는 것은 아니며, 적응력에는 차이가 있는 듯하다. 적응을 잘했던 사례에 관한 연구결과에서는 적응을 잘하게 되었던 이유로 다음과 같은 점들이 제시되고 있다(Johnston & Roseby, 2003).

• 부모 이외의 지지망이 있었다. 조부모나 특별한 교사, 유모 등 그들을 지지해

줄 수 있는 사람들에게 접근할 기회가 있었다.
- 형제가 있었다. 특히, 나이 많은 형제의 존재는 완충물로 작용하는 듯했다.
- 효과적인 심리상담이 있었다. 효과적인 심리상담을 통해서 도움을 받은 사례도 일부 나타났다.
- 개인적인 대처자원 면에서 차이가 있었다. 더 적응을 잘하는 기질, 더 매력적이거나 더 지적이거나 혹은 더 예술적인 소질이 있는 경우, 자신이 성취감을 느낄 수 있는 대안적인 영역이 있어서 적응을 잘하게 되는 것으로 나타났다.

1970년대 이후 이혼에 관한 여러 연구에서 이혼에 대한 초기 반응과 장기적인 반응이 다르다고 보고하고 있다. 거의 모든 아동이 이혼 초기에 매우 심한 분노와 충격을 느끼게 된다. 신체적 폭력을 목격하지만 않았다면 아무리 불행했어도 자녀가 이혼을 환영하거나 안도감을 느끼지는 않는다. 이혼 후 첫해에는 심한 분노, 공포, 우울, 죄책감을 느끼게 되며 두 번째 해부터 줄어들게 된다. 장기적인 반응은 이혼 과정에서 부모가 자녀에게 어떻게 대처했는지에 따라 다르다.

다양한 연구에서 이혼 이후 25% 정도의 아동은 잘 적응하고 있고, 50% 정도는 성공적인 측면과 부정적인 측면을 함께 가지고 있으며, 25% 정도는 심각하고 지속적인 문제들을 겪고 있다고 보고하고 있는데, 일반아동은 약 10%가 이러한 문제를 보인다고 한다. 자녀에게 문제를 일으키는 것은 이혼 자체라기보다는 부모가 자녀에게 반응하는 방법과 이혼 후에 자녀에게 제공하는 양육의 질이라는 점이 강조되고 있다. 문제를 일으키는 가장 중요한 변수들은 다음과 같다(Teyber, 2006).

- 부모의 적대감에 지속적으로 노출되는 것
- 효과적이지 못한 훈육
- 이혼 후 부모 중 한 사람을 만나지 못하는 것
- 부모 중 한 사람을 선택하거나 한 사람의 편을 들어야 한다는 부담감을 갖는 것
- 성인 역할이나 부모의 정서적 욕구를 충족시키라고 요구하는 것

Amato(2001)는 1990년대 연구들을 검토하여, 이혼 후 부모-자녀 관계의 붕괴, 이전 배우자와의 지속적인 갈등, 정서적 지지의 상실, 경제적 어려움, 부정적 생활 사건의 증가(이사 등)가 이혼 후 아동과 성인의 적응에 영향을 미치는 요인이라는 점을 강조하면서 이혼이 아동발달에 심각하게 영향을 준다는 점을 강조하였다. 그러나 자녀의 적극적 문제 해결 기술, 가족과 친구로부터의 지원, 치료적 개입 여부 등은 이혼 이후 아동의 적응에 긍정적인 영향을 미치는 보호요인이라는 점도 강조하였다. 특히, 이혼 이후 자녀의 적응에 양육부모의 양육의 질이 중요하지만, 이혼부모들은 시간과 사회적 지지가 부족하며, 자녀훈육 시 규칙이 명확하지 않고, 심한 훈육을 함으로써 자녀와 더 많은 갈등을 보이기 때문에 사회적 지원이 중요하다고 하였다(Amato, 2001; 정현숙, 2004 재인용).

5) 이혼가족 아동을 위한 정책 및 서비스

이혼가족 아동을 위해 필요한 정책 및 서비스를 이혼 과정의 진행에 따라 초기, 법적 절차가 진행되는 단계, 법적 이혼 이후 적응 단계에 따라 정리하면 다음과 같다.

(1) 이혼 과정의 초기

- 아동상담: 부부가 이혼을 결정하고 이혼 과정이 시작되는 초기부터 아동은 심리·정서적으로 다양한 문제를 경험할 수 있다. 이혼하기로 확실히 결정했다면, 자녀에게 적절한 시점에 적절한 방식으로 알려야 한다. 아동에 따라 차이는 있지만, 이혼은 아동이 쉽게 수용하거나 이해할 수 있는 상황이 아니기 때문에 대부분의 아동에게 전문가의 상담이 도움이 될 수 있다.
- 부모상담: 이혼에 대한 부모로서의 입장은 다양하다. 많은 부모는 자신이 참지 못하고 이혼함으로써 부모 중 한편을 잃게 했다고 자책하며, 자녀에게 죄책감을 느낀다. 또 어떤 부모는 배우자의 심각한 문제 때문에 이혼하게 된 것이므

로 자녀도 당연히 자신과 같은 분노를 갖고 그 배우자와 자신이 헤어지기를 원할 것이라고 생각한다. 그 외 아예 부부 자신들의 문제에 몰입되어 자녀를 돌아볼 겨를조차 없는 사례도 있다. 대부분의 경우에 이처럼 부모 스스로도 심각한 스트레스를 받고 있으며, 그동안 해오던 부모역할과는 달라져야 하는 역할이 많기 때문에 적절한 부모역할을 수행하기 위해서 상담이 필요하다.

이혼을 결심하는 부부가 부부갈등의 정도와 상관없이 부모로서 어떻게 대처하느냐는 자녀의 장기적인 적응을 위해 매우 중요하다. 적절하게 부모역할을 수행할 수 있도록 상담이 필요한 때가 있다. 이혼이 진행되는 초기 단계에서 상담을 통하여 다음과 같은 내용을 다룰 것이 제안되고 있다(Mercer & Pruett, 2001).

- 부모는 자녀에게 계획을 알려 주고 규칙과 일상을 지키는 등 예측이 가능하도록 한다.
- 과제나 취미활동 등 함께 할 수 있는 일들을 한다.
- 자녀와 함께 살지 못하게 되었다는 죄책감에 너무 특별한 일들만을 시도하지 않도록 한다.
- 자녀의 말을 경청한다.
- 부모역할을 할 수 있도록 상대방 배우자를 존중한다.
- 사귀는 사람이 있다면 주의해서 소개하며, 만일 소개하고자 한다면 이혼의 모든 과정이 끝난 이후에 조심스럽게 한다.
- 부모 자신을 돌본다.
- 새롭게 갖게 된 가족 정체성에 대해서 긍정적이도록 한다.

(2) 법적 절차 진행 단계

외국의 경우 부부가 이혼을 결정하고 구체적으로 법적 절차를 진행하는 단계에서 다양한 서비스가 자녀를 위해서 제공되고 있다. 최근 미국의 동향은 이혼에 관한 책임을 묻지 않는 무책이혼(no-fault divorce)을 법적으로 받아들이면서 사회복지사, 심리학자, 정신과의사 등 다양한 전문가가 아동의 복리를 최대한 보장하기 위해 개입하고 있다. 양육평가(custody evaluation), 부모를 위한 이혼부모교육, 자녀를 위한 이혼교육, 이혼중재, 개별상담, 가족상담, 아동의 권리를 옹호하는 법률관 서비스, 보호 감독 방문, 양육합의를 위한 회의, 전문가에 의한 가족 서비스 등이 가정법원을 통해서 제공되고 있다(전명희, 2005). 이 중 대표적인 서비스인 이혼조정과 부모교육, 숙려 기간 및 상담 등을 정리하면 다음과 같다.

① 이혼조정

이혼소송은 한쪽이 이기면 다른 한쪽은 지는 경쟁체제로 설정되어 있으나, 중재는 중재자가 제3자로서 각자의 욕구에 기초하여 양자에 가장 긍정적 결과를 가져올 방안을 모색하는 것이다(전명희, 2005). 특히, 자녀가 있는 부부의 이혼에서는 이혼 후에도 부모역할이 협력적으로 지속되어야 하는 측면이 있으므로 최근에는 중재의 효과가 강조되고 있다.

이혼조정에서 자녀양육과 관련해서 점검해야 할 사항은 다음과 같다(신라대학교 가족상담센터 편역, 2005).

- 양육권: 양육의 원칙, 부부간의 정중한 의사소통, 법적 양육권(단독/공동), 일상적 보살핌, 의료비상 사태, 양육 방식, 자녀와 배우자가 보내는 시간에 대한 비간섭
- 면접교섭: 정기적 면접(귀가 시간과 장소, 교통수단, 필요하면 제삼자 지원), 휴가ㆍ특별한 경우(날짜ㆍ기간, 공유 방법, 픽업, 귀가 시간 및 장소, 교통수단), 휴일과 정기방문 간의 갈등, 일정변경 요청, 육아 비상사태, 정기휴가 동안의 자녀동반, 도시 밖으로의 자녀동반, 자녀와의 전화접촉, 조부모 방문 및 다른 사람 방문
- 양육비(해당 사항에 관한 공증서류 필요): 법원명령에 대한 집행 여부(관할구역, 금

액), 양육권 부모의 공공부조 수급 여부, 각 가정에 다른 자녀 유무, 지침서에 따른 금액 산출(지불 방법, 개시일자, 지불빈도), 정기적 검토 방법, 대학 고려, 건강보험, 생명보험

② 부모교육 프로그램

이혼 자체보다는 부모의 갈등 정도나 부모의 양육 기술이 자녀의 적응에 중요한 변수라는 점이 강조되면서 선진국에서는 이혼 과정에서 법적으로 부모교육을 받도록 하고 있다. 미국에서 이혼이 법적으로 진행되는 과정에서 제공되는 부모교육 프로그램이 주로 다루는 내용은 다음과 같다(전명희, 2004).

- 이혼에 대한 자녀의 반응과 적응
- 이혼에 대한 자녀의 반응에 대한 응답
- 성인의 이혼 단계
- 공동 부모역할을 위한 의사소통 기술
- 이혼에 대한 부모의 반응과 적응
- 협력적이고 평행적인 부모역할
- 서비스 및 자원들
- 양육권 및 자녀방문 문제
- 양육 계획

③ 숙려 기간 및 상담

여러 나라에서 법적 이혼 과정 중 6개월에서 2년까지의 숙려 기간을 갖도록 하고 있다. 성급한 이혼을 방지하고 이혼 결정에 대하여 심사숙고하는 시간을 갖도록 하는 것이며, 이 기간에 전문가와 상담을 받도록 하여 자신들의 결혼과 이혼에 대하여 객관적으로 검토해 보도록 하는 것이다. 우리나라에서는 2008년 6월부터 협의이혼 절차에 관한 개정 「민법」이 시행됨에 따라 3개월 또는 1개월의 숙려기간제도와 상

담권고제도가 수립되었다(「민법」 제836조의2). 숙려기간제도는 협의이혼 의사의 확인을 신청한 부부가 의무적으로 이혼에 관한 안내를 받은 날부터 양육할 자녀가 있으면 3개월, 자녀가 없으면 1개월의 기간을 갖도록 규정하고 있으며, 이혼 과정에서 자녀의 복지를 먼저 고려하도록 하는 취지에서 시행하게 되었다.

(3) 법적 이혼 후 적응 단계

① 새로운 가족구조 적응 지원

이혼 이후 부모와 자녀 모두 새로운 가족구조를 이해해야 한다. 이제는 부와 모가 함께 살면서 자녀를 양육하는 가족이 아니며, 부나 모와 함께 살면서 비동거부모와는 정기적 혹은 비정기적으로 만나거나 관계 자체가 단절되기도 한다. 아동이 부모의 이혼을 어떻게 이해하든지 이혼은 실제 상황이 되었으며, 가족의 모습이 그전과는 달라진다. 동거부모나 비동거부모나 새로운 가족구조를 이해하고 부모로서 자신들의 역할을 해야 하며, 아동도 부모가 재결합하게 될 것이라는 기대나 환상에서 벗어나 새로운 현실에 적응해야 하는 과제를 안게 된다.

Wallerstein과 Kelly(1980)는 부모의 이혼을 이해하고 극복해 가는 과정에서의 심리적 과업을 크게 다음과 같은 여섯 가지로 설명하고 있다(전명희, 2004 재인용).

- 가족단절의 현실을 이해시킴
- 부모의 갈등으로부터 분리되고 일상적 일과로 복귀함
- 상실감의 해결
- 분노와 자기비난의 해결
- 이혼의 결과가 지속된다는 것을 받아들임
- 관계에 대한 현실적 소망을 습득

② 공동양육 지원

이혼 후 주 양육자가 아니더라도 자녀를 위한 책임을 충분히 감당하도록 지원해야 한다. 자녀의 미래를 위해 부모가 공동으로 의사를 결정하고 양쪽 부모 간에 견해차가 있음을 인정하는 것이 자녀로 하여금 부모 모두로부터 사랑과 애정을 받을 수 있는 자유를 느끼도록 하는 데 매우 중요하다(Rich, 2007).

함께 사는 부모든 아니든, 특별한 경우 외에는 이혼 이후에도 부모-자녀 관계가 지속되어야 한다. 자녀가 상대방 배우자에 대해서 자신과 같은 분노나 적대감을 가지고 자신의 편에 있기를 기대해서는 안 된다. 이러한 충성심 갈등은 자녀로 하여금 해결할 수 없는 딜레마에 빠지게 한다. 그러므로 가족연합을 이해하도록 도와서 부모협력에 대한 동의를 끌어내도록 개입하여야 한다(Teyber, 2006).

③ 효과적인 부모역할 프로그램

이혼 전에 어떻게 했든지와 상관없이 부모는 이혼 후에 각자 효과적으로 부모역할을 해야 한다. 집안일, TV 시청 전에 과제 마치기, 취침 시간 등 늘 하던 일은 똑같이 유지되도록 해야 하며, 새로운 규칙을 분명히 설명해 주어야 할 뿐만 아니라 규칙을 어겼을 때의 결과도 분명히 설명해 주어야 한다. 많은 부모가 이혼 후에 자녀를 훈육하는 것에 어려움을 겪는다. 애정에 기초하되 구조화된 양육을 하는 것이 이혼 후 자녀에게 안정감을 제공하여 적응을 도울 수 있다(Mercer & Pruett, 2001).

이혼 후 한부모가족의 부모는 부모화 현상을 이해하여야 한다. 부모화 현상이란 자녀가 과도하게 성인의 책임을 떠맡고, 부모와 자녀의 역할이 바뀌게 되어 자녀가 부모의 정서적인 욕구를 충족시키기 위해 많은 노력을 하는 등 역할이 반전된 경우를 의미한다. 부모화 현상은 자녀가 가정으로부터 독립하거나 대인관계를 형성하거나 자존감 등에 부정적인 영향을 주게 되는데, 부모와 아동의 경계선을 분명히 하도록 지원하는 일이 필요하다(Teyber, 2006).

④ 학업 및 가사 지원

이혼 후 한부모가족이 되면, 부부가 함께 하던 자녀양육과 가사를 한쪽 부모가 해야 하는 상황이 되면서 어려움을 겪게 된다. 한쪽 부모의 역할을 보완할 수 있도록 가사도우미를 파견하거나 아동의 학업지도와 생활지도를 돕기 위한 멘토링 사업, 방과후 보육 프로그램이나 특기적성 활동의 연계 등 서비스가 제공되고 있다.

⑤ 양육비 확보 및 경제적 안정 지원

대체로 이혼의 법적 절차가 진행되는 과정에서 양육비 문제에 관한 결정이 이루어지지만, 이혼 이후 양육비 때문에 어려움을 겪는 사례가 많다. 이에 이혼 이후 양육비를 비동거부모가 지급할 의무를 수행하도록 법적으로 규정하고 있다. 경제적인 문제는 이혼 후 겪는 가장 큰 어려움 중의 하나다. 이혼에 따른 부정적인 영향 중 하나는 이혼 자체라기보다는 이혼 후에 겪는 경제적인 불안정 때문이라는 지적도 있다. 이혼 이후 대부분의 이혼가족은 소득의 감소와 양육비 증가 문제를 겪게 되는데, 이에 대한 다양한 지원제도가 수립되어야 한다. 경제적 안정을 위하여 직업교육 및 취업연계, 창업지원, 결연 및 후원금 연계 서비스 등이 제공되고 있다.

⑥ 양육지지망 형성

이혼가족의 부나 모가 자녀를 적절히 양육하려면 부나 모 자신의 노력이 필수적이지만, 부모역할을 지지하고 보완해 줄 수 있는 지지체계를 형성하여 끊임없이 발생하는 자녀양육상의 문제에 대해 도움을 받을 수 있는 사회적 지지망을 형성하도록 지원하는 일이 필요하다. 부나 모 자조집단이나 아동 자조집단, 자녀양육 멘토나 코치와 연계하거나, 친인척 또는 친구 등의 비공식 지지망을 활용하도록 개입하기도 한다.

⑦ 사회적 편견에 대한 개입

사회적 편견은 이혼가족과 이혼가족 아동의 적응에 부정적인 영향을 주는 주요

요인 중 하나다. 이혼율의 증가로 이혼가족이 증가하는 추세이지만, 여전히 우리 사회에는 양쪽 부모 모두 있는 가족은 건강한 일반가족이고 한쪽 부모만 있는 가족은 문제가족이라는 인식이 팽배해 있다. 이에 최근 이혼가족과 아동을 위한 반편견교육이나 캠페인 등을 교사, 지역사회 아동, 일반인에게 실시하고 있다.

6) 개선 방안

이혼 이후 자녀의 적응에 영향을 주는 것은 이혼 자체가 아니라 부모가 이혼을 어떻게 다루는가인데, 특히 양쪽 부모와의 안정되고 애정적인 관계는 이혼에 대한 자녀의 긍정적인 적응에 가장 핵심적인 요인이다(Wallerstein & Kelly, 1980; 유희정, 2005 재인용). 외국에서는 부부가 이혼한 이후에도 협력적으로 부모역할을 하도록 지원하기 위해서 다양한 부모교육이 진행되고 있다. Braver 외(1996)는 미국에서 시행되고 있는 이혼 후 부모교육 프로그램 100개의 내용을 분석하였는데, 부모 간 협력의 이점 및 부모 간 갈등의 손해, 자녀의 전형적인 이혼 후 반응, 자녀를 '세뇌'시키고 다른 부모를 '험담'하는 것의 결과, 서로 다른 발달단계에 있는 자녀의 상이한 반응과 요구들, 방문을 허용하고 격려해야 하는 양육 부나 모의 책임 등을 심도 있게 다루고 있다(유희정, 2005 재인용).

그러나 아직 우리나라에서는 이혼이 법적으로 진행되는 과정이나 이후의 과정에서 체계적으로 아동복지를 위하여 개입하지는 못하고 있다. 예를 들면, 친권자 및 양육권자 지정, 면접교섭권, 양육비 지급이행 등과 관련해서 가정법원의 역할이 규정되어 있기는 하지만, 2017년 기준 가정법원이 설치되어 있는 곳은 서울, 인천, 대구, 부산, 광주, 대전뿐이며, 기타 지역은 해당 지방법원과 지방법원 지원이 가정법원의 권한에 속하는 사항을 처리하고 있다. 또한, 이러한 사항을 처리하는 데 기여할 만한 전문직 조사관은 전국적으로 20명에 불과하며, 부부가 대립적으로 법적 투쟁을 벌이기보다 미성년 자녀의 최대한의 이익을 보장하기 위하여 전문가에 의한 가사조정이 필요하지만 아직은 전문인력의 활용이 미흡한 실정이다(선재성, 2007).

결과적으로 이혼의 법적 절차에서 미성년 자녀의 복리가 최대한으로 보장되기 위한 부모교육, 조정절차가 빠져 있거나 미흡하고 자녀의 의사가 반영될 기회는 제한적인 상황이다.

이혼 자체가 아동에게 부정적인 영향을 준다기보다는 이혼 과정에서 제공되는 양육의 질이 문제라 하겠다. 이혼에 따른 부정적인 영향을 최소화하기 위하여 부부가 공동양육이 가능하도록 하고, 부모교육이나 이혼조정 등을 통하여 이혼 과정에 개입하도록 하는 한편, 이혼 이후 사회적 편견을 감소시키고 그들이 필요로 하는 다양한 서비스가 개발 · 제공되어야 할 것이다.

2. 한부모가족의 아동복지

1) 한부모가족의 개념

한부모가족은 부모 중 한쪽 부모와 자녀가 함께 생활하는 가족을 의미한다. 한부모(lone parent)는 혼인이나 동거하지 않는 부 혹은 모로서 자녀 중 최소한 한 명이 16세 이하이거나 교육과정에 있는 19세 이하일 경우라고 정의되기도 한다(Haskey, 1998: 신혜령, 정재훈, 김성경, 2006 재인용). 우리 사회에서는 최근까지 사용되어 온 편부가족, 편모가족이라는 용어가 부정적으로 쓰이는 경우가 많아, '온전한 하나의 가족'이라는 의미로 한부모가족이라는 명칭을 사용하기로 하였다(서영숙, 황은숙, 2004). 전통적으로는 아동이 부모 모두와 생활하는 가족의 형태가 일반적이었으나, 오늘날 다양한 이유로 한쪽 부모와 생활하는 아동이 증가하였다. 대체로 부모 한쪽의 사망이나 가출, 부모의 별거나 이혼 혹은 미혼부나 미혼모와 같이 결혼하지 않은 상황 등으로 한부모가족이 된다. 부모 중 누구와 함께 생활하느냐에 따라 모자가족과 부자가족으로 구분되고 있다.

「한부모가족지원법」에서는 보다 구체적으로 정의하고 있는데, 제4조에 따르면 한부모가족은 다음 항목 중 하나에 해당하는 사람이 18세 미만의 자녀를 양육하는 모자가족 또는 부자가족이다. 그 외 청소년 한부모란 24세 이하의 모 또는 부로 정의된다.

- 배우자와 사별 또는 이혼하거나 배우자로부터 유기된 자
- 정신이나 신체의 장애로 장기간 노동능력을 상실한 배우자를 가진 자
- 교정시설 · 치료감호시설에 입소한 배우자 또는 병역복무 중인 배우자를 가진 자
- 미혼자(사실혼 관계에 있는 자는 제외)
- 위에 준하는 자로서 여성가족부령으로 정하는 자

이렇게 정의되는 한부모가족의 자녀는 부모 한쪽이 사망한 경우처럼 다시 친부모 모두와 생활하게 될 가능성이 없는 경우도 있고, 교정시설 등에 입소하고 있거나 병역복무 중인 경우처럼 일정 기간이 지나면 부모 모두와 다시 생활할 가능성이 있는 경우도 있다. 또한, 미혼부나 미혼모의 경우처럼 자녀가 출생한 직후부터 한쪽 부모와 생활하게 되는 경우도 있다. 정신장애나 신체장애 때문에 장기간 노동능력을 상실한 배우자를 가진 경우도 한부모가족에 포함된다. 즉, 아동이 실제로 부와 모 모두의 보살핌을 받지 못하는 상황에 있는 모든 가족을 한부모가족이라고 한다. 아동으로서는 어떤 시기에 어떤 사유로 한쪽 부모와 생활하게 되었는지에 따라 다양한 욕구와 문제를 경험하게 될 것이다.

2) 한부모가족의 현황

한부모가족의 현황을 파악하는 것은 쉽지 않은데, 통계청 자료(2017c)에 따르면 2015년 기준 전체 가구 수는 1,870만 5천 세대이며, 이 중 9.5%인 178만 3천 세대가 한부모와 미혼자녀로 구성된 가구다(〈표 9-3〉 참조). 하지만 이는 어떤 이유로든 부나 모가 미혼자녀와 함께 사는 모든 가구를 포함하는 것이며,「한부모가족지원법」

에서 규정하는 한부모가족과는 다른 개념이다. 한편, 전체가구 중에 한부모가구가 차지하는 비율은 2005년 8.5%에서 2010년 9.2%, 2015년 9.5%로 계속해서 증가하는 추세이다. 또한, 2010년 자료의 분석에 따르면, 한부모가구가 되는 원인은 사별 29.7%, 미혼부모 11.6%로 사별 외의 요인이 점차 높아지고 있다.

〈표 9-3〉 전체 가구 대비 한부모가구 현황   (단위: 천 가구, %)

	2015	2013	2011	2009	2007	2005
전체 가구	18,705	18,206	17,687	17,052	16,543	15,887
한부모가구	1,783	1,714	1,639	1,551	1,468	1,370
저소득 한부모가족	230	222	189	171	148	124
한부모가족 (한부모가족지원법)	131	140	115	94	73	57
비율(전체 가구 대비 한부모가구)	9.5	9.4	9.3	9.1	8.9	8.6

출처: 통계청(2017c). 한부모가구 비율. 인구주택총조사, 장래가구추계.

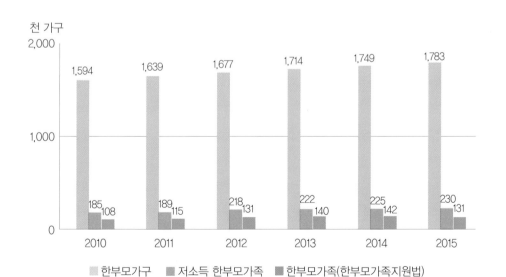

[그림 9-2] 전체 가구 대비 한부모가구 현황

출처: 통계청(2017c). 한부모가구 비율. 인구주택총조사, 장래가구추계.

2015년 현재 저소득 한부모가족은 「한부모가족지원법」상 보호대상인 한부모가족 13만 1천 세대에 「국민기초생활법」상 한부모와 국가보훈대상 중 한부모를 포함한 수로 23만 세대이다. 한부모가구 중 12.9%가 저소득 한부모가족이고, 한부모가구 중 7%가 「한부모가족지원법」에 의해서 지원을 받고 있는 것으로 파악되었다.

3) 한부모가족의 문제 및 욕구

한부모가족은 부모가 수행하는 부모역할을 부나 모가 혼자서 감당해야 하므로 부모역할 부재에 따른 문제나 과도한 역할 수행에 따른 문제를 경험하게 된다. 물론 한부모가족의 형태가 모든 아동에게 부정적인 영향을 준다고 할 수는 없으며, 거의 파탄지경에 이른 부부관계를 유지하는 가족이 아동에게 미치는 영향보다 한부모가족이 더 부정적인 영향을 준다고 볼 수는 없다(Bradshaw, 2003; 신혜령 외, 2006 재인용). 그러나 일반적으로 한부모가족은 자녀양육과 관련하여 다음과 같은 문제를 경험하는 것으로 이해되고 있다.

(1) 한부모가족의 문제

- 경제 문제: 경제적 어려움은 한부모가족이 겪는 가장 심각한 문제 중의 하나다. 통계청(2017c)에서도 한부모가구 중 12.9%가 저소득 한부모가구인 것으로 조사된 바 있다. 그러나 실제로 경제적 어려움을 겪는 가족은 더 많을 것으로 추측된다.
- 자녀와 함께하는 절대시간의 부족: 한부모는 부와 모가 함께하던 역할을 혼자서 수행하게 됨에 따라 기본적으로 자녀와 함께할 수 있는 절대시간이 부족하다. 전업주부나 시간제 취업을 하다가 종일제 취업으로 바꾸거나 퇴근 이후에도 가사역할을 수행해야 해서 자녀의 학업지도나 정서적 지지를 위한 시간이 부족하게 되어 이에 따른 다양한 문제가 야기되기도 한다.
- 역할 변화에 대한 적응 문제: 한부모가족이 된 이후 부나 모의 역할 부재를 보

완하기 위해서 나머지 가족들의 역할이 변화해야 하며, 특히 부모역할과 관련해서는 부모가 함께 나눠 하던 역할을 부나 모가 혼자서 수행하게 됨에 따른 변화에 자녀가 적응해 나가야 하는데, 이 과정에서 갈등이 수반되기도 한다. 모자가정은 모의 취업 상황, 부자가정은 부의 가사나 자녀양육 기술 부족에 따른 문제들이 지적되고 있다.

- 역할 모델의 부재: 아동의 사회화를 위해서는 부모가 가족 안에서 수행하는 역할 모델이 되어 주는 것이 필요하다. 아동은 부모가 수행하는 역할 속에서 성역할, 부부역할, 부모역할 등을 배우게 되는데, 부나 모의 부재는 이러한 역할의 학습에 어려움이 될 수 있다.
- 정서적 문제: 어떤 사유로 한부모가족이 되었든지 아동은 한쪽 부모의 상실을 경험하게 된다. 상실이 영구적일 수도 있고 물리적으로만 헤어지는 것일 수도 있으나, 아동은 일상생활에서 한쪽 부모를 잃게 됨으로써 분노, 좌절, 우울 등 다양한 정서적 어려움을 경험할 수 있다. 또한, 부부가 부모역할을 수행하는 경우에는 상호 보완되거나 지지, 격려받을 수 있는 데 반해, 한부모의 경우에는 지지체계를 잃게 됨으로써 한부모 자신이 심리ㆍ정서적 어려움을 겪을 수 있다.
- 가사 문제: 부부가 부모역할을 할 때는 경제적 역할과 가사 및 자녀양육 역할을 분담할 수 있었으나, 한부모가족이 된 이후에는 대체로 한쪽의 부모가 부모 역할을 모두 수행해야 한다. 특히, 전통적 성역할에 따라 가사를 분담하지 않던 부자가족은 가사 문제로 어려움을 겪게 되며, 특히 부자가족의 여아는 과도한 가사부담을 맡게 되기도 한다.
- 사회적 편견: 여전히 우리 사회에는 양쪽 부모 모두가 있는 가족을 정상적인 가족으로, 한부모가족은 비정상적인 가족으로 보는 사회적 편견이 존재하고 있다. 다른 어떤 어려움보다도 한부모가족의 아동에게 부정적인 영향을 더 끼치는 것이 사회적 편견이라는 연구도 있다.

(2) 한부모가족의 욕구

한부모가족이 되는 원인은 다양하며, 그 원인에 따라 다른 욕구와 문제를 경험하기도 한다.

- 부모 중 한쪽이 사망한 경우: 한쪽 부모의 사망에 의한 영구적인 상실감을 경험하게 된다. 사별에 대한 정서적 문제가 해결되어야 한다.
- 부모 중 한쪽이 유기(가출)한 경우: 한쪽 부모로부터 버림받은 느낌이 들게 되며, 일시적인 현상이 될 수도 있고 장기화될 수도 있다. 어떤 경우에는 실제로는 한부모가족이지만 서류상 그렇지 못하여 필요한 지원을 받지 못하는 일도 있다. 아동은 부모 중 한쪽이 사망한 경우보다 부모로부터 버려진 상황에 대해서 더욱 부정적인 영향을 받을 수 있다. 특히, 가정폭력이나 빈곤, 알코올 등 배우자의 치명적인 문제 때문에 가출하는 경우, 남겨진 아동은 더욱 큰 어려움에 직면하게 된다.
- 부모가 별거하고 있는 경우: 별거는 법적으로 이혼을 마친 상태가 아니어서 「한부모가족지원법」상 한부모가족으로 포함되지 않는다. 그러나 실제로는 한부모가족 상황이며 아동에게는 부적절한 희망을 가지거나 부적절한 노력을 하게 하여 오히려 큰 좌절감을 경험하게 할 수 있다. 물론 별거 기간을 적절하게 활용하면 아동 역시 이혼을 준비하는 중간 과정을 경험하게 할 수도 있다.
- 부모가 이혼한 경우: 이혼가족은 이혼 과정에서 부모가 아동의 복지를 위해 어떠한 노력을 했는지에 따라 다른 영향을 준다. 특히, 부부간의 갈등이 부모역할로 이어지지 않도록 노력한 경우, 이혼 이후에도 공동양육을 함으로써 한쪽 부모의 역할 부재에 따른 부정적인 영향을 최소화할 수 있다.
- 미혼부 혹은 미혼모의 경우: 미혼모의 경우 과거에는 대체로 입양을 보내는 경향이 있었으나, 최근에는 양육을 결정하는 미혼모가 증가하는 추세다. 아버지가 누구인지 전혀 모르는 경우나 부적절한 관계에 따른 출생이라는 인식은 아동에게 자신의 존재에 대한 부정으로까지 이어질 수 있다. 최근에는 소수이지

만 미혼부도 자녀를 양육하는 경우가 있는데, 미혼모보다도 큰 어려움을 겪는다. 미혼부모 모두 대체로 미성숙한 어린 나이에 임신과 출산을 경험하고 독립적인 생활을 위한 기반이 마련되지 않은 상태에서 자녀양육을 하게 되어 그에 따른 어려움이 있다.

4) 한부모가족 정책 및 서비스 현황

한부모가족지원사업은 1989년 「모자복지법」이 제정된 이후 모자복지사업으로 시작되었다. 그 후 저소득 부자가족의 경우에도 자립재활을 위하여 국가지원의 필요성이 대두하여, 2002년에 「모자복지법」이 「모·부자복지법」으로 개정되었다가, 2008년 「한부모가족지원법」으로 개정되었다.

「한부모가족지원법」 제12조부터 제18조에서 국가나 지방자치단체가 한부모가족을 지원하도록 규정하고 있는 내용은 다음과 같다.

(1) 지원 내용

- 복지급여: 복지급여의 신청이 있으면 생계비, 아동교육지원비, 아동양육비 등을 지원하여야 한다. 또한, 아동양육비를 지급할 때에 미혼모나 미혼부가 5세 이하의 아동을 양육하거나 24세 이하 청소년 한부모가 아동을 양육하면 예산의 범위에서 추가적인 복지급여를 실시하여야 한다. 또 지원 대상자의 신청이 있으면 예산의 범위에서 직업훈련비와 훈련기간 중 생계비를 추가적으로 지급할 수 있다.
- 복지자금 대여: 한부모가족의 생활안정과 자립을 촉진하기 위하여 사업에 필요한 자금, 아동교육비, 의료비, 주택자금 등을 대여할 수 있다.
- 고용촉진: 한부모가족의 모 또는 부와 아동의 직업능력을 개발하기 위하여 능력 및 적성 등을 고려한 직업능력개발훈련을 실시하여야 하며, 고용을 촉진하기 위하여 적합한 직업을 알선하고 각종 사업장에 모 또는 부와 아동이 우선 고

용되도록 노력하여야 한다. 또한, 그들의 취업 기회를 확대하기 위하여 관련 기관 간 효율적인 연계를 도모하여야 한다.

- 공공시설에 매점 및 시설 설치: 국가나 지방자치단체가 운영하는 공공시설의 장은 그 공공시설에 각종 매점 및 시설의 설치를 허가하는 경우 이를 한부모가족 또는 한부모가족복지단체에 우선적으로 허가할 수 있다.
- 시설 우선 이용: 한부모가족의 아동이 공공의 아동 편의시설과 그 밖의 공공시설을 우선적으로 이용할 수 있도록 노력하여야 한다.
- 가족 지원 서비스: 국가나 지방자치단체는 한부모가족에게 아동의 양육 및 교육 서비스, 장애인·노인·만성질환자 등의 부양 서비스, 취사·청소·세탁 등 가사 서비스, 교육·상담 등 가족관계 증진 서비스, 인지 청구 및 자녀양육비 청구 등을 위한 법률상담 및 소송 대리 등 법률구조 서비스 등을 제공하도록 노력하여야 한다.
- 청소년 한부모에 대한 교육 지원: 청소년 한부모가 학업을 마칠 수 있도록 청소년 한부모의 선택에 따라 학교에서의 학적 유지를 위한 지원 및 교육비 지원, 또는 검정고시 지원, 평생교육시설 교육비 지원 등을 할 수 있으며, 필요하면 한부모가족복지시설에 순회교육 실시를 위한 지원을 할 수 있다. 또한 청소년 한부모가 학업을 지속할 수 있도록 여성가족부 장관은 교육부 장관에게 협조를 요청하여야 한다.
- 자녀양육비 이행 지원: 여성가족부 장관은 자녀양육비 산정을 위한 자녀양육비 가이드라인을 마련하여 법원이 이혼 판결 시 적극 활용할 수 있도록 노력하여야 한다.
- 청소년 한부모의 자립 지원: 국가나 지방자치단체는 청소년 한부모가 주거마련 등 자립에 필요한 자산을 형성할 수 있도록 재정적인 지원을 할 수 있다.
- 아동·청소년 보육·교육: 국가나 지방자치단체는 아동과 청소년의 보육 및 교육을 실시함에 있어서 한부모가족 구성원인 아동과 청소년을 차별하여서는 안된다.

• 국민주택의 분양 및 임대: 국가나 지방자치단체는 주택법에서 정하는 바에 따라 국민주택을 분양하거나 임대할 때에는 한부모가족에게 일정 비율이 우선 분양될 수 있도록 노력하여야 한다.

(2) 한부모가족복지시설

「한부모가족복지법」 제19조에서 제공되는 서비스에 따라 한부모가족 관련 시설을 다음과 같이 규정하고 있다. 또한 아래 시설의 장은 청소년 한부모가 입소를 요청하는 경우에는 우선 입소를 위한 조처를 하여야 한다.

• 모자가족복지시설: 모자가족에게 다음 어느 하나 이상의 편의를 제공하는 시설
  가. 기본생활 지원: 생계가 어려운 모자가족에게 일정 기간 동안 주거와 생계를 지원
  나. 공동생활 지원: 독립적인 생활이 어려운 모자가족에게 일정 기간 동안 공동생활을 통하여 자립을 준비할 수 있도록 주거 등을 지원
  다. 자립생활 지원: 자립욕구가 강한 모자가족에게 일정 기간 동안 주거를 지원
• 부자가족복지시설: 부자가족에게 다음 어느 하나 이상의 편의를 제공하는 시설
  가. 기본생활 지원: 생계가 어려운 부자가족에게 일정 기간 동안 주거와 생계를 지원
  나. 공동생활 지원: 독립적인 생활이 어려운 부자가족에게 일정 기간 동안 공동생활을 통하여 자립을 준비할 수 있도록 주거 등을 지원
  다. 자립생활 지원: 자립욕구가 강한 부자가족에게 일정 기간 동안 주거를 지원
• 미혼모자가족복지시설: 미혼모자가족과 출산 미혼모 등에게 다음 어느 하나 이상의 편의를 제공하는 시설
  가. 기본생활 지원: 미혼여성의 임신 · 출산 시 안전 분만 및 심신의 건강 회복과 출산 후의 아동의 양육 지원을 위하여 일정 기간 동안 주거와 생계를 지원
  나. 공동생활 지원: 출산 후 해당 아동을 양육하지 아니하는 미혼모 또는 미혼

모와 그 출산 아동으로 구성된 미혼모자가족에게 일정 기간 동안 공동생활을 통하여 자립을 준비할 수 있도록 주거 등을 지원
- 일시지원복지시설: 배우자(사실혼 관계에 있는 사람을 포함한다)가 있으나 배우자의 물리적 · 정신적 학대로 아동의 건전한 양육이나 모의 건강에 지장을 초래할 우려가 있을 경우 일시적 또는 일정 기간 동안 모와 아동 또는 모에게 주거와 생계를 지원하는 시설
- 한부모가족복지상담소: 한부모가족에 대한 위기 · 자립 상담 또는 문제 해결 지원 등을 목적으로 하는 시설

5) 개선 방안

한부모가족에 대한 지원의 필요성이 강조됨에 따라 개정된 「한부모가족지원법」에서는 한부모가족상담소를 설치하여 이들 가족의 복지를 위해 필요한 서비스를 제공하도록 하고 있으며, 경제적인 자립과 안정을 위한 지원, 자녀양육 지원, 사회적 지지체계의 제공, 청소년 한부모에 대한 지원, 이혼 과정에서 활용될 수 있는 자녀양육비 지침 마련 등과 같은 정책과 서비스들이 제공되기 시작하였다. 또한 시설의 유형도 재정비하여 모자가족시설뿐만 아니라 부자가족시설, 미혼모자가족시설, 일시지원복지시설 등으로 시설의 유형을 구분하고 이들 시설에서 기본생활이나 공동생활, 자립생활을 위한 지원을 하도록 하고 있다. 그 외 2005년 제정된 「건강가정기본법」에 따라 설치된 건강가정지원센터에서 한부모가족을 위한 프로그램 등을 제공하고 있는데, 2017년 기준 전국에 167개 지역건강가정지원센터(건강가정지원센터, 2017a)에서 부모교육이나 집단 상담과 같은 부모 프로그램, 자녀 대상 교육 · 문화 · 상담 프로그램, 가족문화 프로그램, 자조집단과 같은 프로그램을 운영하고 있다(건강가정지원센터, 2017b).

그러나 한부모가족에 대해서는 더욱 분명한 정책 목표를 설정하고 체계적인 서비스를 제공해야 한다. 참고로 영국에서는 한부모가족 지원 정책의 목표를 다음과

같이 설정하고 있다(Bradshaw, 2003; 신혜령 외, 2006 재인용).

- 충분한 생활 수준 보장
- 한부모가 아동을 제대로 양육하기 원한다면 취업활동에 대한 부담 없이 아동 양육에 전념할 수 있도록 지원
- 한부모가 갖는 특수성과 고유한 욕구를 충족
- 원한다면 한부모가 취업활동을 할 수 있도록 적극 지원
- 결혼생활이나 동거가 파탄에 이르거나 혼외출생이 증가하는 현상을 막기 위하여 노력
- 부양 의무를 이행하지 않는 부 또는 모가 자녀양육비를 부담할 수 있도록 조치
- 혼인부부와 동거부부 간의 차별 철폐
- 헤어진 파트너 간 재결합 지원

　　우리나라와 마찬가지로 외국에서도 사별뿐만 아니라 이혼, 미혼부모나 기타 사유로 한부모가족이 되는 사례가 증가하고 있고, 특히 모자가족의 경우 빈곤 문제가 심각해서 다양한 형태의 경제적 지원 방안이 모색되고 있다. 그런데 한부모가족의 경제적 지원과 관련해서, 최근 미국에서는 전통적으로 미성년 자녀를 양육하고 있는 여성에게 지원하던 정책의 기조를 취업을 장려하는 것으로 바꾸는 등(AFDC에서 TANF로) 경제적 '자립'을 강조하고 있다. 또한 한부모가족에 대한 근로세금공제도 긍정적인 효과를 거두고 있는 것으로 평가되고 있다. 저소득 한부모가족에 대한 생계비 지원을 넘어서서 양육비 확보, 주택급여, 보건의료 서비스, 근로세금 공제, 자녀의 질병에 따른 병간호가 필요한 경우 유급간병휴가를 인정하는 질병수당 등 다양한 형태의 급여 지원 방안이 모색될 필요가 있다. 그 외 가족문제를 상담하고, 위기 상황의 아동에 대한 상담 및 개입체계를 마련하고, 자조모임 등을 활성화하여 한쪽 부나 모의 부재를 보완하도록 해야 할 것이다. 현재 한부모가족복지시설과 건강가정지원센터를 중심으로 서비스가 제공되고 있기는 하지만 아직은 체계적이고 상

시적인 서비스가 제공되고 있지는 못한 실정이므로, 한부모가족이 필요에 따라 서비스를 받을 수 있도록 개선되어야 한다. 한부모가족복지시설 역시 양적으로 부족해서 실제로 필요한 시기에 입소하지 못하고, 제공되는 서비스도 미약한 수준이다. 시설이 보다 확충되어 서비스가 필요할 때 입소가 가능해야 할 것이며, 시설에서 생활·이용하는 동안 이들 아동과 가족에게 필요한 다양한 서비스가 개발·제공되어야 한다. 다양한 형태의 시설과 기관에서 한부모가족의 다양한 상황과 욕구에 기초하여 전문적인 서비스가 제공될 수 있도록 프로그램이 개발되어야 하고, 관련 전문가가 양성되어야 할 것이다.

생각해 보기

1. 우리나라 이혼 발생 현황을 주요 통계에 기초하여 제시하고 아동복지와 관련된 시사점을 생각해 보자.
2. 법적 이혼 과정에서 아동복지와 관련된 쟁점들은 무엇인지 살펴보고 그 개선 방안을 모색해 보자.
3. 이혼가족의 아동을 위한 정책 및 서비스를 제시해 보자.
4. 한부모가족 및 아동이 겪는 욕구와 문제를 정리해 보자.
5. 한부모가족을 위한 정책 및 서비스에는 어떤 것들이 있는지 정리해 보자.

참고문헌

김인숙, 김혜선, 성정현, 신은주, 윤영숙, 이혜경, 최선화(2000). 여성복지론. 서울: 나남.

서영숙, 황은숙(2004). 한부모가정과 이혼 이해교육. 서울: 양서원.

서진환, 박은미, 정수경, 이선혜, 김희수, 전명희, 김선숙, 김선아(역)(2007). 이혼상담워크북. (P. Rich 저, *Divorce Counseling Homework Planner*). 서울: 학지사.

선재성(2007). 이혼가정에 대한 법원의 새로운 역할. 이혼가족 지원을 위한 사회복지 전문성 강화 전략. 한국가족사회복지학회·한국사회복지관협회 2007년 제21회 춘계학술대회 자료집.

성정현, 김희수, 박한샘, 양심영, 양혜원, 전명희, 주소희, 최정숙(역)(2006). 이혼가정 자녀 어떻게 돌볼 것인가(Edward Teyber 저, *Helping Children Cope with Divorce*). 서울: 청목출판사.

신라대학교 가족상담센터(편역)(2005). 이혼조정 매뉴얼. 서울: 학지사.

신혜령, 정재훈, 김성경(2006). 한부모가족지원법안에 관한 연구. 여성가족부 연구보고서.

여성가족부(2006). 2005 여성가족통계연보.

유희정(2005). 미국의 이혼 후 부모교육 프로그램의 현황과 평가에 대한 고찰. 대한가정학회지, 43권, 6호, 81-96.

유희정, 전선옥, 신영옥(편역)(2003). 이혼가족 자녀를 위하여(J. Johnston & V. Roseby 저, *In the Name of the Child*). 서울: 창지사.

이봉주, 이숙, 황옥경, 김혜란, 박현선, 김경률, 윤선화, 이호균(2006). 한국의 아동 지표. 보건복지부·서울대학교 사회복지 연구소.

전명희(2004). 이혼가정 자녀의 적응 향상을 위한 개입방안 연구. 2002년 한국학술진흥재단 해외박사후 연수과정 연수결과 보고서.

전명희(2005). 자녀양육 협의를 위한 이혼중재 서비스 고찰. 청소년상담연구, 제13권, 제1호. 17-30.

정현숙(2004). 이혼가족 아동의 권리향상 방안. 아동권리연구, 제8권, 제2호, 253-276.

Mercer, D., & Pruett M. K. (2001). *Your Divorce Advisor*. NY: Fireside.

Rich, P. (2002). *Divorce Counseling Homework Planner*. NY: John Wiley & Sons, Inc.

건강가정지원센터(2017a). 센터소개/전국지역센터 현황. www.familynet.co.kr.

건강가정지원센터(2017b). 주요사업/다양한 가족지원/한부모가족. www.familynet.co.kr.

통계청(2017a). 인구동태건수 및 동태율 추이. www.kosis.kr.

통계청(2017b). 시도/미성년자녀수별 이혼. www.kosis.kr.

통계청(2017c). 한부모가구비율, 인구주택총조사, 장래가구추계. www.index.go.kr.

제10장

아동학대

아동에 대한 폭력인 아동학대는 오랫동안 가정사로 치부되어 왔다. 그리고 체벌이 가정이나 학교에서 훈육의 한 방편으로 묵인되는 문화가 만연되다 보니 아동학대를 예방하고 피해아동을 보호하는 일은 사회적인 관심을 받지 못하였다.

그러나 아동학대는 아동에게 고통을 주고 생명을 위협할 뿐만 아니라 가족과 사회 전체에 후유증을 남긴다. 아동은 학대나 방임을 당해도 그에 대항하여 자신을 보호하거나 다른 이의 도움을 요청할 힘이 없으므로 문제가 심각할 뿐만 아니라 아동의 미래까지 위협하는 사안이기 때문에 그 중요성은 더욱 크다.

그러한 상황에서 심각한 아동학대 사례들이 발견되어 사회적인 관심과 연구의 대상이 되었다. 미국의 경우는 1874년 양부모로부터 학대와 방임을 당한 Mary Ellen 사건이 계기가 되어 아동학대 문제를 사회가 인식하게 되었고, 가해자를 처벌하는 법들이 제정되었다. 우리나라에서도 1998년 서영훈 아동 사건과 1999년의 김신애 아동 사건 등이 아동학대를 사회적인 문제로 인식시키는 계기가 되었다. 더구나 1989년 유엔에서 채택된 아동권리협약은 아동학대를 아동의 권리를 침해하는 행위로 규정하였다. 이러한 움직임에 힘을 입어서 우리나라는 2000년 「아동복지법」을 개정하여 법적 근거를 가지고 아동을 보호할 수 있게 되었다. 이후 「아동학대 범죄의 처벌 등에 관한 특례법」(약칭: 아동학대처벌법; 2014.14.1.28. 공포, 2014.9.29. 시행) 제정으로 아동학대를 범죄로 규정하고 학대에 대한 징벌적 개입과 아울러 치료적 개입을 통하여 아동학대에 대하여 강력하게 대처하게 되었다.

이 장에서는 아동학대의 개념과 유형 및 원인과 후유증에 대한 이해를 바탕으로 아동학대의 현황과 조치 그리고 보호체계에 대해서 살펴보고 개선 방향을 제시하고자 한다.

1874년 미국 뉴욕에서 처음으로 아동학대로 발견되어 보고되었던 여아 Mary Ellen의 발견 당시 모습(좌)과
이후 모습(우). 이 사건은 처음으로 아동학대에 대한 관심을 불러일으켰다(Shelman & Lazoritz, 2011).

1. 아동학대의 개념과 유형

1) 아동학대의 개념

아동학대는 시대와 문화에 따라 역사적인 가치와 시각들이 깊이 관련되어 있으
며 그 양상 또한 다양하기 때문에 쉽게 정의 내리기 어렵다. 따라서 아동학대의 정
의는 변화를 거듭해 왔으며, 발생률과 예방 및 치료의 범위 등도 달라져 왔다(이재
연, 2006).

아동학대의 초기 개념은 의료적인 관점에서 신체적 학대로 국한되는 협의의 의
미로 시작되었다. 이후에 아동학대의 정의는 "아동의 기본적인 욕구에 대한 두드러
진 무관심, 혹은 의도적인 행동, 그리고 예견할 수 있으며 충분히 피할 수 있는 상처
나 상해의 원인이 되는 부모나 양육자의 행위, 혹은 물리적인 지원을 불합리하게 연
기하거나 상처를 악화시키는 것"이라는 광의의 정의를 수용하는 방향으로 발전하

였다(National Center on Child Abuse and Neglect: NCCAN).

협의의 정의를 내리는 경우는 Kempe, Silverman, Steele, Droegemueller와 Silver(1962)가 처음 사용한 '피학대아동증후군(the battered child syndrome)'으로서 "학대란 부모나 부모에 준하는 보호자의 행위 또는 방임으로 초래되는 비우발적인 신체적인 상처"로 국한되었다.

법적인 차원에서 아동학대는 아동양육에 대한 일차적 책임을 지는 부모가 적절한 양육 환경을 제공하지 않을 때 국가가 제도적으로 취할 수 있는 조치를 의미한다. 미국 연방정부는 학대를 "18세 이하의 아동이 그 아동의 복지에 책임이 있는 사람으로부터 건강과 복지에 해를 입거나 이를 위협하는 환경에서 신체적 · 정신적 · 성적 학대, 방임 또는 부적절한 처우를 받는 것"이라고 학대 예방 및 치료법에 명시하였다. 그리고 이에 해당하는 행위를 하는 사람을 신고하게 함으로써 아동학대를 형사문제로 처벌하는 규정까지 포함시켰다.

사회복지 차원에서는 의료적 접근과 법적 접근의 중간적 입장을 취해 왔다. 대부분의 사회복지사나 사회심리학자에 의해 이 접근은 "아동의 권리와 자유를 박탈하거나 아동의 적절한 발달을 저해하는 행위나 방임상태, 그리고 개인이나 제도, 사회의 행위나 태만"으로 아동학대를 정의한다. 즉, 아동학대를 부모나 양육자에 의한 학대뿐만 아니라 사회적 · 제도적 차원까지 포괄하는 광의의 개념으로 확대하였다(장화정, 1998).

우리나라의 아동학대에 대한 공식적인 정의는 「아동복지법」 제3조 제7항에 다음과 같이 명시되어 있다. "아동학대란 보호자를 포함한 성인이 아동의 건강 또는 복지를 해치거나 정상적 발달을 저해할 수 있는 신체적 · 정신적 · 성적 폭력이나 가혹행위를 하는 것과 아동의 보호자가 아동을 유기하거나 방임하는 것을 말한다." 이것은 적극적인 가해행위뿐만 아니라 소극적 의미의 방임행위까지 아동학대의 정의에 명확히 포함하고 있는 것이다. 「아동복지법」 제17조는 아동학대에 해당하는 10개의 금지행위를 명시하고 있다. 이에 더하여 새로이 제정된 「아동학대 범죄의 처벌 등에 관한 특례법」은 제2조에 아동학대를 범죄로 규정하고 있다. 이 법에서

'아동학대범죄'란 보호자에 의한 아동학대로서 이에 해당하는 14가지의 죄를 열거하고 있다.

2) 아동학대의 유형

아동학대는 신체학대, 정서학대, 성학대, 방임으로 유형화된다. 일반적으로 학대에 방임이 포함되어 다루어지기도 하지만 학대를 유형화할 때는 방임이 학대의 한 유형으로 다루어진다.

(1) 신체학대

신체학대는 아동의 신체에 손상을 주는 학대행위이다. 즉, 보호자를 포함한 성인이 아동에게 신체적 손상을 입히거나 또는 신체적 손상을 입도록 허용하는 모든 행위를 말하는 것으로, 이때 우발적인 사고는 포함되지 않는다(보건복지부, 2017). 여기서 신체적 손상이란 구타나 폭력에 의한 멍이나 화상, 찢김, 골절, 장기파열, 기능의 손상 등을 말하고, 충격 관통, 열이나 화학물질 혹은 약물과 같은 방법에 의해서 발생된 손상도 포함된다. 체벌은 훈육이라는 이름으로 우리 사회에서 허용되어 왔으나 신체학대에 속한다. 이러한 체벌을 법적으로 금지하자는 국제사회의 움직임이 일고 있다.

구체적인 신체학대 행위로는 떠밀고 움켜잡는 행위, 뺨을 때리는 행위, 벨트 등 도구를 사용하여 때리는 행위, 발로 차거나 물어뜯고 주먹으로 치는 행위, 팔, 다리 등을 심하게 비틀어 쥐어짜는 행위, 뜨거운 물이나 물체, 담뱃불 등으로 화상을 입히는 행위 등이 포함된다(보건복지부, 중앙아동보호전문기관, 2006).

이러한 신체학대를 당한 아동은 단순한 타박상, 골절, 내부 장기의 손상, 발달지체, 지적장애, 자아 기능의 손상, 대인관계의 어려움을 경험할 수 있다. 그 외에 학교부적응과 과잉행동, 우울증 등과 같은 장기적인 후유증이 남을 수 있다.

(2) 정서학대

정서학대는 언어적, 정신적 혹은 심리적 학대라고도 부른다. 이는 "아동의 정신 건강 및 발달에 해를 끼치는 학대행위"(「아동복지법」 제17조)로, 보호자나 양육자가 아동에게 언어적, 정서적으로 위협하고, 감금이나 억제, 기타 가학적인 행위를 하는 것을 말한다. 정서학대는 눈에 쉽게 띄지 않으며 그 결과가 당장 심각하게 나타나지 않기 때문에 그냥 지나칠 수도 있다는 점에서 유의하여야 한다. 구체적인 정서학대에는 아동에게 욕설을 퍼붓는 행위, 감금행위, 집 밖으로 내쫓겠다고 하거나 거부적인 언어를 사용하는 행위, 아동발달 수준에 적절하지 않은 비현실적인 기대로 아동을 괴롭히는 행위, 삭발시키는 행위, 아동이 보는 앞에서 부부싸움을 하거나 다른 아동과 부정적으로 비교하는 행위 등이 포함된다.

정서학대의 결과로 아동은 자아존중감이 낮아지고 감정 표현이 적어지며 애정결핍의 결과로서 지나친 애정욕구를 보일 수 있다. 이외에 심각한 정서학대는 반사회적인 행동장애나 정신신경성 반응을 보이는 등의 후유증을 남기기도 한다.

(3) 성학대

성학대는 보호자를 포함한 성인이 자신의 성적 욕구 충족을 목적으로 18세 미만의 아동과 함께 하는 모든 성적행위를 의미한다(보건복지부, 2017). 일반적으로 아동 성학대는 두려움이나 강압적인 힘을 이용한다. 그러나 놀이를 통해 착각하게 하거나 아동을 사람들로부터 심리적으로 고립되도록 조정하여 성학대를 하는 경우도 있다. 구체적인 성학대행위는 성인이 아동에게 자신의 성기나 신체를 접촉하게 하거나 아동의 성기를 만지는 행위, 아동 앞에서 옷을 벗으며 자신의 성기를 만지는 행위, 아동의 옷을 강제로 벗기거나 키스를 하는 행위, 포르노 비디오를 아동에게 보여 주거나 포르노물을 판매하는 행위, 아동매춘이나 아동매매를 하는 행위 등이 포함된다.

성학대 피해는 생식기 관련 감염이나 질환 그리고 원하지 않는 임신으로 연결될 수 있다. 학대 직후에는 수면장애나 불안증세 등이 나타나며, 시간이 흐르면서 연령에 맞지 않은 행동과 선정적인 행동을 보이기도 한다.

(4) 방임과 유기

방임은 보호자가 아동에게 아동양육과 보호를 반복적으로 소홀히 함으로써 아동의 정상적인 발달을 저해할 수 있는 모든 행위를 말한다. 이러한 방임에는 물리적 방임, 교육적 방임, 의료적 방임 등이 있다(보건복지부, 2017).

물리적 방임에는 기본적인 의식주를 제공하지 않는 행위, 상해와 위험으로부터 아동을 보호하지 않는 행위, 불결한 환경이나 위험한 상태에 아동을 방치하는 행위, 아동의 출생신고를 하지 않는 행위, 보호자가 아동을 가정 내에 두고 가출한 경우이 있다.

첫째, 물리적 방임은 아동에게 의식주를 제공하지 않거나 아동을 장시간 위험하고 불결한 주거 환경에 그대로 방치하는 것이다. 둘째, 교육적 방임은 학교에 무단결석하여도 고의적으로 방치하거나 취학연령이 되었음에도 불구하고 학교에 보내지 않는 행위, 과제 및 준비물을 챙겨 주지 않는 것이다. 셋째, 의료적 방임은 예방접종을 제때 하지 않거나 필요한 의료적 처치를 소홀히 하는 것이다(보건복지부, 2006).

방임의 결과로 아동은 나이에 비해 발달이 지체되고 불결하거나 자아존중감이 낮아지게 된다. 그리고 가정에서 주는 적절한 자극의 부족으로 아동은 의사소통과 관련된 사회성이 부족하거나 자신의 만족감을 지연하는 능력이 부족한 등 학교생활에 부적응을 보이기도 한다. 유기는 보호자가 아동을 보호하지 않고 버리는 행위로 극단적인 방임에 포함된다.

2. 위험요인

어떤 사람들이 아동을 학대하는지, 아동학대가 왜 다른 집단보다 특정 집단에서 더 많이 나타나는지를 한 요인만으로는 설명할 수 없다. 아동학대는 여러 수준에서 많은 요인이 복합적으로 개입된 것을 검토해야 잘 이해될 수 있다. 아동학대 문제에서 여러 요인 간의 상호작용은 개인 수준과 관계 수준, 지역사회 수준 그리고 사회적 수준을 검토하는 생태학적인 모형이 효과적으로 보여 준다.

아동학대가 발생할 가능성을 증가시키는 요인은 위험요인이고, 그것을 감소시키는 것은 보호요인이다. 자원이 한정된 곳에서는 다음 중 몇 가지 위험요인을 가지고 있는 아동과 가족이 우선적으로 보호되어야 한다(WHO, 2006).

1) 개인적 요인

(1) 부모와 양육자 요인

부모나 다른 가족구성원에게서 다음과 같은 특성이 발견되면 아동학대의 위험이 증가한다.

- 신생아와의 애착 형성이 어려운 경우(예: 어렵게 임신하였거나, 출생 과정이 복잡하거나, 아기에 실망한 경우 등)
- 아기를 보살피는 특성을 보이지 않는 경우
- 어렸을 때 학대를 당한 경우
- 아동발달에 대한 인식이 부족하거나 아동의 요구에 대한 이해가 부족하여 비현실적인 기대를 갖는 경우
- 버릇없는 행동에 대해 부적절하고 과도하게 처벌하는 경우
- 체벌을 허용하고 그것이 효과적이라고 믿는 경우
- 부모로서의 보살핌을 방해하는 신체나 정신 혹은 인지상의 문제
- 화가 났을 때 자기조절능력이 부족한 경우
- 알코올이나 약물 남용으로 아동을 양육하는 능력에 영향을 받는 경우
- 사회적으로 고립된 경우나 재정적인 어려움을 경험하는 경우
- 우울하거나 낮은 자존감을 가진 경우

• 교육을 제대로 받지 못하거나 어린 나이에 부모가 되어 양육 기술이 부족한
  경우

(2) 아동요인

다음의 위험요인이 아동의 성격이나 기질과 연관되어 있다는 것은 자녀를 양육할 때 부모의 어려움이 크다는 것을 의미한다.

• 원치 않던 아이이거나 부모의 기대와 바람을 충족시키지 못한 경우
• 조산 혹은 장애나 만성질환 등 집중적인 보살핌이 필요한 아동
• 지속적으로 울고 쉽게 달래지지 않는 아동
• 정신적인 어려움을 가진 아동
• 주의력결핍 및 과잉행동장애(ADHD)나 충동성과 같이 부모 생각에 성격적이거
  나 기질적으로 다루기 어렵다고 생각되는 아동
• 음식을 먹거나 잠을 자는 데 어려움을 보이는 아동
• 운동 및 언어발달이 늦은 아동
• 적대적 행위, 충동적 특성, 폭력적 행동을 하거나 고집이 센 아동

2) 관계상 요인

가족 구성은 그들 사회의 독특한 환경과 지역사회의 규범에 따라 변화될 수 있다. 가족, 친구, 배우자 그리고 동료를 포함한 관계에서 아동학대의 위험요인이 있다.

• 부모와 자녀 간 애착 형성의 실패
• 가족구성원의 신체적 · 정신적 건강의 문제
• 가정의 해체
• 가족 내의 폭력

- 가족 내 친밀한 관계에서 성역할 등 역할에 대한 배려 부족
- 사회로부터의 고립
- 어려운 상황에서 도움을 받을 수 있는 지지체계의 부족
- 확대가족으로부터 자녀양육에 대한 지원 부재
- 종교, 성, 나이, 능력, 생활양식 등에 대한 차별
- 범죄 또는 폭력적인 활동에의 연루

3) 지역사회 요인

아동학대를 증가시키는 위험성과 관계 있는 사회적 환경 특성은 다음과 같다.

- 폭력의 허용
- 성과 사회적 불평등
- 가족의 지지 서비스와 제도 그리고 특별한 욕구에 대한 지원의 부족
- 높은 실업률, 빈곤
- 납 등과 같은 자연환경에서의 해로운 수준의 독소
- 무심한 이웃
- 알코올 접근의 용이성
- 지역적 약물매매

4) 사회적 요인

아동학대 발생의 원인이 될 수 있는 요인은 다음과 같다.

- 빈곤과 사회경제적인 불평등
- 대중매체에서 신체적 학대를 포함한 타인에 대한 폭력을 부추기는 사회문화

- 남성과 여성의 엄격한 성역할을 요구하는 사회문화
- 부모-자녀 관계에서 아동의 지위를 보장하지 않는 사회문화

5) 보호요인

아동학대에서 아동을 보호하는 효과를 제공할 수 있는 요인도 있다. 그러나 이러한 보호요인은 잘 알려지지 않았고 체계적인 연구도 드물다. 연구는 주로 회복시킬 수 있는 요인에 초점을 두고 있다. 안정된 가정이 아동을 보호하는 데에 강력한 자원이 될 수 있다는 것은 명백하다. 제대로 된 보살핌, 부모와 아동의 강한 애착 그리고 체벌하지 않는 양육 기술은 아동학대의 보호요인이 될 수 있다. 학대로부터 회복을 촉진하는 요인은 다음과 같다.

- 성인 가족구성원과 아동의 안정된 애착
- 아동기의 수준 높은 보살핌
- 비행이나 약물 남용을 하는 또래와 교제하지 않는 것
- 비학대 부모와의 온정적이고 지지적인 관계
- 학대와 관련된 스트레스가 없는 것

3. 아동학대의 현황

아동학대의 현황은 유병률(prevalence)과 발생률(incidence)로 파악할 수 있다. 유병률은 살아오면서 아동학대를 한 번 이상 경험한 사람의 수가 얼마나 많은가를 의미하고, 발생률은 학대로 보고된 사례 수가 얼마나 많은가를 의미한다. 아동학대의 예방과 치료 대책을 세우기 위해서는 아동학대의 실태 파악이 중요하나 현실은 그러하지 않다. 다음은 2015년 한 해 동안 아동보호전문기관에 보고된 자료다. 이를

바탕으로 아동학대의 현황을 파악해 보고자 한다(보건복지부, 중앙아동보호전문기관, 2016).

1) 상담 신고접수 현황

2015년 한 해 동안 아동학대 상담신고 전화를 통해 접수된 총 건수는 19,214건이었다. 이 중 응급 아동학대 의심사례 및 아동학대 의심사례는 16,651건(86.7%)이었고, 일반 상담 건수는 2,465건(12.8%)이었다. 이러한 상담 신고접수 전화 건수는 2001년부터 2015년까지 꾸준히 증가하는 추세이다. 2014년에는 전년 대비 36.0%로 대폭 상승하였으며, 2015년에도 전년 대비 증가율이 8.0%로 상승하였다. 이러한 증가는 아동보호전문기관 수가 증가하여서 아동학대 발생 가정에 대한 접근성이 높아진 것과 함께 각 기관마다 활발한 홍보와 교육을 실시하고 있기 때문으로 볼 수 있지만, 무엇보다도 「아동학대 범죄의 처벌 등에 관한 특례법」의 제정으로 아동학대에 대한 인식이 높아진 것으로 보인다.

그리고 신고의무자에 의한 아동학대 신고율은 4,900건(29.4%), 비신고의무자의 경우는 11,751건(70.6%)으로 나타났다. 신고의무자 중 가장 높은 신고율을 기록한 직군은 초·중·고교 직원으로 13.0%이었고, 비신고의무자 중에서는 사회복지관련 종사자에 의한 신고율이 21.6%로 가장 높았다.

2) 피해아동 보호 현황

피해아동의 보호 상황을 2015 전국아동학대현황보고서(보건복지부, 중앙아동보호전문기관, 2016)를 바탕으로 살펴보면 다음과 같다. 전반적으로 매년 학대로부터 보호받는 피해아동의 수는 꾸준히 증가하였다. 아동학대예방사업이 시작된 2001년에는 아동보호전문기관에서 2,105건에 불과하던 아동학대 사례가 2015년에는 11,715건으로 약 5배 이상 늘어났다. 2015년 한 해 동안의 아동학대 사례를 유형별로 살펴보면 중복학대가 5,347건(45.6%)으로 가장 많았고, 정서학대 2,046건 (17.5%), 방임 2,010건(17.2%), 신체학대 1,884건(16.1%), 성학대 428건(3.7%)의 순으로 나타났다. 중복학대를 별도로 구분하지 않고 아동학대 사례 유형의 분포를 살펴보면 정서학대가 7,197건 (40.7%)으로 가장 많았다.

연도별 아동학대 사례 유형 추이를 살펴보면 2001년부터 2014년까지 방임과 중복학대순으로 높은 비율을 보였다. 그러나 2015년에는 중복학대와 정서학대순으로 높게 나타났다.

2015년 피해아동 중 중학생에 해당하는 만 13~15세의 아동이 전체의 22.2%로 가장 높은 비중을 차지하였고, 다음으로는 초등학교 고학년에 해당하는 만 10~12세가 19.5%, 초등학교 저학년인 만 7~9세가 18.1%인 것으로 나타났다. 초등학교와 중학교 시기의 피해아동은 전체의 59.8%를 차지하고 있다. 이는 이 시기 아동이 학교 및 학원 등 외부 환경에 상대적으로 많은 시간 노출되어 학대 사실이 발견될 가능성이 높기 때문인 것으로 보인다. 만 6세 미만의 영유아는 전체의 28.5%로 나타났다. 피해아동의 성별을 살펴보면. 남아가 5,745건(49.0%), 여아가 5,970건(51.0%)으로 여아가 남아보다 더 많았다.

3) 학대행위자 현황

2015 전국아동학대현황보고서(보복지부, 중앙아동보호전문기관, 2016)에 의하면 학대행위자 중 부모인 경우가 전체의 79.8%(9,348건)으로 가장 많았다. 대리양육자가 학대행위자인 경우는 전체의 12.2% (1,431건)으로 나타났다. 아동학대로 판단된 대리양육자 중에서는 보육교직원(427건, 3.6%), 아동복지시설 종사자(296건, 2.5%) 순으로 높았다. 부모에 의해 발생한 9,348건 중 친부에 의해 발생한 사례가 5,368건 (45.8%), 친모는 3,475건(29.7%), 계모와 계부는 각각 237건(2.0%), 236건(2.0%) 순으로 높게 나타났다. 2001년부터 2014년까지 학대행위자가 부모인 경우가 매년 80% 이상을 차지하고 있었으나 2015년에 처음으로 80% 미만인 79.8%로 나타났다.

2001년부터 2015년까지 친부모학대가 꾸준히 증가하였고, 2015년에는 49.3%로 가장 큰 비중을 차지하였다. 친부모가족 외 형태의 학대는 점차 감소하는 추세를 보인다. 대리양육자에 의한 학대는 2001년 3.0%에 불과하였지만, 2015년에는 12.2%로 증가하고 있는 추세이다.

4. 학대가 아동의 두뇌발달에 미치는 손상

최근 학대가 아동의 초기 두뇌발달에 미치는 손상에 대한 연구가 급증해 왔다. 이를 개관해 보면 다음과 같다(Child Welfare Information Gateway). 이 연구들은 학대를 포함하여 장기간의 심하고 예상치 못한 아동기의 스트레스가 생리적으로 두뇌발달을 변화시킨다는 증거를 제시하고 있다. 두뇌발달상의 그러한 변화는 아동의 신체, 인지, 정서와 사회성 발달에 부정적인 영향을 끼칠 수 있다.

뇌의 각 부분들은 그 영역의 활동을 야기하는 자극을 받아야 발달한다. 시간이 지나면 뇌는 더 커지고 조밀해져서 아이가 3세가 될 무렵 성인 뇌 크기의 90%에 이른다. 부모나 양육자가 아동에게 적대적이거나 무관심하여 보살핌이나 자극이 부족하게 되면 아동의 뇌발달은 약화된다. 뇌는 환경에 적응하게 되므로, 좋은 환경에 뇌가 적응하는 것처럼 부정적인 환경에도 쉽게 적응한다.

만성적인 스트레스는 신경경로를 민감하게 하고 불안과 공포에 반응하는 뇌영역을 지나치게 발달시킨다. 그것은 또한 다른 신경경로와 뇌의 다른 부분에 발달을 저하시키는 원인이 된다. 신체적 혹은 성적 학대나 장기간 방임의 스트레스를 경험한 아동의 뇌는 생존과 위협적인 환경을 다루는 데 에너지를 집중시키게 된다. 공포에 대한 뇌의 상습적인 자극은 뇌의 특정 영역이 자주 활성화된다는 것을 의미한다. 그러므로 이러한 영역들은 지나치게 활성화되는 반면, 복잡한 사고와 관련된 다른 영역들은 활성화되지 못한다. 결국 공포 반응과 관련되지 않는 뇌의 영역이 아동의 학습에 활용되기 어렵게 된다.

뇌발달에서 아동기 초기에 하는 경험의 영향은 지능, 정서와 성격의 기초가 된다. 이런 초기 경험들이 주로 부정적일 때 적절한 개입마저 부족하다면 아동은 전 생애를 통해 지속되는 정서와 행동 그리고 학습 문제가 생긴다. 예를 들어, 생애 초기에 상습적인 학대와 방임을 경험해 온 아동은 사방에서 위협을 예상하고 지속적으로 과도하게 흥분된 상태에서 생활하게 된다. 상대적으로 사회적·정서적·인지적 경험에서 혜택을 받을 수 있는 아동의 능력은 감소하게 된다. 학교에서 경험한 것이든 혹은 사회적인 경험으로부터 얻은 것이든 새로운 것을 배우려면 아동의 뇌는 '집중적이고 고요한' 상태이어야 하는데, 상처받은 아동이 이 상태에 이르기는 어렵다. 양육자와 건강한 애착을 형성할 수 없었고, 초기 정서적인 경험이 뇌에 영향을 주어서 긍정적인 정서발달에 필수적인 토대가 마련되어 있지 않은 아동은 공감하는 능력이 제한될 수 있다. 양심의 가책과 공감을 느끼는 능력은 경험에 의해 만들어진다. 극단적인 경우, 아동이 어떤 사람에게도 정서적인 애착을 느끼지 못한다면 누군가를 해치는 일에도 양심의 가책을 느끼지 못하게 된다.

학대가 이미 발생한 상황이라면 집중적인 조기개입이 이러한 장기적인 후유증을 최소화하는 데 도움이 될 수 있다. 그러나 아무리 학대받은 아동에 대한 조기개입이 학대와 방임에 대한 후유증을 최소화할 수 있다 해도 학대가 발생하기 전에 예방하는 것이 더 이롭다. 학대받은 아동을 치료하는 데 소요되는 비용이 학대를 예방하고 생애 초기 몇 년 동안 건강한 뇌발달을 증진하는 데 드는 비용보다 훨씬 더 많다.

5. 학대 피해아동 지원체계

우리나라 학대 피해아동 지원체계는 보건복지부와 중앙아동보호전문기관이 중심이 되고 사법기관과 경찰 그리고 지역아동보호전문기관이 실제적인 일을 한다. 이러한 피해아동 지원체계는 「아동복지법」과 「아동학대 범죄의 처벌 등에 관한 특례법」에 근거를 두고 있다. 실제로 신고접수, 현장조사, 판단 및 조치, 서비스의 제공

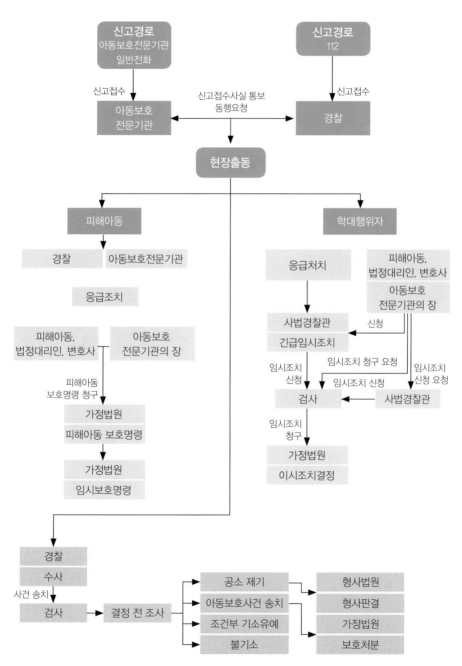

[그림 10-1] 아동보호전문기관 업무 진행도

출처: 중앙아동보호전문기관 홈페이지 http://korea1391.org/new/ page/ work_ system.php

과 같은 아동보호는 다음과 같이 이루어진다(김미숙 외, 2016; 보건복지부, 중앙아동보호전문기관, 2008; 보건복지부, 중앙아동보호전문기관, 2015).

1) 신고접수

아동학대를 알게 되거나 학대로 의심되는 경우에는 누구든지 그것을 아동보호전문기관 또는 수사기관에 즉시 신고할 수 있다. 특히, 「아동학대 범죄의 처벌 등에 관한 특례법」 제10조(아동학대범죄 신고의무와 절차)에 명기된 신고의무자가 그 직무상 아동학대를 알게 되면 즉시 아동보호전문기관 또는 수사기관에 신고하여야 한다. 아동학대 신고전화는 112로 24시간 운영된다. 그 외에 팩스나 이메일 혹은 방문이나 서신으로도 신고할 수 있다. 이때 신고인의 신분은 보호된다.

2) 현장조사

지역아동보호전문기관은 응급 아동학대 의심사례 및 아동학대 의심사례로 신고접수된 건에 대해서 피해아동의 신변 보장 및 안전조치를 취하고, 학대 여부와 위험정도 등을 파악하기 위해 현장조사를 한다. 아울러 서비스 제공을 위한 충분한 기초자료와 정보를 조사하기 위한 것도 현장조사의 목적이다. 신고자, 학대행위자, 피해아동 등의 관련인으로부터 상황에 대한 정보를 수집하고 필요할 경우에는 사진이나 녹화 진단서 등의 증거 자료를 확보해야 한다. 현장조사는 일반적으로 2명이 하게 되는데, 경찰과 동행하는 등 경찰과 아동보호전문기관이 긴밀한 공조체계를 구축해 나가고 있다.

3) 사례판단 및 조치

지역아동보호전문기관에서는 응급 아동학대 사례 및 아동학대 의심사례를 대상으로 아동학대 여부를 판단한다. 사례판단의 객관성을 확보하기 위해 신고접수 및 현장조사를 통해 조사된 내용과 척도 등을 토대로 판단하고, 기관 내 사례회의 및 아동학대사례전문위원회를 활용하여 아동학대 사례, 조기지원 사례 및 일반 사례로 판단한다. 아동학대 사례는 학대의 정황이 뚜렷하고 아동학대로 판단할 만한 증거 또는 진술이 뒷받침되어 아동학대로 판단된 사례로서 개입이 필요한 사례이다. 조기지원 사례는 아동학대 혐의가 없으나 고위험군으로 아동학대 예방을 위해 외부지원이 필요한 사례를 말한다. 조기지원 사례를 관리할 때는 지역사회 내에 있는 유관기관들과 협력체계를 구축하여 주기적으로 모니터링 및 서비스가 제공되도록 한다. 일반 사례는 신고접수 시 아동학대 의심사례라고 판단하였으나 현장조사 결과 아동학대가 발생하지 않은 경우를 말한다(보건복지부, 중앙아동보호전문기관, 2015). 피해아동과 학대행위자 그리고 생활환경 등의 종합적인 현장조사 정보를 통한 사례판단을 바탕으로 피해아동의 안전 및 회복과 학대행위자의 재학대 방지를 위해 학대피해아동 과 학대행위자에 대한 조치를 결정한다. 학대로 판단된 이후 아동에 대한 초기 조치는 원가정보호, 분리보호, 가정복귀 등으로 나뉜다. 학대행위자에 대한 최종 조치는 지속관찰, 아동과의 분리, 고소·고발, 만나지 못함 등으로 나뉜다(김미숙 외, 2016).

4) 서비스 제공

아동보호전문기관은 피해아동의 학대 후유증을 극복하고 학대행위자의 재학대를 방지하며 가족 기능을 강화하기 위해 피해아동, 학대행위자, 그리고 피해아동의 가족을 대상으로 다양한 서비스를 제공하고 있다. 서비스는 개별상담·집단상담·기관상담을 포함하는 상담 서비스, 검진 및 검사, 입원치료·통원치료를 포함하는 의료 서비스, 심리검사·미술치료·놀이치료 등을 포함하는 심리치료 서비스, 가정 지원 서비스·사회복지서비스기관 연결·공적지원 연결을 포함하는 가족기능강화 서비스, 일시보호시설 및 쉼터 등을 통해 피해아동을 일시보호하는 일시보호 서비스, 아동에 대한 응급조치 및 피해아동보호명령 절차 진행과 행위자에 대한 임시조치 또는 고소 · 고발 등 사건 처리에 대한 서비스를 포함한다. 또한 임시조치 또는 조건부 기소유예, 보호처분 결정을 받아 검찰 · 법원으로부터 상담 · 교육 위탁처분을 받은 학대행위자를 대상으로 하는 행위자수탁프로그램을 포함한다.

6. 아동학대의 비용

학대가 아동에게 미치는 심각한 악영향은 비교적 잘 알려져 있다. 학대와 방임은 아동과 가족 그리고 사회 전체에 후유증을 남긴다. 그것은 일생을 두고 계속될 수도 있고 세대를 두고 계속될 수도 있다.

아동학대는 비용적인 면에서도 사회에 큰 대가를 치르게 한다(이재연, 2007). 지금까지 학대에 대한 일반의 논의가 주로 아동에게 주는 신체적이고 심리적인 후유증에 관한 것이었지만, 이제는 아동학대의 비용에 대한 논의가 필요할 때다. 학대 예방에 심리적인 공감을 일으키는 것 못지않게 아동학대의 비용에 대한 논의는 예방의 필요성을 좀 더 분명히 느끼게 해 줄 수 있기 때문이다(김수정 외, 2016).

아동학대를 예방하지 못했을 때 발생하는 학대의 비용은 직접적인 비용과 장기적으로 나타나는 간접적인 비용으로 나누어 볼 수 있다. 우선 아동학대의 직접적인 비용은 학대에 의한 아동보호체계에서 발생하는 비용을 말한다. 즉, 아동학대가 발생했을 때 현장조사와 사정, 서비스 제공과 사후관리 등의 과정에서 가정방문상담, 격리보호, 통원 및 입원 치료, 일시보호, 위탁, 가족보호, 재활, 치료, 가정 개별상담, 집단상담 등에서 발생하는 비용이다. 한편, 간접비용은 아동학대의 장기적인 경제적 비용을 발한다. 즉, 학대에 의해 아동이 차후에 필요하게 되는 특수교육, 정신건강, 약물 중독, 십대 임신, 장기실업, 가정폭력, 홈리스, 청소년비행, 성인기 범죄 등에 연루되는 비용과 이로 인한 생산성의 감소로 추정한다. 간접비용은 직접비용보다 파악이 어렵고, 연구결과를 바탕으로 추정하여 계산하는 것이 일반적이다.

일례로, 미국의 아동학대예방단체인 Prevent Child Abuse America는 2007년도에 하루 2억 8,400만 달러를 미국 아동의 학대 비용으로 지불하였다고 발표하였다 (Wang & Holton, 2007). 직접비용은 하루에 9,100만 달러, 간접비용은 1억 9,400만 달러로 집계되었다. 어마어마한 비용이 아닐 수 없다. 이는 바로 아동학대 예방으로 절감할 수 있는 액수이기도 하다. 따라서 학대에 따른 비용과 예방을 통해 절감 가능한 비용을 계산해 보는 비용 대비 효과 분석을 활용하여 학대 예방을 확실히 하는 아동투자 정책이 필요하다.

어린 자녀를 둔 가정에 대한 투자는 아동이 건강하고 생산적이며 폭력적이지 않은 성인으로 성장하면서 확실하게 효과가 나타난다. 예방 프로그램의 효과성에 대한 분석과 비용 대비 효과성에 대한 평가도 하면서 장기적인 아동학대 예방의 가치를 알고 실천할 때다. 후에 가래로 막을 것을 미리 호미로 막고 예방해서, 모든 아동이 어린 시절을 향유할 수 있게 보장해 주는 리더십을 각자의 위치에서 발휘할 때인 것이다.

🔵 생각해 보기

1. 말레이시아의 전문가훈련 프로그램 실시 사례에서 우리나라의 경우와 다른 점은 무엇인지 생각해 보자.
2. 체벌과 학대의 기준을 어떻게 설정해야 하는지 생각해 보자.
3. 아동학대 신고율이 증가하는데도 전반적인 신고율은 여전히 낮다. 신고의무자의 신고율을 높이기 위한 방안에는 어떠한 것이 있는지 찾아보자.
4. 우리나라 학대 피해아동 현황을 보면 초등학교 고학년이 가장 높다. 미국의 경우는 학대피해 현황이 초등학생보다 영유아가 더 높은데 이러한 차이는 어떠한 이유 때문인지 생각해 보자.
5. 서비스 전달체계에 있어 기관 간의 연계성이 떨어진다는 지적이 크다. 서비스 전달체계를 원활히 하기 위해서는 어떠한 노력이 필요한지 알아보자.

참고문헌

김미숙, 배화옥, 정익중, 조성호, 박명숙, 김지민(2016). 아동학대 피해아동지원 체계 구축방안 연구. 한국보건사회연구원.

김수정, 정익중(2016). 아동학대의 사회경제적 비용추계. 한국아동복지학, 53, 25-50.

보건복지부(2017). 2017년 아동분야 사업안내 2권.

보건복지부, 중앙아동보호전문기관(2006). 아동학대 신고의무자가 꼭 알아야 할 아동학대 예방 사업.

보건복지부, 중앙아동보호전문기관(2008). 아동보호전문기관 업무수행지침.

보건복지부, 중앙아동보호전문기관(2012). 전국아동학대현황보고서.

보건복지부, 중앙아동보호전문기관(2016). 2015 전국아동학대현황보고서.

이재연(2006). 아동학대의 원인 및 영향: 제1기 아동학대전문상담원과정 교재. 한국보건복지인력개발원.

이재연(2007). 아동학대의 비용과 예방. 중앙아동보호전문기관 소식지, 가을호.

장화정(1998). 아동학대평가척도 개발. 숙명여자대학교 대학원 박사학위논문.

ISPCAN (2008). International training program of ISPCAN. *ISPCAN Special Report n. 1.*

Kempe, H., Silverman, F., Steele, B., Droegemueller, W., & Silver, H. (1962). The battered-child syndrome. *Journal of the American Medical Association, 181*, 17-24.

Shelman, E. A., & Lazoritz, S. (2011). *The Mary Ellen Wilson Child Abuse Case and the Beginning of Children's Rights in 19th Century America.* Dolphin Moon Publishing.

Wang, C. T., & Holton, J. (2007). *Total Estimated Cost of Child Abuse and Neglect in The United States.* Illinois: Prevent Child Abuse America.

WHO (2006). *Preventing Child Maltreatment: A Guide to Taking Action and Generating Evidence.*

Child Welfare Information Gateway. Understanding the Effects of Maltreatment on Early Brain Development: Effects of Maltreatment on Brain Development. http://www.childwelfare.gov/pu

제11장

보육

아동복지론

우리나라 보육은 1900년대 초부터 탁아소 형태로 운영되다가 1990년 영유아보육법이 제정된 이후 제도적인 보육 형태를 띠게 되었다. 1990년대 이후 보육의 양적 확충기를 지나 2004년 영유아보육법의 전면 개정으로 현재 보육의 질적 성장을 추진하는 단계에 이르렀다.

이 장에서는 보육의 개념과 기능, 필요성을 알아보고 보육현황 분석을 통해 보육의 발전 방안을 살펴보고자 하였다.

1. 보육의 개념과 필요성

1) 보육의 개념

보육은 부모의 자녀양육 기능을 대체하고 지원해 주면서 영유아의 건강한 발달을 모색하는 것으로 하루 중 일정 시간 동안 영유아의 건강한 성장과 발달에 필요한 보호와 교육을 제공하는 모든 행위를 말한다. 보육은 균형 잡힌 영양공급과 안전한 보육환경의 제공, 국가 보육과정의 실시 그리고 지역사회와의 협력 등으로 이루어진다.

보육에 대한 초기의 개념은 부모의 보호역할을 보충해 주는 서비스로 부모 또는 아동의 법정보호자가 아동을 양육할 수 없는 경우에 하루 중 일정 시간 동안 타인이나 기관에서 보호와 양육서비스를 제공하는, 단순히 탁아의 기능을 수행하는 것에서 출발하였다. 즉, 보육은 사회경제적 지위가 낮은 가정을 대상으로 부모가 질병,

근로, 기타 사유로 자녀를 돌볼 수 없을 때 부모를 대신하여 아동을 맡아 기르는 보호 서비스였다. 이후 상대적으로 임금이 낮은 여성 노동인력의 확보라는 사회적 요구는 보육의 확대에 기여하였다. 취업여성을 위한 탁아소의 설립을 촉구하는 다음의 기사를 통해서도 보육의 초기 개념이 아동을 단순히 맡아 길러 주는 탁아의 개념이었음을 확인할 수 있다.

"나는 항상 우리 가정부인들이 직업을 가지기를 주장합니다. ……그런데 가정 부인의 직업을 가지는 데에는 어린아희 관련되게 됩니다 여하히 직업을 가질여하도 어린아희를 가진 부인들은 가질 수 업습니다. ……그런 가뎡부인으로 하여금 직업을 가지게 하려면 위선 탁아소가 발달되니다. 즉, 모든 가뎡의 어린아희를 맛타가지고 그 어머니로 하여금 마음 노코 직업에 종사할 수 잇도록 하는 것이 필요합니다. ……우리사회에서는 지금 도회에서 유치원 설치가 고조(高調)됩니다. 그러면서도 탁아소 설치에 뜻을 두는 사람은 아즉 별로 보이지 안습니다. 유치원이라 것은 잘 사는 집 아희들을 위한 것이 더 말할 것도 업습니다마는 탁아소만은 대다수의 가뎡부인을 위하야 절대로 필요한 것입니다. 우리는 탁아소의 필요와 가뎡부인 직업의 필요를 긔회 잇는 대로 주장하여야 하겟습니다. 그래서 일방으로는 녀자는 그 남편의 부속물이 아니 따로 직업을 가질 필요가 업다는 구관념을 타파하는 동시에 여자에게 자립할 긔회를 제공하도록 로력하여야 하겟습니다……."(동아일보, 1927. 6. 2)

보육에 대한 시각은 사회구조의 변화와 취업여성의 급격한 증가 등에 따라 점차 다양한 욕구를 반영할 수 있는 질 높은 서비스를 원하는 부모들이 증가하면서 변화하였다. 보육이 단순히 아동을 보호하는 것이 아닌, 아동의 발달 및 교육도 담당할 수 있어야 한다는 부모들의 욕구가 표출되면서 보육은 부모의 양육기능 및 가정에서의 자녀교육 기능을 보완하고 지지하는 역할을 포함하는 개념으로 변화하였다.

단순한 보호의 기능을 넘어서 보다 유익한 교육적 경험을 제공해야 한다는 것이다. 보육 선진국들은 일찍이 태어나는 모든 어린이들이 생의 초기에 건강한 환경에서 발달할 수 있는 조건을 제공해 주는 수단으로 보육을 받아들였다. 이들 국가는 아동 권리 보장 차원에서 보육에 대한 국가의 집중적 투자를 확대하였다. 이들 국가들은 아동이 보이는 정서적, 심리적인 취약성 때문에 아동에 대한 특별한 보살핌이 필요하다는 것을 보육 정책에 적용하였다. 영국의 경우에도 유엔아동권리협약의 내용을 국가보육기준(National Care Standards)에 반영하여 보육에 대한 국가의 책임은 아동이 누려야 할 기본적인 권리라는 관점에서 접근하고 있다. 아동의 초기 경험을 풍부하게 하여 이들의 잠재적 역량을 개발할 수 있도록 지원하기 위한 주요한 수단이 보육이어야 한다는 것이다. 태어난 모든 어린이들이 똑같은 경험과 양육 환경을 제공받을 권리가 있음을 국가보육전략(National Child Care Strategy)(DEof, 1998)에서 강조하면서 보육과정이 단순한 보호 차원을 넘어서 교육적 경험을 제공하는 것까지 확대될 수 있어야 함을 보여 주고 있다.

우리나라의 경우 보육은 취업부부의 자녀양육을 지원하는 차원을 넘어서서 이제는 저출산문제를 해결하는 주요한 수단으로 보육을 받아들이고 있으며, 모든 영유아들에 대한 조기개입 서비스의 의미로 그 개념이 확대·발전되었다. 영유아보육법에서도 '아동의 양육받을 권리의 보장의무'(유엔아동권리협약 제18조)를 보육의 이념으로 밝히고(제3조) 있다. 동법 제1조에서는 영유아 보육의 목적을 "영유아에 대한 심신의 보호와 건전한 교육을 통하여 건강한 사회성원으로 육성함과 아울러 보호자의 경제적, 사회적 활동을 원활하게 함으로써 가정복지 증진에 이바지하고자 함"이라고 언급하고 있다. 보육의 개념은 변화해 왔지만, 보육은 두 가지 의미를 담고 있다. 첫째, 하루 중 일정 시간 동안 발생하는 부모에 의한 양육의 부적절함을 사회에서 보육해 주는 지원체계라는 점이다. 보육은 부모의 역할을 전적으로 대리해 주는 서비스는 아니며, 부모의 자녀양육 역할을 일부 보충해 주는 것이다. 둘째, 아동의 전인적인 발달을 돕고 복지를 향상시키기 위한 것이다. 단순한 아동보호에 그치지 않고 아동이 지닌 발달특성과 처한 생활환경을 고려한 넓은 의미에서의 교육적 활동을 포함한 교육·보호의 개념을 바탕으로 하는 것이다. 동법 제2조에서는 "보육이라 함은 영유아를 건강하고 안전하게 보호·양육하고 영유아의 발달특성에 적합한 교육을 제공하는 사회복지 서비스를 말한다."라고 정의하고 있다.

2) 보육의 필요성

보육은 여러 가지 이유로 자신의 자녀를 양육할 수 없는 부모를 위한 양육대안으로서 시대와 환경을 초월하여 존재해 왔다. 초기에는 빈곤과 질병 등의 위기 상황에 처한 가정의 양육대안으로 존재해 왔고, 여성의 취업이 증가하자 취업에 따른 양육부재를 막기 위해서 존재하였으며, 최근 체계적이고 전문적인 아동양육에 대한 요구로 인해 태어나는 모든 아동에 대해 동일한 초기경험을 제공해야 한다는 아동권리 시각에서 보육의 필요성이 확대되어 왔다.

사실상 노동시장과 가족구조의 변화에 의해서 여성 노동인력을 확보해야 하는 국가는 질적인 보육 제공에 대한 부모의 요구를 수용할 수 있어야 한다. 최근에는 아동권리의 관점에서 태어나는 아동이 누려야 할 중요한 조기 경험의 하나로 보육을 인식하게 되면서 질적 수준이 담보된 보육을 제공하기 위한 국가적 노력이 확대되고 있다.

(1) 취업모의 증가

보육이 가장 필요한 때는 부모가 취업 때문에 하루 중 일정 시간 집 밖에 있는 경우다. 우리나라 여성의 경제활동참가율은 계속적인 증가 추세를 보이고 있다. 우리나라 여성의 취업률은 미국이 65.7%인 점을 감안할 때, 선진국 경제규모에서 여성노동력이 차지하는 비율과 비교하여 충분한 수준은 아니라는 지적이 있지만, 최근 통계청 발표에 따르면 2015년 기준으로 30대 기혼여성의 경제활동 참가율은 53.4%, 전 연령대 경제활동 참가율은 61.1%로 나타났다.

기혼여성의 취업증가는 아동 양육상황의 변화를 가져왔다. 아동이 과거처럼 자

신의 집에서 부모에 의한 양육을 받기 어려워졌고, 조부모나 친인척 등에 의한 보살
핌을 받기도 쉽지 않다. 이 경우 어린이집과 같은 영유아 양육기관이 필요하다. 아
동의 양육을 담당할 적절한 사람이나 기관이 없을 경우 영유아 양육이 방치되어 자
첫 이들의 발달에 치명적 손상을 입게 될 수도 있다. 부모가 취업하고 있지 않더라
도 질병이나 기타 이유로 일상적인 자녀를 돌보는 데 어려움이 있는 경우라면 보육
이 필요하다.

(2) 가족구조의 변화 및 가족 기능의 약화

확대가족에서 핵가족으로의 급격한 변화는 양육상황의 변화를 초래한 중요한 요
인이다. 확대가족에서는 자녀양육의 부재상황에서도 도움을 줄 수 있는 부모나 친
인척이 있었다. 그러나 취업여성의 증가로 조부모, 고모, 이모 등도 취업여성일 가
능성이 높고, 1960년대 이후 이촌향도 현상이 일어나면서, 결국 가족에 의한 양육
지원을 기대하기 어려워졌다.

이러한 가족구조의 변화로 인해 자녀를 돌봐 줄 수 있는 조부모나 친인척의 부재
로 가족 외부에서 자녀양육을 지원해 줄 수 있는 서비스를 찾게 된다.

자녀양육이 어려운 불안정한 가족의 증가 또한 보육의 필요성을 증대시키는 요인
이다. 이혼, 별거, 부모의 가출, 조손가족 등 가족해체에 따른 가족의 양육위기는 보
육을 통해서 일부 해소될 수 있어야 하는 것이다. 2006년 인구 1,000명당 이혼율은
6.2쌍으로 미국, 영국에 이어 세계 3위이며, 30년 만에 이혼율이 7배 증가하였다(통
계청, 2006). 우리나라 전체 가구 중 6.8%의 가정이 해체가정이다. 편모가정이 48만
9,000여 가구, 편부가정이 13만 4,000여 가구, 조손가정이 3만여 가구에 이르는 것으
로 나타났다. 배우자 없이 자녀를 혼자 키우거나 노령의 조부모가 아동을 키워야 하
는 경우 보육을 통한 지원이 더욱 요구된다.

(3) 개인 생활양식의 다양화

사회가 변화함에 따라서 부모역할에 대한 인식도 달라졌다. 자녀의 양육을 위해

서 부모 자신의 시간, 요구 등을 중요시하지 않던 이전 세대의 부모와는 달리, 자신의 욕구를 중요하게 생각하는 부모의 수가 늘고 있다. 요즘의 부모들은 자녀를 성공적으로 양육하면서 동시에 자신의 발전을 위한 욕구를 충족시킬 수 있는 삶을 유지하고 싶어 한다. 자녀의 욕구만큼 부모의 욕구를 중시하고 있으며, 욕구의 유형 또한 다양해지고 있다. 부모역할에 대한 가치관의 변화는 보육수요를 확대시키는 요인이 되고 있다.

(4) 아동양육 및 교육의 전문화 추세

생애 초기 경험의 중요성에 대한 사실들이 보고되면서 보육의 필요성 및 중요성이 부각되고 있다. 생애 초기가 단순한 보호요구만 충족시키는 시기가 아니라 적절한 자극을 제공하고 다양한 경험을 제공함으로써 이들의 호기심과 지적 탐색능력을 개발할 수 있는 시기여야 한다는 연구결과들은 부모로 하여금 전문 양육 프로그램을 찾게 하는 요인이다. 부모는 생애 초기부터 이들의 요구에 맞는 체계적인 보호 및 교육 프로그램을 제공하기를 희망한다. 생의 초기부터 발달적 욕구를 보장받기 위해 보육이 필요한 아동에게 보육을 제공할 수 있어야 한다는 아동권리 관점의 보육은 체계적인 초기경험을 제공하는 것이 아동의 발달에 얼마나 중요한 것인지를 보여 주고 있다.

2. 조기투자로서 보육의 중요성

「OECD 영유아교육 · 보육정책보고서」(Start Strong II Early Childhood Education and Care, 2006)는 2010년 영국 정부가 발표한 자료에 따르면(DCSF, 2010), 어느 시기부터 정부의 예산을 투입하는가에 따라 정부의 총 투자 비용이 차이가 있는데, 0세부터 16세 미만까지 정부가 투자할 경우 1인당 총 4여 파운드가 소요되는 데 비해서 6세부터 정부가 비용을 지원할 경우는 1인당 총15만여 파운드가 소요되는 것으로 나타났다. 영·유아들에 대한 조기투자가 상당히 높은 경제적 이익 창출의 효과가 있음을 알 수 있다.

보육에 대한 국가 투자의 당위성을 다음과 같이 설명할 수 있다(서영숙, 김명순, 황옥경, 2010). 첫째, 건강하고 행복하며 유능한 아동으로 성장·발달할 수 있다. 보육을 통해 아동들이 건강 서비스를 제공받고, 충분한 영양을 공급받으며, 성장에 필요한 적절한 자극을 제공받게 된다. 보육은 부모가 취업이나 질병, 장애 등으로 자녀양육에 어려움이 있는 경우라도 영유아를 신체적으로 안전하게 보호할 수 있고 식사와 낮잠, 간식, 배설 등의 일상적인 생리적 욕구를 충족시킬 수 있다. 또한 어린이집에서의 체계적이고 전문적인 보호와 교육을 통해 아동의 발달적 요구를 충족할 수 있다. 빈곤한 가정의 아동에게는 양질의 보호와 교육 서비스를 통해 박탈된 환경에 대한 보상교육의 기회 등 다양한 발달적 경험을 할 수 있는 기회를 제공할 수 있다.

보육경험은 아동들이 초등학교 생활에 적응을 잘하게 하고, 이는 중·고등학교 생활에도 긍정적인 영향을 미쳐 결국, 성공적인 노동인력을 양성하게 되는 기반이 된다. 브룩스건 교수(2003)는 질적으로 우수한 프로그램은 어린 아동의 학업성취와 행동을 향상시키며, 그 효과는 교육 수준이 낮은 빈곤가정 부모를 둔 아동에게서 가장 크게 나타난다고 했다. 비록 초등학교 입학 후 그 효과가 줄어들기는 하지만 초등학교 고학년을 넘어 중고등학교 때까지 지속되며, 초등학교 저학년까지 지속되는 집중적인 조기개입 프로그램이 가장 지속적이고 장기적인 효과를 나타내었다고 보고하였다.

다음으로, 여성의 경제적 자립과 사회의 성장발전을 도모한다. 보육에 대한 국가의 조기투자는 여성의 활발한 경제활동 참가로 이어지며 사회경제발전을 도모할 수 있게 된다. 여성이 경제활동을 유지할 수 있는 여건이 마련됨으로써 부모가 개인적, 경제적으로 발전할 수 있는 기회를 제공받는다. 질적으로 우수한 보육을 이용할 수 있다면 여성은 전일제 직업을 선호한다(European Foundation, 2003). 그러나 보육을 단지 여성의 경제활동 참여의 관점에서 강조하면 영유아가 부모에게 양육부담을 주는 존재로 인식되고, 보육 서비스를 필요악으로 여길 수 있다는 점에서 주의하여야 한다. 또한 육아를 남성과는 관계가 없는, 여성의 일로 고착시킬 수도 있다.

마지막으로, 저출산 문제를 해소하고 일과 육아의 양립을 지원한다. 무엇보다도 보육을 이용하는 부모는 자녀양육 기능을 지원받는다. 자녀양육에 대한 다양한 정보 및 상담 서비스를 제공받음으로써 부모의 자녀양육 역량을 강화할 수 있다. 기혼 여성이 자녀양육 부담으로 자녀를 임신하고 있거나 1세 미만일때 65.4%의 부부가 취업중단을 경험했다는 연구보고(황옥경, 최남옥, 2006)를 볼 때, 출산율 감소가 심각한 국가문제로 대두되는 현재 상황에서 취업 기혼여성이 안심하고 자녀를 양육할 수 있는 보육이 제공되어야 한다.

세계 각국은 경제활동에 참여하면서 출산하고 양육할 수 있도록 양육친화적인 정책을 개발·실행하는 데 적극적이다. 각국은 부모들이 안심하고 이용할 수 있는 질적으로 우수한 보육을 제공하는 것이 여성으로 하여금 자녀양육과 일을 병행할 수 있게 하며 저출산을 완화시킬 수 있을 것으로 기대한다. 이런 맥락에서 북유럽의 보육선진국은 보육에 대한 국가 재정지원을 확대하고 보육의 질적 우수성을 위해 교사 자격을 강화하고 국가 보육과정을 시행한다.

보육에 대한 조기투자의 경제적 효과가 있다. 생애초기에 투자되었을 때의 효과가 차후 사회적 비용 차원에서 다른 시기의 재정지원보다 더욱 큰 효과를 낳는다는 연구결과(Cunha et al., 2005; Sawhill, 2003)는 국가 보육투자의 근거가 되었다. 실제로 1962년부터 실시한 Perry Preschool 연구에서는 영유아에 대한 투자 $1당 $17.07의 환원효과가 있다고 발표(Schweinhart,와 Montie 2005) 하였고, 시카고 Child-Parent Centers의 연구는 영유아에 대한 투자 $1당 $7.14의 투자 환원효과가 있음을 확인하였다(Mann, 2002). 궁극적으로 영유아에 대한 국가의 조기개입은 국가경제의 호전과도 연관이 있다.

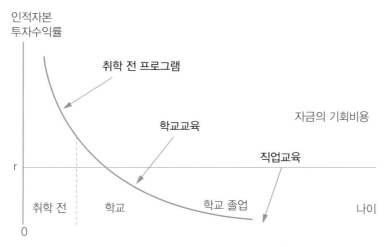

[그림 11-1] 전 생애 동안 투자가 동일하게 이루어졌을때, 인적자본 투자에 대한 회수율

출처: Cunha et al. (2005). Starting Strong II, 38 재인용.

3. 영유아 보육의 발달

1) 보육 태동기(1921~1979년)

우리나라의 보육은 1921년 태화기독교사회관이 빈민아동을 위한 구제사업의 일환으로 보육을 한 것에서 시작되었다. 1926년 부산공생탁아소와 대구탁아소가 설치되었고, 1939년에는 전국에 11개소의 공·사립 어린이집에 435명의 아동이 탁아 서비스를 받은 것으로 기록되어 있다. 1945년 광복 이후부터 1960년까지는 한국전쟁을 전후한 정치적·사회적 혼란기로 전후복구가 국가의 우선과제였기 때문에 어린이집보다는 전쟁에 의한 고아나 기아, 미아 등 요보호아동을 위한 각종 수용보호시설이 외국의 원조에 의해 여러 곳에 설치되었다.

이후 1961년 12월 아동복리법이 제정되면서 '탁아소'의 법적 설치 근거가 마련되었다. 아동복리법 제3조는 아동복리시설의 종류에 탁아시설을 포함시켰다. 아동복리법은 어린이집의 설치 기준, 직원 배치 기준, 보육기간, 보호내용 등을 구체적으로 규정하였다. 동법 제17조에 따르면, 탁아시설은 국가와 지방자치단체 또는 재단법인이 서울특별시장 또는 도지사의 승인을 받아 설치할 수 있도록 규정하여 일반개인이 탁아시설을 설치할 수 없도록 하였다.

1960년대 후반 정부가 경제개발정책을 적극적으로 추진함에 따라 취업모가 증가하고 이에 따라 보육수요가 크게 늘면서 어린이집이 부족하게 되자, 정부는 1968년 '미인가 탁아시설 임시조치령'을 발표하였다. 이로써 지방자치단체나 법인이 아닌 민간에 의한 어린이집의 설치가 가능해졌고, 탁아소를 '어린이집'으로 그 명칭을 변경하였다. 또한 보건복지부 예산에 어린이집을 위한 시설 보조금과 인건비 및 운영비 보조금을 책정하도록 하여 1968년에는 2만 5,000여 명의 유아가 어린이집에 다니게 되었다. 1968년 292개소에 불과하였던 어린이집이 1976년 607개소로 증가하였으며, 보건복지부에서는 사회복지사업법 시행규칙 제6조 2항을 개정하여 미인가 탁아시설 임시조치령을 폐지하고 정부는 탁아시설의 법인화를 유도하였다.

2) 다양한 형태의 보육 모색기(1980~1990년)

1980년대 제5공화국이 들어서면서 정부는 '유아교육'을 정부의 주요시책으로 채택하였다. 정부는 1982년 3월 26일 '유아교육진흥종합계획'을 수립하였고, 1982년 12월 31일에 「유아교육진흥법」을 제정·공포하였다. 「유아교육진흥법」의 제정으로 기존 보건사회부에서 관장하던 691개소의 '어린이집', 농업진흥청에서 관장하던 382개소의 '농번기탁아소', 1981년 새마을사업의 일환으로 내무부에서 설치·관장하던 263개소의 '새마을협동유아원' 및 개인에 의해 설립된 38개소의 민간유아원 등 총 1,374개소의 어린이집이 '새마을유아원'으로 명칭이 통합되었다.

새마을유아원은 3개 부처 관할체제로 운영되었는데, 새마을유아원의 시설 설치 및 행정지도는 보건복지부에서 내무부로 이관하였고, 유아교육에 대한 종합계획 수립, 장학지도, 재정지원, 교사양성, 교재·교구개발 및 보급은 교육부에서, 아동에 대한 보건·의료지원은 보건복지부에서 맡도록 하였다. 또한 영유아를 위한 프로그램을 운영하는 기관이 새마을유아원과 유치원으로 이원체제화되었다. 취업모의 자녀양육 요구에 부응하고자 확대되었던 새마을유아원은 대부분이 반일제로 운영되고, 제공되는 프로그램이 유치원과 뚜렷한 차이가 없어 취업부부의 요구를 충분히 수용하지 못하였다. 늘어나는 보육 요구를 충족시킬 만큼 시설 수의 확대도 이루어지지 않았다. 새마을유아원의 한계를 극복하기 위해 정부는 1989년 9월 「아동복지법시행령」을 개정하여 탁아시설 관련 규정을 부활시키고, 1990년 1월 15일 「탁아시설의 설치운영규정」을 마련하였다. 그러나 동 시행령도 탁아시설의 관할부처가 보건사회부, 내무부, 문교부, 노동부 등으로 나뉘어 규정되어 있었기 때문에 효율적인 운영과 시설 확대 등에 어려움이 있었다.

3) 보육 확립기(1991~2000년)

보육사업의 관장부서가 내무부, 노동부, 교육부, 보건복지부 등으로 다원화된 체제로는 체계적이고 효율적인 보육을 추진하기 어렵기 때문에 주관 부서의 일원화와 별도의 탁아 관련법률의 입법 필요성이 제기되었다. 1985년 기혼여성의 경제활동참가율(41.0%)이 미혼여성(39.5%)보다 높게 나타나기 시작한 것도 별도의 탁아 관련 입법을 적극추진하게 한 주요 요인이다. 그리하여 1991년 1월 14일 정부는 「영유아보육법」을 제정·공포하였다. 동법은 보육 관련 주무 부서를 보건복지부로 일원화하였고, 기존의 새마을유아원을 '어린이집'이라는 명칭으로 변경하였다. 그동안 유아교육진흥법에 준하여 설치·운영되어 온 새마을유아원에 대해서는 1994년 1월까지 교육법에 의한 유치원이나 영유아보육법에 의한 '어린이집'로 전환하도록 하였다. 영유아보육법이 제정됨으로써 우리나라 유아교육 체제는 교육인적자원부 관할의 유치원과 보건복지부 관할의 어린이집의 이원체제로 운영되었다.

이에 탄력받은 정부는 어린이집의 확충을 위해 1995~1997년 '어린이집 확충 3개년 계획'을 수립, 추진하였다. 어린이집을 설치하고자 하는 민간의 법인이나 개인에게 국민연금 기금을 융자하여 어린이집을 설치할 수 있도록 지원하는 것이 정책의 핵심 내용이다. 이 정책은 공공에 의한 것보다 민간에 의한 어린이집의 확충을 유도하였으며, 현재까지 어린이집의 민간의존도를 높이는 주요인이 되고 있다. 한편, 영유아보육법은 어린이집의 급격한 확충을 위해 취약한 보육교사 양성과정을 허용함에 따라서 보육인력의 질적 수준과 관련한 문제점을 수정하게 되었다. 정부는 보육프로그램의 개발, 어린이집 종사자의 자질 향상, 보육료 지원 확대 등을 통해 다양한 보육지원 정책을 개발, 추진하였으나 그 성과가 가시적으로 나타나지는 않았다.

4) 보육 발전기(2001~현재)

1991년 제정된 영유아보육법은 자녀양육의 사회적 책임에 대한 욕구가 폭발하는 기폭제가 되어 보육사업의 양적 팽창을 주도하였다. 그러나 보육사업의 양적 팽창 이면에 이 법은 어린이집의 효과적인 운영체계나 관리체계를 유도해 낼 만큼의 역량을 갖추지 못했다는 비판이 계속되었다. 보건복지부는 2001년 12월 보육행정 및 지원체계, 보육인력 관리체계, 보육사업 재정제도, 보육과정 및 보육환경, 특수보육제도 등 다섯 가지 분야에 대한 '보육사업 중·장기 종합발전계획'(보건복지부 아동보건복지과, 2001)을 발표하였다. 이 정책은 공보육 기반 구축과 국가책임하에 질 높은 보육 프로그램을 제공할 수 있는 기반을 마련해 줄 것으로 기대되었다. 정부는 1991년 이후 10여 차례 영유아보육법을 부분 개정하였고, 2004년 다양한 보육요구에 부응하고자 영유아보육법을 전면 개정하였다. 2004년 1월 8일 개정된 영유아보육법은 공보육체계의 확립과 보육 질적 성장의 두 가지를 법 구성의 핵심 이념으로 하고 있다. 개정된 영유아보육법은 영유아의 이익을 최우선으로 고려하며, 보육에서의 차별을 금하는 것을 보육이념으로 명시하고 있다.

보육업무는 2004년 6월 '보건복지부'에서 '여성가족부'가 담당하게 되었다가 2007년 2월 다시 '보건복지부'로 이관되었다. 중앙정부의 보육정책은 〈표 11-1〉과 같이 변화해 왔다. 여성가족부는 '제1차 보육발전종합계획'(2006~2010년)인 '새싹플랜'을 수립하여 2006년부터 2010년까지 보육 정책의 추진 방향과 비전을 제시하였다. 공보육기반조성, 부모의 육아부담 경감, 다양한 보육 서비스 제공, 아동중시의 보육환경 조성, 보육 서비스 관리체계 강화 등의 5개 추진과제를 선정하였다. 특히 '새싹플랜'은, 보육료 지원대상아동 확대를 통한 부모의 보육부담 경감, 보육의 공공성 강화, 보육의 질적 수준 향상에 정책의 초점을 두고 있다. 구체적으로는 정부의 보육재정분담율을 2005년 35.8%에서 2010년 60.0% 까지 끌어올리고, 국공립어린이집을 전체 어린이집의 10%까지 확충, 2010년 평가인증 전면실시, 보육아동 수를 2010년까지 125만 명으로 확충, 보육료 지원아동비율을 2005년 41.7%에서 80.8%로 확대한다는 세부 계획을 수립하였다. 보건복지부가 2009년 수립 · 발표한 제1차 중장기 보육기본계획인 아이사랑 플랜(2009~2012년)은 3대 추진전략 6대 추진과제를 수립하였다. 3대 추진전략은 영유아 보육, 국가책임제 확대, 신뢰회복이며, 6대 추진과제는 자녀양육비용부담 감소, 아동부모 특성에 따른 맞춤형 보육 서비스, 보육시설 환경개선, 보육교사 전문성 향상 및 처우 개선, 보육 서비스 전달체계 개편, 보육 서비스의 효과적인 지원체계 마련이었다. '아이사랑플랜'은 여성가족부의 새싹플랜의 부모 보육료 부담 완화정책을 유지하면서 평가인증 등과 같이 지속적인 발전이 필요한 정책에 대해서는 확대 · 보완한다는 정책기조를 유지하였다. 주요 추진 과제로는 0~2세 무상보육, 5세 누리과정, 다문화아동 무상보육 등의 정책으로 보육료 전액지원 대상을 확대하고 어린이집 미이용 아동 양육수당을 도입하여 부모 간 지원의 형평성을 강화하였다. 아울러 전자바우처를 통한 보육료 지원 방식의 개편으로 행정업무를 효율화하고 부모 체감도를 높이고자 하였다.

　또한 보육교사 처우 개선을 위해 불가피한 공백을 보완하기 위한 대체교사 지원과 농어촌 근무자의 처우 개선을 위하여 특별근무수당을, 2012년부터 누리과정 처우개선비 및 교사근무환경개선비를 신설 지원하고 있고, 우수한 민간 어린이집을 선정 · 지원하는 공공형 어린이집을 2011년 도입 · 시행하고 있다. 정부는 2013년부터는 0~2세 어린이집 미이용 영유아를 위한 양육수당을 지급하고 있으며 누리과정을 3세부터 5세까지 적용시행하고 있다. 제2차 중장기 보육기본계획은 부모의 보육·양육부담 경감,수요자 맞춤형 합리적 보육·양육 지원, 보육의 공공성 확대 및 품질관리 강화, 양질의 안심 보육 여건 조성, 신뢰가 있고 투명한 보육 생태계 구축, 보육 서비스 재정 및 전달체계 개선의 6대 추진과제가 있다. 제2차 보육기본계획은 보육비용부담의 경감과, 보육의 우수한 질을 모색하기 위해 교사자격 요건과 근무환경 개선 등에 초점을 두고 있다(〈표 11-1〉참조).

〈표 11-1〉 보육 정책의 변화

새싹 플랜(2006~2010)	아이사랑 플랜(2009~2012)	제2차 중장기보육 기본계획 (2013~2017)
과제 1. 공보육 기반 조성 1-1. 중장기 수급계획에 따른 보육시설 확충 1-2. 국공립 보육시설 확충 1-3. 기본보조금제도 도입	과제 1. 자녀양육 비용 부담 감소 1-1. 보육료 지원 확대 1-2 시설 미이용 아동 양육수당 지원	과제 1. 부모의 양육부담 경감 1-1 보육료 및 양육수당 전 계층 지원 1-2 보육료 적정화 1-3 부모 추가 경비 부담 경감
과제 2. 부모의 육아부담 경감 2-1. 보육비용 지원 확대 2-2. 영아보육 활성화 2-3. 취업 부모에 대한 지원 강화	과제 2. 아동·부모 특성에 따른 맞춤형 보육 서비스 2-1. 다문화 영유아 보육 서비스 2-2. 장애아 보육시설 이용 편의 제공 2-3. 맞벌이부모를 위한 보육 서비스 지원 2-4. 가정내 자녀양육 서비스 지원	과제 2. 수요자 맞춤형 보육양육 지원 2-1 아동 및 가구 특성별 맞춤형 지원 강화 2-2 장애아 발달에 적합한 보육 서비스 기반 마련 2-3 다문화 보육을 위한 체계적 지원 시스템 마련
과제 3. 다양한 보육 서비스 제공 3-1. 보육시설 이용시간 다양화 3-2. 장애아 보육 활성화 3-3. 농어촌 보육 서비스 확대 3-4. 방과후 보육 프로그램 활성화 3-5. 포괄적 보육 서비스와 부모 협동보육 활성화	과제 3. 보육시설 환경 개선 3-1. 보육시설 안전기준 개선 3-2. 보육 프로그램 개발 보급 3-3. 평가인증 활성화 3-4. 보육시설 균형 배치	과제3. 공공성 확대와 품질관리 강화 3-1 국공립 어린이집 확충 3-2 직장어린이집 설치 유도 및 지원 확대 3-3 부모선호도·체감도 높은 어린이집 확충 3-4 서비스 품질 확보를 위한 설치·인가 기준 개선 3-5 평가인증 강화

과제 4. 아동중심의 보육환경 조성 4-1. 보육시설 환경 개선 4-2. 건강 · 영양 · 안전관리 강화 4-3. 보육인력 전문성 제고 및 처우 개선 4-4. 표준보육과정 제도화 및 프로그램 개발	과제 4. 보육교사 전문성 향상 및 처우 개선 4-1. 보육종사자 자격관리 강화 4-2. 보육교사 처우 개선	과제 4. 양질의 안심보육 여건 조성 4-1 보육인력의 역량지원 강화 4-2 보육교사 처우 개선 4-3 영유아 발달에 적합한 질 높은 보육 프로그램 제공 4-4 안전한 보육 환경 조성
과제 5. 보육 서비스 관리체계 강화 5-1. 평가인증시스템 구축 5-2. 보육행정시스템 구축 5-3. 지자체 보육정책 활성화 5-4. 지역사회 참여 및 시설운영 투명성 제고 5-5. 보육사업 추진관련 인프라 확충	과제 5. 보육 서비스 전달체계 개편 5-1. 비용지원 선정기준 간소화 5-2. i-사랑카드 도입	과제 5. 신뢰가 있고 투명한 보육 생태계 구축 5-1 건전한 보육 생태계 조성을 위한 민관협력시스템 구축 5-2 어린이집 운영 전반에 대한 공개 확대 5-3 부모 · 지역사회의 어린이집 운영 참여 및 소통 기회 확대 5-4 효율적 · 체계적인 보육 3.0 관리시스템 구축
	과제 6. 보육 정책 효과적 지원체계 마련 6-1. 보육 정책 연구기능 강화 6-2. 보육사업 지원기구 개편 6-3. 보육통합정보시스템 구축 6-4. 보육시설 안전공제회 설립 6-5. 보육시설 지도감독 개선 6-6. 부모단체 · 모니터링 활성화	과제 6. 보육 서비스 재정 및 전달체계 개선 6-1 체감도 높은 보육 · 양육 지원 전달체계 강화 6-2 중앙-지방간 보육 재정 합리적 분담 6-3 바람직한 한국형 유보통합 추진

4. 보육의 현황

1) 보육의 유형

(1) 운영 주체에 따른 어린이집 유형

어린이집은 아동양육 지원이라는 국가 복지 정책의 범주 내에서 아동에게 서비스를 제공하는 기관이다. 우리나라에서 어린이집은 공공부문과 민간부문으로 나뉘어 공급되고 있다. 운영 주체에 따른 어린이집의 종류는 국공립, 법인, 직장, 가정, 부모협동, 민간어린이집으로 구분된다. 국공립, 법인 그리고 직장어린이집 중 국가 또는 지방자치단체장이 소속 공무원을 위하여 설치·운영하는 시설은 공공부문이 공급주체로서 정부지원시설로 분류된다. 가정, 직장, 부모협동어린이집은 민간어린이집에 해당한다. 민간 주체로 공급되는 가정, 직장, 부모협동어린이집은 운영주체의 성격은 동일하지만, 보육정원의 수가 다르다. 가정어린이집은 규모가 '상시 영유아 5인 이상 20인 이하', 민간어린이집은 '상시 영유아 21인 이상'으로 규정하고 있다. 부모협동어린이집은 '보육영유아를 둔 보호자 15인 이상의 출자'라는 조건을 만족시키는 민간어린이집을 말한다. 법인어린이집은 사회복지법인이 설치·운영하는 어린이집으로서 법적인 성격은 민간이지만 국가가 인건비 등 운영비를 지원하고 있는 법인어린이집의 경우 공공적 성격도 배제할 수 없다. 법인어린이집은 공공과 민간 공급주체가 혼합된 형태라고 볼 수 있다. 2016년 말 현재 어린이집의 수는 41,084개소로 증가하였다. 국공립어린이집은 전체 어린이집 수의 6.95% 수준으로 10%가 채 안된다. 국공립어린이집과 법인어린이집 등 공공성이 비교적 강한 어린이집의 수는 적고, 가정어린이집과 민간어린이집이 차지하는 비중이 80%를 상회한다. 스웨덴은 국가가 설치·운영하는 어린이집의 비율이 87%에 이르고, 일본은 58%, 복지에 대한 개인가족의 책임을 강조하고 있는 미국은 17%에 이르고 있는 점을 감안할 때, 우리나라 공공기관에 의한 보육 공급률은 현격하게 저조하다.

〈표 11-2〉 어린이집 설립유형별 시설 수　　단위: 명

구분	계	국공립	사회복지법인	법인·단체 등	민간	가정	직장	부모협동
2014	43,742	2,489	1,420	852	14,822	23,318	692	149
2015	42,517	2,629	1,414	834	14,626	22,074	785	155
2016	41,084	2,859	1,402	804	14,316	20,598	948	157

출처: 보건복지부(각 연도). 각 연도 보육통계.

(2) 이용대상, 장소 및 이용시간에 따른 어린이집 유형

보육이 제공되는 장소에 따라 크게 가정보육, 시설보육으로 나뉜다. 가정보육의 경우에는 영유아가 자신의 집에서 보육받는 자기집 보육과 보육자의 집에서 보육받는 보육자 가정보육으로 구분된다. 보육자 가정보육의 경우, 영유아보육법에 20인 이하까지 보육할 수 있도록 규정하고 있어 시설보육의 형태와 완전히 차별화되었다고 보기는 어렵다. 시설보육은 집단보육과 직장보육으로 구분할 수 있다. 시설보육은 대표적인 보육 유형으로 많은 수의 다양한 0~6세의 아동을 어린이집에서 보육하는 형태로서 보다 조직적이고 체계적인 보육이 이루어진다.

어린이집은 운영시간별로 종일제 보육, 반일제 보육, 시간제 보육, 야간 보육, 24시간 보육, 휴일 보육, 방과 전후 보육으로 구분된다. 종일제 보육은 대개 아침부터 부모가 퇴근하는 시간까지 보육하는 형태로 오전 7시 30분부터 오후 7시 30분 정도까지 운영된다. 반일제 보육은 하루 여섯 시간 이하로 운영되는 보육 형태다.

시간제 보육은 종일제 보육을 이용하지 않는 아동에 대해 하루의 일부분 또는 필요한 때는 언제나 아동을 돌봐 주는 시설로 주로 부모의 편의를 목적으로 운영되는 경우가 많다. 야간 보육은 정규 보육시간 이후의 보육으로 주로 10시 30분경까지 운영되며, 교사는 교대로 근무한다. 24시간 보육은 보육아동이 어린이집에서 먹고 자는 형태로 특별한 도움을 필요로 하는 가족의 아동이거나 야근 등의 불규칙한 근무환경에 있는 부모를 대상으로 하는 보육 유형이다. 방과 후 보육은 학령기 아동을 대상으로 학교수업이 끝난 후 일정 시간 동안 보육하는 형태다. 보육이 취학전 영유아 모두에게 제공되는 조기 경험의 맥락, 즉 보육의 보편주의가 확산되고, 취업여성

이 처한 다양한 상황을 흡수할 수 있는 보육이 제공되어야 한다는 욕구가 표출되면서 보육 유형의 다양화를 꾀하게 되었다.

2) 어린이집 이용 아동 현황

영유아보육법은 0~6세의 미취학 아동을 대상으로 보육을 제공하는 것을 원칙으로 하며, 필요할 경우 만 12세까지의 아동을 방과후 보육할 수 있도록 규정하고 있다. 방과후 보육에 대한 요구가 확산되고 있지만, 여러 부처에서 방과후 보육을 관장하고 있어 실제로 보육의 주요 대상은 미취학 아동인 영유아이다. 부모의 보육비용 부담 완화정책은 보육 공급과 이용에도 영향을 미쳐 2016년 말 현재 어린이집을 이용하는 아동은 145만 1,215명으로 최근 몇 년 사이 감소세를 보이고 있다.

〈표 11-3〉 어린이집 설립유형별 보육아동 수: 2014~2016년　　단위: 명

구분	계	국공립	법인	법인 외	민간개인	가정	직장	부모협동
2014	1,496,671	159,241	104,552	49,175	775,414	365,250	39,265	3,774
2015	1,452,813	165,743	99,715	46,858	747,598	344,007	44,765	4,127
2016	1,451,215	175,929	99,113	45,374	745,663	328,594	52,302	4,240

출처: 보건복지부(각 연도). 각 연도 보육통계.

3) 보육교직원 현황

(1) 보육교직원 배치 기준

영유아가 하루 8~10시간 이상을 어린이집에서 생활하는 것을 감안할 때, 어린이집의 보육인력은 영유아의 보육경험에 가장 중요한 영향을 미칠 수 있는 요인이다. 특히, 보육의 질은 보육교사의 질을 넘어설 수 없다는 통설은 어린이집에서 근무하는 보육인력의 중요성을 대변하는 것이다.

어린이집 교직원은 원장, 보육교사이며 그 밖의 직원으로, 간호사, 영양사, 취사

부 등이 있다. 어린이집 원장은 모든 시설에서 1인을 배치하도록 되어 있고, 보육아동의 연령에 따른 아동 수를 고려하여 보육교사를 배정한다. 연령이 어릴수록 교사대 아동의 비율이 낮아진다. 만 1세 미만 영아 3명당 교사 1인, 만 1세 이상 2세 미만 영아 5인당 교사 1인, 만 3세 유아 7인당 교사 1인, 만 4세 이상 20인당 보육교사 1인을 배치해야 한다. 장애아의 경우는 연령과 상관없이 장애아 3인당 보육교사 1인을 배치하여야 한다. 보육아동의 정원이 100인 이상인 경우 간호사와 영양사가 있어야 하며, 원장이 자격이 있을 경우에는 겸직이 가능하다. 보육정원이 40인을 초과할 경우에는 취사부를 두어야 하고 어린이집의 형편에 따라서 사무원, 운전기사 등의 종사자를 둘 수도 있다.

(2) 보육교직원의 자격 기준

영유아보육법 제21조는 어린이집 종사자 중 원장과 보육교사는 일정한 자격을 갖고 "보건복지부 장관이 검정·수여하는 자격증을 받은 자이어야 한다."라고 규정하고 있다. 2005년 1월 30일 영유아보육법 개정 이후 보육교사국가자격증제도가 도입되었고, 2005년 4월 25일부터 '보육교사자격관리사무국'에서 자격증 발급 관련 업무를 수행하였다. 2005년 보육교사에게 국가자격을 발급하기 시작하여 2007년부터 원장에게 국가자격증을 부여함으로써 보육교직원에 대한 자격 및 경력관리 강화의 발판을 마련하였다(황옥경, 2012). 어린이집 원장 자격은 다양한 경로를 통해 취득할 수 있다. 특수목적의 어린이집 외의 일반 어린이집 원장은 '일반기준'에 의한 자격요건을 충족하면 되고, 장애아전담 어린이집은 시설의 특성을 고려하여 추가 자격기준을 요구하고 있다. 2005년 영유아보육법의 개정에 따라 보육교사는 종전의 1급, 2급 보육교사로 구분되던 것에서 1, 2, 3급 보육교사 자격체계로 변경하고 보육교사 자격취득학점은 12과목 35학점(2006~2013)으로 상향되었다. 보육교사 자격취득 요건은 2011년 영유아보육법의 개정으로 17과목 51학점(2014년부터 시행)으로 다시 상향되었다.

각 등급은 승급체계로서 각 급의 근무요건을 충족하고, '경력' 및 '승급교육'을 이수하면 다음의 자격 등급으로 승급할 수 있다. 소정의 요건을 충족한 3급 보육교사가 2급 보육교사가 되려면 1년 이상의 보육업무 경력과 승급교육을 이수해야 한다. 2급 자격요건을 갖춘 교사의 경우에는 3년 이상의 보육업무 경력과 승급교육 또는 관련 대학원에서 석사학위 취득과 1년 이상의 보육업무 경력과 승급교육을 이수해야 한다.

4) 보육재정 및 보육료

(1) 보육재정

우리나라의 경우, 어린이집을 설치하고 운영하는 데 소요되는 총 비용인 보육재정은 중앙정부와 지방정부의 '조세수입'과 어린이집 이용 부모들이 부담하는 '보육료'로 조성되고 있다. 정부의 보육재정 부담액이 높으면 보육의 공공성이 높아지는 것으로 본다. 한 국가의 보육에 대한 이념과 국가의 경제적 상황 등에 따라 정부의 보육재정 분담률이 다르게 나타나는데, 정부가 보육재정을 얼마만큼 부담해야 하는가는 보육 관련 정책의 중요한 쟁점이 된다.

어린이집의 공공기능이 강조되는 프랑스 정부의 보육재정 부담률은 75%, 독일 80%, 스웨덴 83%이다(나정, 2001). 자유주의 사상이 지배적이고 시장의 역할을 중시하는 미국의 경우에도 보육재정 부담률은 41%에 달한다. 정부의 보육 예산은 지난 몇 년 동안 다른 아동복지 예산에 비해 현격하게 증가해 왔다. 중앙정부의 예산만 봐도, 2002년 2,100억 원이었던 것에서 2007년 1조 400억 원, 2017년 5조 3천억 원으로 급격하게 증가하였다.

(2) 보육료

보육료는 부모가 어린이집에 납부하는 보육비용을 말한다. 2006년도 이전 일반 아동에 대한 보육료는 정부의 고시에 의해 결정되었다. 그러나 2006년도 이후부터 시·도지사로 하여금 어린이집의 유형 및 지역 실정을 고려하여 보육료 수납한도

액을 결정하되, 정부지원시설은 정부지원단가의 범위 내에서, 그 밖의 시설은 전년 대비 3% 인상의 범위 내에서 자율적으로 결정할 수 있도록 하였다. 2014년부터는 누리과정의 시행으로 3~5세 보육료 22만 원을 정부가 지원하고 있다. 누리과정 실시에 따른 보육료 지원으로 부모의 보육료 부담이 경감되었다.

5. 보육의 문제점과 과제

1991년 제정된 영유아보육법은 우리나라에 보육체계를 마련하였을 뿐만 아니라 자녀양육의 사회적 책임에 대한 욕구가 폭발하는 기폭제가 되어 보육사업의 양적 팽창을 주도하였다. 그러나 이 법은 어린이집의 질적인 성장을 담보할 수 없고, 효과적인 운영체계나 관리체계를 유도해 낼 만큼의 역량을 갖추지 못했다는 비판을 받았다. 영유아보육법은 보육의 공공성 강화와 보육의 질적 성장이라는 두 가지 법 구성의 핵심 이념을 내세우면서 2005년 1월 30일 전면 개정되었다.

영유아보육법은 보육의 우수한 질 모색이라는 가치 아래 어린이집 평가체계 확립, 운영관리의 공공성과 투명성 확대, 교사자격 규정 등을 강화해 왔다. 2005년 6월 보육업무가 보건복지부에서 여성가족부로 이관되었으며, 현재는 다시 보건복지부가 보육업무를 관할하고 있다. 이와 같이 보육 정책을 국가 정책의 맥락에서 다루고, 보육의 질적 성장과 확충을 다양한 각도에서 모색하기 위해 노력하고 있다.

보육의 질적성장을 도모하기 위해 해결해야 할 과제를 정리하면 다음과 같다.

1) 공공 전달체계의 확대: 국공립어린이집의 확충

국공립어린이집의 공급률은 지속적으로 5%대에 머물러 있다. 최근 일부 지방자치단체의 적극적인 국공립 확립정책에 힘입어 일부 증가하였지만 여전히 전체 어린이집에서 차지하는 비율이 10%에도 못 미치고 있다. 누리과정의 시행으로 전계층 보육료의 전면 지원으로 인하여 보육재정이 공공성은 상당히 확보되었지만 전달체계의 공공성은 여전히 미미한 수준이다. 서울시가 최근 민간 어린이집의 국공립 전환방식을 통해 대대적으로 보육의 공공적 전달체계 확충정책을 시행한 결과, 2011년 총 어린이집의 10.7%, 658개소이던 국공립어린이집이 2012~2014년까지 296개소, 그리고 2015년 163개소가 확충됨에 따라 국공립어린이집이 전체 어린이집의 13.9%로 증가하였다.

그러나 이러한 적극적인 확충정책에도 불구하고 국공립어린이집이 설치되지 않은 곳이 여전히 많고 입소 대기의 문제 역시 여전하다. 보육의 공공성 확충에 대한 정부의 의지에도 불구하고, 국공립어린이집 확충정책은 여러 난제를 안고 있다. 저출산으로 인한 대상 영유아의 감소, 일부 지역의 시설 과다 공급으로 인한 정원미충족, 도시계획에 따른 인구이동으로 인한 어린이집 입지의 적절성, 신규 국공립어린이집 설치나 기존시설의 국공립전환에 따른 재원 확보 등의 문제가 있다.

2) 수요자중심의 다양한 서비스 제공체계 구축

부모들은 어린이집이 부모의 육아욕구를 충분히 수행하고 영유아의 개별적 발달 욕구를 적극적으로 수용할 수 있는 다양하고도 기능적인 육아지원 서비스가 될 것을 기대한다. 어린이집을 이용 중인 보호자의 경우, 52.3%가 선택할 수 있는 어린이집이 충분하지 않다고 인식하고 있었고, 특히 영아기 자녀를 둔 부모는 이러한 인식이 더 강하였다. 영아기 자녀를 둔 부모는 유아기 부모에 비해서 시간제 보육, 시간 연장형 보육 그리고 휴일 보육의 필요성을 매우 높게 지각하는 것으로 연구들은 보고하고 있다. 이 외에도 가정보육교사제 등과 같은 현행 보육유형 외의 새로운 대안적 서비스가 개발되기를 희망하고 있다.

보육의 획일적인 운영 형태를 벗어나기 위해 '보육 유형의 다양화'는 수요자, 정책입안자 모두에게서 해결해야 할 보육의 과제다. 수요자의 요구에 대한 더딘 대응은 자칫 사회가 공인하거나 합의하기 어려운 불필요한 기제를 탄생시켜 불필요한 비용이 지불될 수 있고, 제공되는 프로그램 질을 담보하기 어려울 수 있다. 보육은 이제 보편적 서비스가 되었다. 보육은 일하는 엄마를 위하는 양육 지원 영역이 아니며 행복한 영유아기를 누릴 수 있도록 성장과 발달을 지원하는 보편적 서비스이다. 따라서 보육의 성격은 모든 영유아에 대한 기회보장을 근간으로 맞벌이부부를 특별히 배려하는 기관으로 규정되어야 한다. 보육이 일하는 여성을 위한 양육 지원체계라는 패러다임을 전환하고, 개별적인 욕구에 따라 선택하여 사용할 수 있도록 다양한 서비스와 지원체계가 마련되어야 한다.

3) 보육교사의 전문성 및 처우 개선

정부는 새싹플랜과 아이사랑플랜에서 보육교사 자격취득을 위한 이수학점의 상향조정 정책을 단행하였다. 이 정책의 이면은 보육교사 과잉공급을 막고 새싹플랜과 아이사랑 플랜에서도 밝히고 있듯이 보육교사의 전문성을 높이려는 정부의 의지가 반영된 것이다. 보육교사 자격취득제도의 느슨함은 보육교사 과잉공급을 초래하고 있다. 교과목이나 학점 등을 통해서 자격요건을 강화하는 소극적인 접근방식은 보육교사의 전문성을 확보하는 데 실효를 거두기 어렵다. 유치원 교사자격의 경우처럼 교육연한을 늘리거나 관련학과 중심으로 자격부여 비율을 제한하는 등 보다 적극적인 정책으로 보육교사 자격관련 정책이 선회되어야 할 것이다(황옥경, 2012).

어린이집과 유치원에서 공통으로 적용되는 3~5세 누리과정의 전면시행은 보육환경 운영체제의 정비를 다양한 측면에서 요구하고 있다. 특히, 최소한 보육교사의 자격 요건이 유치원교사와 동일한 수준이 될 수 있어야 할 것을 요구한다. 보육교사 처우와 근무환경의 개선은 보육교사 자격체계의 상향조정에 부응하는 조치로 전문성 향상의 주요한 요인이다. 처우 개선은 우수한 교사의 보육현장 진입을 자극할 수 있는 요건으로 보육의 최우선 해결과제이다. 학력과 자격급수가 고려된 보수체계가 마련되어야 하며 보육을 위해 필요한 추가 인력의 배치로 근무시간 과다, 수업준비 및 휴게시간의 부족 등 열악한 근무환경이 하루 빨리 개선되어야 할 것이다.

4) 평가인증 의무화

어린이집 운영의 내실화를 기하기 위해 평가인증제를 시행하고 있다. 평가인증제도는 2005년 시범운영을 거쳐 2006년부터 본격적으로 실시되고 있으며, 2010년까지 모든 어린이집에 대해 평가인증을 전면적으로 실시하고 있다. 2017년부터는 제3차 평가인증지표에 의한 평가가 진행되고 있으며, 곧 유보통합지표에 의한 평가가 진행될 예정이다. 평가인증제도의 시행으로 어린이집의 질적 수준이 제고되었지만 아직 보육환경이 열악한 어린이집도 상당수이다. 시설설치나 안전 면에서도 기준을 충족시키지 못하는 시설들이 많다. 보육의 질을 실효성 있게 높일 수 있기 위해서는 평가인증제도의 의무화, 평가인증결과 등 관련 정보의 공개, 재정지원과의 연계가 중요한 정책과제가 된다.

더 알아보기

1. 우리나라 최초의 보육: 1921년 태화기독교사회관의 보육.
2. 영유아의 일일 평균 어린이집 이용시간의 변화 – 10시간(여성가족부 어린이집 실태조사 연구, 2004). – 7.6시간(보건복지부보육실태조사 연구, 2015)
3. 영유아기 아동에 대한 보육, 교육에 대한 OECD 국가의 평균 재정 분담률은 60%임(여성가족부, 2005).

생각해 보기

1. 보육의 역할과 기능을 정리해 보자.
2. 영유아가 중심이 되는 보육이 되기 위해서 추가되어야 할 보육 정책이 무엇일지 생각해 보자.
3. 보육교사 자격요건이 아동중심 보육을 실현하기 위해 충분한 것인지 논의해 보자.
4. 영유아기 보육경험이 영유아의 발달에 어떠한 영향을 미칠지 생각해 보자.

참고문헌

나정(2001). OECD의 성공적인 유아교육과 보호정책 요인에 비추어 본 우리나라 유아교육과 보육 정책. 한국교육개발원.

문선화(2004). 리더십의 측면에서 분석한 영유아 보육 및 교육 기관장들의 역할 인식에 관한 질적 연구. 한국영유아보육학회집, 제39집.

보건복지부 아동보건복지과(2001). 보육사업 중·장기 종합발전계획.

보건복지부(2015). 보육실태조사. 육아정책연구소.

보건복지부(2014~2016). 각 연도 보육통계.

서문희, 이상헌, 임유경(2000). 국공립어린이집 운영 개선방안. 보건복지부.

서문희, 이옥, 백화종, 박지혜(2005). 보육, 교육 실태조사 총괄보고. 한국보건사회연구원, 여성 가족부.

서문희, 조애저, 김유경, 최은영, 박지혜(2005). 보육, 교육 이용 및 욕구 실태조사 보고. 한국보 건사회연구원, 여성가족부.

여성가족부(2006). 제1차 보육발전종합계획(2006~2010).

여성가족부(2007). 2007년도 보육사업안내.

통계청(2006). 인구동태통계연보: 혼인, 이혼편.

한국보건사회연구원(2002). 영리보육의 현황과 정책과제. 정책토론자료 2002-09.

한국여성정책연구원(2007). 2007 여성통계연보.

황옥경, 최남옥(2006). 케어맘 도입방안 연구. 경기도 보육정책 포럼.

황옥경(2012). 보육교직원의 합리적 수급과 전문성 강화. 한국영유아보육지원학회 추계학술대 회 발표자료집.

황옥경(2012). 보육교사 처우개선방향. 한국보육지원학회지.

Barnett, W. S. (1992). Benefits of compensatory preschool education. *Journal of Human Resources, 27*(2), 279-312.

Brooks-Gunn, J., & Duncun, G. J. (1997). The effect of poverty on children. *The future of children: children and poverty, 7*(2), 55-71.

Davis, D. (1999). *Child development*. A practitioner's guide. NY: The Guilford Press.

DEof(1998). *National Child Care Strategy*.

Hinds, K., & Park, A. (2001). *Parents Demands for Childcare in Scotland*. HMSO: England.

Young, M. E. (2002). *From Early Child Development to Human Development: Investing in Our Children's Future*. The World Bank.

제12장

가정위탁보호와
입양 및 시설보호

이 장에서는 가정위탁보호, 입양, 시설보호에 대해 알아보겠다. 이 세 가지는 모두 친부모가 아동을 여러 가지 사유로 양육할 수 없을 때, 혹은 양육하지 않는 것이 아동에게 더 낫다고 판단될 때 대리적(substitute) 양육 서비스를 제공하는 대표적인 아동복지 제도다. 가정위탁보호와 시설보호는 부모가 양육할 준비가 될 때까지 '일시적'으로 아동을 대신 양육한다는 전제를 가지고 있다. 시설보호는 과거 '고아원'이라는 이름으로 우리나라에서 전통적인 대리양육 서비스를 제공하는 아동복지 제도로 오랫동안 자리매김해 왔다. 그러나 최대한 '가정적'인 환경에서 아동이 성장할 수 있도록 하자는 목표로 최근 가정위탁보호라는 새로운 아동복지 제도가 우리나라에 시도되기 시작하였다. 입양의 경우는 앞의 두 제도가 일시적인 데 반해 '영구적인(permanent)' 양육 환경을 제공하는 아동복지 제도로서, 친부모와 아동의 법적 관계를 끝내고 양부모와 아동이 새로운 부모–자녀 관계를 법적으로 수립하는 것을 의미한다. 이 장에서는 각 제도의 개념과 특징, 우리나라에서의 서비스 현황, 문제점 및 발전 방안 등을 알아보고자 한다.

1. 가정위탁보호 서비스

1) 가정위탁보호 서비스의 개념 및 원칙

가정위탁 서비스의 특징은 아동이 자신의 가정이 아닌 다른 가정에서 24시간 양육되지만, 입양과는 달리 가정위탁은 '일시적'으로만 아동을 돌보는 것이므로 궁극적으로는 친부모가 아동을 다시 양육할 수 있는 상황이 되면 아동이 친가정으로 되돌아가거나, 그렇지 않을 경우 입양이 될 때까지만 아동을 안전하게 보호하고 건전한 발달을 도모하는 아동복지 서비스다(Pecora, Whittaker, Malucciom, Barth, & Plotnick, 2000). 2011년 개정된 「아동복지법」에 의하면, "가정위탁이란 보호대상아동의 보호를 위하여 성범죄, 가정폭력, 아동학대, 정신질환 등의 전력이 없는 보건복지부령으로 정하는 기준에 적합한 가정에 보호대상아동을 일정 기간 위탁하는 것"을 의미한다.

가정위탁보호제도의 원칙을 몇 가지로 정리해 보면 다음과 같다. 첫째, 아동의 친가정에서처럼 위탁가정에서의 위탁부모와 아동의 적절한 애착관계와 위탁부모의 부모역할은 아동의 발달에 매우 중요하다는 것이다. 둘째, 위탁부모는 사회복지 수혜자가 아니라 오히려 아동에게 함께 서비스를 제공하는 서비스 팀원으로서 인식해야 한다는 점이다. 그러므로 위탁부모도 위탁아동을 위한 서비스 계획을 수립할 때 함께 참여하여 의견을 개진해야 하며, 서비스 실행에 있어서 중요한 협력자로서 역할을 할 수 있도록 사회복지사가 도와주어야 한다. 셋째, 아동이 궁극적으로 돌아가야 할 곳은 아동의 친가정이 최우선이므로 아동의 친부모가 아동을 양육할 수 있도록 현재의 문제를 해결할 수 있는 가족 지원이 함께 병행되어야 한다는 것이다. 또한 아동이 위탁가정에 있는 동안 친부모와의 애착관계를 유지하고, 정서적으로 안정되게 하며, 결국 친부모에게 다시 돌아간다는 점을 상기시키기 위해 아동과 친부모의 정기적 만남을 지속적이고 일관되게 유지시키도록 해야 한다는 점이다(Downs, Moore, McFadden, Michaud, & Costin, 2004).

우리나라에서 본격적으로 가정위탁 서비스가 도입되어 시작된 것은 2003년이다. 그러나 그 이전의 시범적 운영까지 포함하면 1960년대 주로 해외입양아들이 잠시 머물러 있을 수 있도록 운영하던 가정위탁보호까지 거슬러 올라갈 수 있다. 정부가 가정위탁보호사업을 지원하여 본격적으로 시행하게 된 배경에는 유엔아동권리협약이 있다. 협약 당사국의 의무로 제출한 국가보고서에 대해 유엔아동권리위원회가 심의하여 여러 가지 제안을 권고의견으로 국가에 제시한다. 이러한 권고의견을 고려하여 우리 정부는 아동 정책을 입안하고 각종 아동복지 제도와 서비스를 구축하는 노력을 기울여 왔는데, 가정위탁보호 서비스도 그러한 노력 중 하나라고 볼 수 있다. 특히, 우리 정부의 2차 국가보고서에 대한 권고의견의 하나로 유엔아동권리위원회가 시설보호보다는 가정위탁보호제도를 권장한 것이 우리나라에서 가정위탁 서비스가 시작된 중요한 계기가 되었다.

2) 가정위탁 아동의 발생 현황

보호대상아동 발생률은 〈표 12-1〉에서 볼 수 있듯이 점차 감소하는 추세를 보이고 있다. 가정위탁보호 배치는 시설 대비 비율로 볼 때는 그 비중이 최근 증가하고 있는 추세를 보인다. 우리나라의 가정위탁보호 형태는 세 가지로 분류될 수 있다. 첫 번째는 일반가정위탁으로서 위탁아동과 위탁부모가 아무 혈연관계가 없는 경우다. 두 번째는 친인척가정위탁으로서 위탁부모가 위탁아동의 친인척인 경우다. 마지막은 대리가정위탁으로 위탁부모가 위탁아동의 조부모인 경우다.

〈표 12-2〉에서 각 가정위탁 형태별 아동 수를 살펴보면, 2015년의 경우 전체 위탁아동 1만 3,000여 명 중 일반위탁가정의 아동은 1,000여 명으로 7.6% 정도밖에 되지 않고, 나머지는 친인척과 대리 위탁가정에 배치된 아동들이 대부분이다. 일반

〈표 12-1〉 연도별 보호대상아동 발생 및 보호내용 (2012~2015년)   (단위: 명)

연도	보호대상아동 발생 추이	보호대상아동 보호형태			
		시설보호	가정위탁	입양	소년소녀가정
2012	6,926	3,748	2,289	772	117
2013	6,020	3,257	2,265	478	20
2014	4,994	2,900	1,688	393	13
2015	4,503	2,866	1,582	239	0

출처: 보건복지부(2016). 아동복지정책과. 보호대상아동 발생 및 조치현황 통계자료.
　　　보건복지부(2016). 2016 보건복지 통계연보.

가정위탁 부모를 더욱 많이 확보하여 가정위탁을 활성화해야 할 필요성이 제기되고 있음에도 일반위탁가정의 비중은 오히려 점점 낮아지는 추세다.

〈표 12-2〉 가정위탁보호 유형별 위탁아동 현황(2012~2015년)　　(단위: 세대, 명)

연도	계		대리양육가정		친인척위탁가정		일반위탁가정	
	세대	아동	세대	아동	세대	아동	세대	아동
2012	11,030	14,502	7,230	9,732	3,037	3,831	763	939
2013	11,169	14,596	7,294	9,776	3,086	3,843	789	977
2014	11,077	14,385	7,162	9,550	3,089	3,816	826	1,019
2015	10,706	13,728	6,944	9,127	2,927	3,556	835	1,045

출처: 보건복지부(2016). 2016 보건복지 통계연보.

3) 가정위탁아동의 욕구 및 문제점

아동이 가정위탁보호 서비스로 의뢰된 사유를 살펴보면, 가장 높은 비율이 '부모 가출/별거'로서 29.6.%, 그다음이 '이혼' 28.1, '부모 사망' 26.2 등으로 나타났다(중앙가정위탁지원센터, 2012). 즉, 가족해체로 인한 사유가 대부분을 차지함을 알 수 있다. 미국의 경우 가정위탁은 대부분이 아동학대 · 방임으로 인해 원가정에서 분리된 아동을 위한 배치 형태인데 비해, 우리나라의 경우는 아동학대 · 방임으로 인한 가정위탁 의뢰는 많지 않다. 부모의 행방불명/가출, 이혼, 부모의 실직/빈곤, 부모의 질병 등으로 인해 가정위탁에 의뢰되는 사례는 빈곤가정이나 한부모가정을 위한 지원이 효과적으로 이루어졌다면 처음부터 발생되지 않았을 수도 있다(노충래 외, 2007).

위탁아동은 심리정서적 · 신체적 · 사회적 · 인지적 욕구 등 다양한 욕구를 갖게 된다. 먼저 정서적 욕구로는 친가족으로부터 분리됨으로써 가질 수 있는 상실감과 불안감을 해소하고 위탁가정에서의 위탁부모와 새로이 애착을 형성해야 할 욕구를 갖는다. 신체적 욕구로는 정상적인 신체발달을 이루고 새로운 환경에서 적응하면서 자신의 신체적 건강을 유지해야 할 욕구를 갖게 된다. 사회적 욕구로는 학교에서의 적응을 통해 교사와 교우들과 원만한 관계를 형성하고 바람직한 성인 역할 모델을 가져야 할 욕구를 들 수 있다. 또한 인지적 욕구로는 소외된 사회경제적 친가족 환경이나 불안정한 양육 환경 등으로 인한 학업성취 저하 등의 문제를 극복해야하는 욕구를 가지게 된다(Blome, 1997; Dubowitz & Sawyer, 1994; Essen, Lambert, & Head, 1976; Fanshel & Shinn, 1978).

4) 가정위탁보호 서비스의 현황

(1) 서비스 전달체계

2003년에 본격적으로 시작된 가정위탁보호제도를 통해 보호대상아동에게 가정위탁 서비스를 제공하기 위해 전국 시 · 도에 17개 지역가정위탁지원센터와 중앙가정위탁지원센터를 설치 · 운영하고 있다. 중앙가정위탁지원센터는 지역가정위탁지원센터에 대한 지원과 센터 간의 연계 구축활동 및 가정위탁사업의 홍보, 상담원 교육 및 업무 매뉴얼 개발 등의 역할을 담당하고 있다. 위탁부모와 위탁아동에 대한 서비스를 직접 제공하고 사례관리를 담당하는 기관은 지역가정위탁지원센터다(보건복지부, 2007).

가정위탁보호사업은 2005년도에 지방이양사업이 되면서 중앙가정위탁지원센터 운영지원이나 가정위탁홍보 교육 등의 중앙사업은 국비에서 예산지원을 하며, 지역가정위탁지원센터의 운영지원, 위탁아동에 대한 양육보조금 등의 지역사업은 지방자치단체에서 예산지원을 하게 되었다. 이에 따라 지방자치단체의 예산 현황과 가정위탁사업에 대한 단체장의 관심 정도에 따라 예산지원의 규모와 서비스의 현황에 있어 차이가 발생하였다(강현아, 우석진, 정익중, 전종설, 2012).

처음 위탁이 필요한 보호대상아동이 발견되거나 위탁을 희망하는 보호자가 있으면 해당 읍 · 면 · 동사무소에서 위탁에 적합한 사례인지 여부를 조사하여 시 · 군 · 구 지방자치단체장에게 위탁 결정 승인을 요청해야 한다. 그 지방자치단체장은 아동에 대한 위탁보호의 승인을 읍·면·동사무소에 통지하면 그 읍·면·동사무소에서 아동의 가정조사를 실시하고 아동을 국민기초생활수급자로 책정한다. 가정조사와 책정이 끝나면 아동을 해당 가정위탁지원센터에 송부하고 가정위탁지원센터와 협조하여 아동에 대한 사례관리를 실시한다. 그러나 현재의 상황으로서는 읍·면·동에서 그 관리 지역의 아동뿐만 아니라 노인, 장애인, 여성 등에 대한 대민업무를 맡고 있어 가정위탁아동에 대한 사례관리까지 담당하기에는 역부족인 상태라는 지적이 있다.

(2) 비용과 예산 현황

보건복지부에서 책정한 가정위탁지원을 위한 예산은 〈표 12–3〉에서 볼 수 있듯이 2016년도에는 12억 3,200만 원, 2017년도에는 12억 4,100만 원으로 나타났다. 이는 중앙정부 예산만 반영한 것으로 보건복지부의 아동복지사업에서 이 가정위탁지원 예산이 차지하는 비율은 1%도 채 되지 않는 적은 비율이다. 가정위탁에 대한 지방정부 예산은 구체적으로 그 전체 규모의 통계를 내지 않아 파악하기 쉽지 않다.

〈표 12–3〉 가정위탁보호 예산   (단위: 백만 원)

	총 예산	전년대비	아동복지 총 예산에서 차지하는 비율
2016	1,232	0.7%	0.6%
2017	1,241	증가	0.6%

출처: 보건복지부(2016). 2016 보건복지부 소관 예산 및 기금운용개요.
　　　보건복지부(2017). 2017 보건복지부 소관 예산 및 기금운용개요.

5) 문제점 및 개선 방안

(1) 재정 및 인력의 부족

2003년 가정위탁사업이 본격적으로 시작된 이래 미약한 재정과 인력에 대해 계속적으로 지적되어 왔음(허남순, 2005)에도 불구하고 서비스 체계와 사업에 대한 재정의 근거가 제대로 확립되기도 전인 2005년도에 지방이양사업이 되었다. 따라서 현재 가정위탁사업의 관리와 재정을 주로 담당하는 각 지자체의 재정여건과 의지에 따라 사업의 발전이 달려 있다 해도 과언이 아니다.

(2) 일반위탁가정의 부족

가정위탁사업에 대한 아동복지 전문가뿐만 아니라 일반대중의 인식 및 관심 부족으로 일반위탁가정 모집에 많은 어려움이 있다. 이러한 일반위탁가정의 부족은 친인척/대리위탁가정에 대한 지나친 의존과 연결된다. 앞에서도 언급한 것처럼, 친인척/대리위탁가정은 가정위탁 사례의 90%가 넘고 있다. 가정위탁 서비스가 정착된 미국에서는 아동과 혈연관계가 있는 친인척/대리위탁가정을 일반위탁가정보다 선호하고 있는 추세이기는 하지만, 현재 우리나라에서는 많은 대리위탁가정과 친인척위탁가정이 양육자가 실제로 아동에 대한 양육능력과 의지가 있는지에 대한 신중한 사정 과정 없이 과거의 소년소녀가정세대를 이름만 바꾸어 가정위탁세대로 전환한 경우가 많았다(Kang, Chung, Chun, Nho, & Woo, 2014). 정부는 2007년부터 5월 22일을 가정위탁의 날로 제정하여 가정위탁사업에 대한 홍보에 노력하고 있으나 다양한 대중매체를 이용한 더 적극적인 홍보가 필요할 것이다. 또한 각 지역가정위탁지원센터에서도 각 홈페이지의 활성화와 지역사회 주민홍보를 통해 가정위탁사업에 대한 관심을 이끌어야 할 것이다.

(3) 법률적 근거의 미비

2003년 처음 가정위탁사업이 시작되었을 때는 그 법적 근거가 전혀 없었다. 2005년에야 「아동복지법」 개정을 통해 가정위탁지원센터의 설치, 가정위탁지원센터의 업무 등 근거 조항을 마련하였고, 2011년 전부개정에서는 위탁부모의 자격 조건 명시, 위탁아동의 자립지원, 가정위탁지원센터장의 친권제한 청구요청 권한 부여, 시·군·구 가정위탁지원센터 설치 근거 마련 등을 보완하였다. 그러나 가정위탁지원센터의 보다 구체적인 권한과 책임, 아동이 위탁가정에 있는 동안 친부모의 친권 및 양육권의 범위와 제한 등과 관련된 내용이 필요할 것이다. 또한 지방정부, 담당기관 간의 업무 협조 등에 관한 법적 근거도 필요하다.

(4) 서비스 협조체계 미비

가정위탁 서비스는 다른 아동복지체계(공무원, 아동보호 서비스, 입양, 심리치료센터 등)와의 협조체계가 정립되어 있지 않아 업무에 있어 협조도 부족하며 혼란이 야기될 소지가 있다. 예를 들어, 공무원들은 처음 위탁아동에 대한 조사와 위탁에 대한 결정을 하여 해당 지역가정위탁지원센터로 의뢰를 하게 되어 있다. 따라서 해당 가정위탁지원센터와의 협조가 중요하며 가정위탁 서비스에 대한 지식이 필요하다. 또한 아동보호 전문기관에서 아동학대나 방임으로 인해 원가족에서 분리된 아동이 발생하면 그 아동을 가정위탁지원센터로 의뢰하여 가정위탁 서비스를 받을 수 있도록 해야 하지만 실제로 아동보호 전문기관에서 의뢰되는 사례는 매우 적은 것이 현실이다.

2. 입양

1) 입양의 개념 및 원리

Kadushin과 Martin(1988)에 의하면, 공식적인 입양에 대한 정의는 "한 아동과 그 아동의 친생부모 사이의 관계를 법적으로 끊고 혈연관계로 얽히지 않은 사람을 법적으로 아동의 새로운 부모로 만듦으로써 새로운 가족단위를 구성하는 법적 과정"이다. 즉, 입양은 출산에 의해서가 아닌 법적 과정에 의해서 가족이 만들어지는 것이다.

Kadushin과 Martin은 입양의 기본적 원리를 다음과 같이 설명하였다. 첫째, 아동에게는 자신의 친가족과 자신의 지역사회 내에서, 그리고 자신의 나라에서 성장하는 것이 최선이다. 따라서 아동이 자신의 원가정에서 자랄 수 있도록 하는 모든 노력이 이루어지지 않았을 경우 입양은 적절한 선택이 아니다. 둘째, 입양이 정 필요할 경우는 아동의 원래 민족, 국가, 종교적 배경과 가장 유사한 배경을 가진 입양가정을 찾는 노력을 먼저 하고, 이런 입양가정을 찾을 수 없을 때에만 다른 배경의 입양가정을 찾아야 한다. 셋째, 입양의 가장 기본적인 목적은 자신의 생물학적 부모에게 양육될 수 없는 아동에게 영구적인 가족을 찾아 주는 것이다. 넷째, 아동에게 자신의 친가족을 대신할 수 있는 가정이 필요할 때 입양은 최선의 대리양육 형태다. 다섯째, 아동복지 증진을 위해서는 아동에게 가능하면 빠른 시일 내에 영구적 대리가정의 필요성을 결정하고 실현해야 한다.

2) 입양 절차

오랫동안 우리나라에서는 강한 혈연주의로 인하여 「민법」에 근거하여 자신의 친자식처럼 친생자로 호적에 올리는 사적인 비밀입양이 주를 이루어 왔다. 그러나 공식적인 입양 절차는 「입양특례법」에 따라야 한다. 원래 「입양특례법」은 1976년 제정되었다가 1995년 「입양촉진 및 절차에 관한 특례법」으로 전면 개정되어 시행되었다. 그러던 것이 아동이익 최우선의 원칙과 국내입양 활성화를 강조하기 위해 2011년에 「입양특례법」으로 전면 개정되었다. 개정된 「입양특례법」에 따르면, 입양을 하기 위해서는 가정법원의 허가를 받아야 한다. 개정 전 입양기관에 입양을 신청하고 허가를 받았던 것에 비하면 매우 큰 변화라 할 수 있다. 한편 2017년 기준 전국적으로 입양을 알선할 수 있는 기관은 9개인데 국내입양과 해외입양 모두 담당하는 기관은 3개 기관(동방사회복지회, 한국사회복지회, 홀트아동복지회)이며, 나머지 6개 기관은 국내입양만 맡고 있다.

3) 입양의 종류

입양의 종류는 다양하다. 우선 사적 입양(independent adoption)과 기관 입양(agency adoption)으로 분류될 수 있다. 사적 입양은 중간에 매개하는 기관이 없이 친생부모가 자신들이 직접 선택하는 입양부모에게 아동을 배치시키는 것을 의미한다. 기관입양은 공공기관 혹은 민간기관(우리나라의 경우는 민간기관에 의함)에 의해 입양의 과정이 감독되며 친생부모가 자발적 혹은 비자발적으로 아동에 대한 친권을 포기하는 경우다(Pecora et al., 2000).

다음으로는 국내입양과 해외(intercountry)입양으로 분류할 수 있다. 국내입양은 아동이 태어난 국가 내에서 입양가정을 찾는 경우를 말하며, 국제(혹은 해외)입양은 아동이 태어난 국가가 아닌 국적을 가진 입양부모에게 입양되어 다른 국가로 가는 경우다. 앞서 언급한 대로 입양의 기본적 원칙은 아동이 자신이 태어난 국가에서 입양가정을 찾을 수 있다면 국내입양이 해외입양보다 더 낫다고 여겨진다. 그러나 우리나라는 아직까지 상당수의 아동, 특히 장애아동의 경우 국내에서 입양부모를 찾지 못해 다른 나라에 입양되고 있다(Pecora et al., 2000).

또 다른 분류는 영아(infant)입양과 연장아(older child)입양이다. 영아는 보통 만 1세 미만의 아동을 의미하고, 연장아동은 만 1세 이상의 아동을 의미한다(Gulden & Bartels-Rabb, 1993). 보통 연장아입양보다는 영아입양이 더 인기가 있으나, 기본적으로 이는 아동 입장에서의 입양이라기보다는 부모의 욕구에 기초한 입양이라고 여겨져 논란의 여지가 있다. 특히, 연장아입양의 경우 보호대상아동이나 혹은 학대나 방임에 의해 친부모에게 돌아갈 수 없는 아동도 많이 포함되기 때문에 입양부모나 친부모의 입장보다는 아동복지에 기초한 프로그램이 절실히 요구된다(Pecora et al., 2000).

마지막으로는 비밀(closed)입양과 공개(open)입양으로 분류할 수 있다. 비밀입양은 전통적인 입양 방법으로서 입양부모와 친생부모가 입양 이후 서로 연락을 주고받거나 만나지 않는 경우다. 비밀입양은 대개 친생부모의 사생활을 보호하고 아이양육에 대한 간섭을 막기 위한 의도를 가지고 있다(Gulden & Bartels-Rabb, 1993). 공개입양은 비교적 최근에 강조되기 시작한 입양 형태로, 입양아와 친생부모가 지속적인 접촉을 하거나 친형제 및 확대가족과도 관계를 계속 유지하기도 하므로 특히 연장아입양의 경우에 바람직한 것으로 여겨진다. 공개입양의 장점은 아동이 성장하면서 겪는 여러 가지 과도기적 문제에 대해 친생부모나 가족들도 함께 그 해결을 도와줄 수 있다는 것이다. 그러나 친생부모와 가족들의 지속적 유대감은 그 아동이 입양부모와 입양가족과 애착을 형성하는 데 방해가 될 수도 있다. 이렇듯 입양은 여러 가지 종류가 있으나 그 종류에 관계없이 고려해야 할 기본 원칙은 모든 아동이 가족을 가질 권리가 있다는 것과 아동의 욕구가 최선이라는 것이다(Pecora et al., 2000).

4) 입양아동의 발생 현황

〈표 12-4〉는 국내 · 해외 입양아동의 최근 현황을 보여 주고 있다. 이 표에서 알수 있듯이, 국내입양의 비중은 꾸준히 증가하여 해외입양보다 그 건수가 더 많아지고 있다. 2011~2015년도 추이를 보면 국내입양 건수는 해외입양에 비해 거의 2배

〈표 12-4〉 국내외 입양아동 현황 (2011~2015년) (단위: 명)

구분	전체	국내입양			국외입양		
		계	비장애	장애	계	비장애	장애
2011	2,464	1,548	1,483	65	916	706	210
2012	1,880	1,125	1,073	52	755	607	148
2013	922	686	657	29	236	177	59
2014	1,172	637	614	23	535	368	167
2015	1,057	683	659	24	374	275	99
계	7,459 (100.0%)	4,679 (100.0%)	4,486 (95.9%)	193 (4.1%)	2,816 (100.0%)	2,133 (75.8%)	683 (24.2%)

출처: 보건복지부 통계포털. 2011~2015년 입양 현황 통계자료.

에 가까운 수치를 보이고 있다. 그러나 장애아동에 대한 국내입양 비율은 전체 국내
입양 전체 건수의 4% 정도밖에 되지 않으며, 이 수치는 해외입양의 경우 장애아입
양 비율(24.2%)과 크게 비교된다.

5) 입양아동이 겪는 어려움

일반적으로 입양은 아동의 건전한 성장과 발달에 긍정적인 영향을 미치며 대부
분이 성공적인 것으로 평가된다(Barth, 2000). 그러나 입양아동에게는 몇 가지 도전
되는 점이 있다. 먼저 부적절한 태내 환경 혹은 입양 전의 양육 환경으로 인해 '발달'
의 지체가 발생할 수 있으며, 새로운 입양가정에 사회적 · 신체적 · 심리적으로 '적
응'하는 것이다(변미희, 권지성, 안재진, 최운선, 2006). 특히, 입양아동은 친생부모와
의 관계에 대한 상실감뿐만 아니라 이전의 자신의 정체성이 사라짐으로써 정체감
상실을 경험하므로 심리적 적응에 어려움을 겪을 수 있다. 더 나아가 입양되었다는
사실은 청소년기 자신의 정체감을 형성하는 데 있어 많은 어려움을 유발하기도 한
다. 또한 입양부모와 아동 자신이 유전적인 동질성이 전혀 없다는 것에 대해서도 심
리적 상처를 입을 수 있다. 자신이 현재의 입양부모 및 가족과 '다르다'는 느낌은 아
동에게 커다란 슬픔의 감정을 느끼게 하기도 한다(Gulden & Bartels-Rabb, 2006).

입양아동에 있어 또 하나의 도전은 흔하지는 않지만 입양된 이후 입양이 취소되
어 무효화되는 파양(disruption)의 경우다. 특히, 입양될 당시의 아동의 연령은 파양
률과 연관 있는 것으로 보인다(Barth & Berry, 1988). 따라서 보호대상아동과 같은 경
우는 원가정 복귀가 불가능하다는 결정이 나면 가능한 한 빨리 입양을 진행하는 것
이 중요하다(Barth, 2000).

6) 입양 서비스의 현황

최근 입양의 가장 중요한 변화 중의 하나는 2011년 「입양특례법」 전부개정을 통

해 2012년부터 법원 입양허가제를 시행하게 되었다는 점이다. 즉, 과거에는 입양기관에서 적절한 입양가정으로 판정하면 법원에 입양을 신고만 하면 입양할 수 있었으나 이제는 가정법원에서 입양을 허가받게 한 것이다. 이는 입양가정에 대한 선정을 더욱 신중하게 하며, 입양 절차에 대한 국가의 책임성을 강화한 조치로 매우 바람직한 변화라 할 수 있다. 또한 우리나라는 국내입양 활성화를 위해 지속적으로 노력하고 있다. 주요 활성화 정책으로는 입양의 날을 제정하고, 입양부모가 될 수 있는 자격요건을 크게 완화하여 2006년도까지는 '25세 이상으로서 양자될 자와의 연령 차이가 50세 미만인 자'이던 조건이 2007년부터는 '25세 이상으로서 양자될 자와의 연령 차이가 60세 미만인 자'로 변경하였다. 또한 '자녀가 없거나 자녀의 수가 입양아동을 포함하여 5명 이내'인 조건을 없애고 기혼자라는 조건도 삭제하였다.

입양가정에 대한 경제적 지원도 크게 확대되었다. 즉, 장애아동 양육보조금 및 의료비 지원을 확대하였는데, 양육보조금은 입양아동 1인당 중증장애 아동에게는 62만 7천 원, 경증장애 아동에게는 월 55만 1천 원을 지급하고, 연 260만 원 한도 내에서 의료비 역시 지급한다. 장애가 없는 일반 입양아동에 대해서는 만 14세 이전까지 월 15만 원의 양육수당, 고등학교 수업료 및 입학금 면제, 의료급여 1종 등 다양한 지원을 하고 있다. 또한 입양기관을 통하여 입양한 국내입양 가정이 입양기관에 지불하던 전문기관의 경우 270만 원, 지정기관의 경우 100만 원까지 지원한다. 또한, 만 18세 이하의 아동에게 월 20만 원 한도 내에서 심리치료비를 지원한다.

아울러 중앙입양원(이전 중앙입양정보원)의 운영을 통해 입양 아동·가족 정보 및 친가족 찾기에 필요한 통합 데이터베이스를 운영하며, 입양아동의 데이터베이스 구축 및 연계를 진행하고 국내·해외 입양 정책 및 서비스에 관한 조사·연구를 시행하고 있다.

특히, 2012년부터 시행된 「입양특례법」에 따르면, 국내입양 우선원칙을 강조하는 동시에 입양숙려제를 통해 기존의 출산 전이나 출산 후 성급하게 이루어지던 입양동의를 방지하고, 아동이 친부모에게 양육받을 권리를 최우선적으로 보장할 수 있도록 하였다. 또한 입양아동에 대해 친양자 지위를 부여한다는 조항을 신설하여 입양아동이 민법상 부부의 혼인 중의 출생자와 동일한 법률적 지위를 가지도록 하였다.

입양활성화 정책과 함께 해외입양 아동의 안전과 권리보호를 위해 2013년 우리 정부는 '헤이그국제아동입양협약'에 가입하였다. 이 협약은 해외입양 절차와 요건을 정리한 국제협약으로 이미 전세계적으로 90개국이 협약에 비준하였다.

7) 입양 서비스의 문제점 및 개선 방안

(1) 보호대상아동이나 연장아동의 입양 부족

현재 입양의 현황을 보면 건강한 영아(특히 여아)들을 입양하기 위해서 입양희망자들이 대기하고 있는 상태다(허남순, 2007). 그러나 성인의 욕구중심이 아닌 아동복지의 입장에서 본 진정한 입양은 오히려 보호대상아동들을 위한 입양일 것이다(Pecora et al., 2000). 우리나라에서는 시설이나 가정위탁 서비스를 받고 있는 보호대상아동이나 연장아의 경우는 친부모에 대한 기억을 가지고 있거나 학대 또는 방임의 상처로 인해 적응이 어려울 것이라는 선입견으로 입양을 꺼리고 있는 실정이다. 더군다나 장애아동에 대한 국내입양은 그 사례가 극히 적어 전체 국내입양의 4% 정도밖에 미치지 못하고 있다(보건복지부, 2016b). 따라서 아동복지중심의 영아입양 위주가 아닌 가정해체, 아동학대 등으로 입양을 필요로 하게 된 연장아동에 대한 입양도 활성화할 수 있는 서비스와 정책이 필요하다.

또한 보호대상아동에 대한 입양을 증대시키기 위해서는 친권박탈의 실질화가 필요하다. 현재 「아동복지법」 제18조(친권상실 선고의 청구 등)에 의하면, "시·도지사, 시장·군수·구청장 또는 검사는 아동의 친권자가 그 친권을 남용하거나 현저한 비행이나 아동학대, 그 밖에 친권을 행사할 수 없는 중대한 사유가 있는 것을 발견한 경우 아동의 복지를 위하여 필요하다고 인정할 때에는 법원에 친권행사의 제한 또는 친권상실의 선고를 청구하여야 한다."라고 되어 있다. 그러나 여전히 친권상실 선고는 청구된 사례가 거의 없다. 현재 시설이나 위탁가정에서 생활하고 있는 아동들 중 부모가 이미 양육을 포기한 상태로 장기보호를 받고 있는 아동들이 상당수임에도 불구하고 부모의 친권포기나 친권박탈이 안 된 상태로 입양도 불가능한 경우가 많아 보호대상아동에 대한 입양 활성화에 장애가 되고 있다.

(2) 다양한 입양 지원 서비스의 필요성

현재 입양아동과 가정에 대한 지원을 대폭 확대하고 있지만 지원은 양육보조금이나 의료급여에 그치고 있다. 입양아동과 가족들의 다양한 욕구에 부응할 수 있도록 다양한 서비스 도입이 필요하다. 예를 들어, 아동을 처음 입양했을 때 입양휴가제를 적극적으로 실시하는 것도 좋은 방안이 될 것이다. 현재 우리나라에서는 2006년부터 공무원만 우선 대상으로 입양 전후 20일간 입양휴가제를 실시하고 있지만, 입양은 또 다른 형태의 출산이라는 인식을 한다면 입양아동과 가족의 초기 적응을 돕기 위해 기간이나 대상을 확대 실시할 필요가 있다. 다른 나라의 예를 보면, 입양휴가 기간이 일본은 14주, 미국은 12주 등이다(홀트아동복지회, 2007). 또한 연장아입양이나 공개입양의 경우 다양한 심리치료 서비스를 제공하고, 입양부모들에 대한 정서적·사회적 지원을 위해 입양부모 자조모임을 활성화할 수 있는 재정적·행정적 지원도 고려해 볼 수 있을 것이다. 그리고 입양아동과 가족의 적응을 최대한 돕고 파양의 위험을 줄이기 위해 입양이 성립된 후에는 사후관리 서비스를 강화해야 할 필요가 있다. 「입양특례법」에서 입양 후 1년까지 아동의 적응 상태를 살피고 상담 서비스를 제공하는 등의 사후관리를 하도록 하고 있으나 좀 더 적극적이고 다양한 프로그램이 필요할 것이다. 또한 앞서 언급했던 입양부모 자조모임을 사후관리 프로그램에 이용할 수 있다. 입양 경험이 풍부한 입양부모들과 처음 입양을 한 부모들이 짝을 이루어 든든한 지지체계를 형성하는 방법도 사후관리에 매우 긍정적이다(Pecora et al., 2000).

3. 시설보호 서비스

1) 아동복지시설의 종류 및 개념

시설보호 서비스를 이해하기 위해 우선 「아동복지법」으로 정한 아동복지시설의 종류와 그 개념부터 살펴보겠다.

〈표 12-5〉에 제시된 시설 종류 중 1~5가 아동이 입소하여 그곳에서 생활하도록 하는 시설이다. 공동생활가정(그룹홈)은 다음에서도 설명하겠지만 대규모 시설의 대안으로 최근 도입된 것으로 전통적 의미의 생활시설은 아니다. 나머지 아동복지 시설은 아동이 생활하는 시설이 아니라 이용하는 시설로서 시설보호 서비스를 제공한다고 보기는 어렵다.

가장 대표적으로 시설보호 서비스를 제공하는 생활시설로는 아동양육시설을 꼽을 수 있다. 2015년 12월 31일 기준으로 우리나라 전체 281개 아동복지시설 중 243개소로 약 87% 정도의 비중을 차지한다. Kadushin과 Martin(1988)에 의하면, 아동양육시설(child-caring institution)은 친부모의 집에 머무를 수 없는 아동들을 위한 대안양육시설로서 가정위탁처럼 일시적 보호를 제공하지만 좀 더 집단적인 환경에서 제공하는 것이다. 즉, 아동양육시설은 아동이 자신과 혈연관계가 없는 성인집단의 보호 아래 자신과 혈연관계 없는 다른 아동들과 함께 24시간 생활하며 거주하는 시설이다. 과거에 주로 '고아원'으로 불리우던 아동양육시설은 우리나라에서는 오랫동안 대표적인 사회복지시설로 인식되어 왔다.

미국에서는 1909년 아동에 관한 백악관회의(White House Conference on Children) 이후 대규모 시설에서 아동을 양육하는 것보다는 최대한 가정의 환경과 가까운 가정위탁보호가 바람직하다는 데 의견을 모았다. 이후 1930~1950년대에 미국의 많은 아동보호시설이 보호대상아동에 대한 양육보호시설에서 정서장애 아동을 위한 치료시설로 전환해 갔다. 그리고 1970~1980년대부터는 아동복지 서비스의 중심은

〈표 12-5〉 아동복지시설의 종류 및 개념

시설의 종류	개념
1. 아동양육시설	보호대상아동을 입소시켜 보호, 양육 및 취업훈련, 자립지원 서비스 등을 제공하는 것을 목적으로 하는 시설
2. 아동일시보호시설	보호대상아동을 일시보호하고 아동에 대한 향후의 양육대책 수립 및 보호조치를 행하는 것을 목적으로 하는 시설
3. 아동보호치료시설	아동에게 보호 및 치료 서비스를 제공하는 다음 각 목의 시설 가. 불량행위를 하거나 불량행위를 할 우려가 있는 아동으로서 보호자가 없거나 친권자나 후견인이 입소를 신청한 아동 또는 가정법원, 지방법원소년부지원에서 보호위탁된 19세 미만인 사람을 입소시켜 치료와 선도를 통하여 건전한 사회인으로 육성하는 것을 목적으로 하는 시설 나. 정서적·행동적 장애로 인하여 어려움을 겪고 있는 아동 또는 학대로 인하여 부모로부터 일시 격리되어 치료받을 필요가 있는 아동을 보호·치료하는 시설
4. 공동생활가정(그룹홈)	보호대상아동에게 가정과 같은 주거여건과 보호, 양육, 자립지원 서비스를 제공하는 것을 목적으로 하는 시설
5. 자립지원시설	아동복지시설에서 퇴소한 사람에게 취업준비기간 또는 취업 후 일정 기간 동안 보호함으로써 자립을 지원하는 것을 목적으로 하는 시설
6. 아동상담소	아동과 그 가족의 문제에 관한 상담, 치료, 예방 및 연구 등을 목적으로 하는 시설
7. 아동전용시설	어린이공원, 어린이놀이터, 아동회관, 체육·연극·영화·과학실험전시 시설, 아동 휴게숙박시설, 야영장 등 아동에게 건전한 놀이·오락, 그 밖의 각종 편의를 제공하여 심신의 건강유지와 복지증진에 필요한 서비스를 제공하는 것을 목적으로 하는 시설
8. 지역아동센터	지역사회 아동의 보호·교육, 건전한 놀이와 오락의 제공, 보호자와 지역사회의 연계 등 아동의 건전육성을 위하여 종합적인 아동복지 서비스를 제공하는 시설

아동양육시설보다는 입양 서비스, 가정위탁보호 서비스, 아동학대와 방임 예방 분야 등으로 옮겨지기 시작했다(Pecora et al., 2000). 2005년 미국 아동복지통계를 보면, 전체 약 50만 명 정도의 보호대상아동 중 약 10% 정도가 시설보호(양육시설, 치료시설 등 시설에서의 보호를 전부 포함)를 받고 있는 것으로 나타났으며, 이것은 70%가 가정위탁보호를 받고 있는 점과 대조된다(Children's Bureau, 2006).

〈표 12-6〉 2015년 보호대상아동 발생 및 조치내용 (단위: 명)

계	조치내용							
	시설보호				가정위탁 및 입양 등 가정보호			
	소계	아동시설	장애아동시설	공동생활가정	소계	소년소녀가정	입양	가정위탁
4,503	2,682	2,211	13	458	1,821	0	239	1,582

출처: 보건복지부(2016). 2015 보건복지 통계연보.

우리나라에서도 시설배치는 꾸준히 줄어들어, 〈표 12-6〉에서도 볼 수 있듯이 2015년의 경우 보호대상아동의 약 31% 정도가 양육시설에 배치되는 것으로 나타났다. 이는 우리 정부가 점차 공동생활가정, 가정위탁 서비스, 입양 등 대규모 양육시설의 대안을 모색한 결과라고 볼 수 있다.

2) 시설보호아동의 발생 현황

양육시설을 비롯한 다양한 아동보호시설의 아동보호 현황은 〈표 12-7〉과 같다. 시설의 종류는 아동양육시설, 아동일시보호시설, 아동보호치료시설, 자립지원시설

〈표 12-7〉 각 시설별 아동보호의 현황 (2015. 12. 31 기준) (단위: 개소, 명)

시설 종류	시설 수	종사자 수	입소자 수	퇴소자 수	2015년 말 보호아동 수
아동양육시설	243		1,360	1,976	12,821
아동일시보호시설	12		1,557	1,543	350
아동보호치료시설	11	16,556	714	748	447
자립지원시설	12		113	122	243
아동종합시설*	3		587	571	140
총 계	281		4,331	4,960	14,001

*아동종합시설의 경우는 보호시설을 갖춘 아동상담소로서 시설통계에 포함되어 있음.

출처: 보건복지부(2016). 2015 보건복지 통계연보.

로서 2015년 말 기준 전국적으로 1만 4,000여 명의 아동들이 시설의 보호를 받고 있는 것으로 나타났다.

3) 시설아동의 욕구 및 문제점

시설아동들은 양육시설에서 오랜 기간 생활하면서 다양한 어려움을 경험하게 된다. 우선 심리·사회적 측면에서 보면, 가장 빈번하게 거론되는 어려움은 시설에서 오랜 기간 생활하면서 겪는 소위 '시설병'의 문제를 들 수 있다. 그리고 시설아동은 일반아동에 비해 자아존중감이 낮고(Kadushin & Martin, 1988), 시설 내에서 제한된 물리적·사회적 경험을 함으로써 건전한 심리·사회적 발달이나 사회적응 면에서 어려움을 겪기도 한다(국립보건원, 2002). 또한 자기노출을 꺼리고 방어적이며 폐쇄적인 심리적 특성을 보이기도 한다(유안진, 한유진, 최나야, 2001). 인지적 측면에서도 시설아동은 일반아동에 비해 집중력과 학업성취도가 떨어지며(김현용, 2002), 학교 생활 적응에서도 어려움을 겪는 것으로 알려져 있다(성미영, 이순형, 이강이, 2001).

시설아동은 18세가 되면 퇴소하여 자립을 해야 하는데, 강현아, 신혜령, 박은미의 연구(2009)에 따르면 자립 후 사회생활이나 가족생활 등에서 많은 어려움을 겪는 것으로 나타났다. 그럼에도 불구하고 자립을 위한 전문적 프로그램들이 미흡한 실정이다.

4) 시설의 현황

(1) 아동복지시설 입소 및 퇴소 절차

아동복지시설의 입소 절차는 「아동복지법 시행령」 제15조에 따르면, 시·도지사 또는 시장·군수·구청장은 입소 대상인 보호대상아동 또는 그 보호자가 입소신청서를 작성하여 제출하게 한 후, 시설장에게 아동의 입소를 의뢰하도록 되어 있다. 시설에서 지방자치단체의 장이 의뢰하지 않은 아동을 직접 입소시키는 일이 없도록 하고 있다. 보호자가 불명확한 아동에 대해서는 「실종아동 등의 보호 및 지원에 관한 법률」에 의거하여 아동의 신상 카드를 실종아동 전문기관에 송부하도록 한다.

퇴소는 아동이 18세에 달했거나 보호의 목적을 달성했다고 인정된 경우에 하도록 한다. 다만 아동에게 다음과 같은 사유가 있을 때에는 보호 기간 연장을 신청할 수 있다. 즉, 대학 이하의 학교에 재학 중, 아동양육시설 또는 직업능력개발훈련시설에서 교육·훈련 중, 학원에서 교육 중인 20세 미만인 경우, 질병·장애 등을 이유로 지방자치단체장이 보호 기간의 연장을 요청한 경우, 25세 미만이고 지능지수가 71 이상 84 이하인 사람으로서 자립능력이 부족한 경우, 취업이나 그 밖의 사유를 이유로 보호대상아동이 보호 기간 연장을 요청하여 1년 이내의 범위에서 보호 기간을 연장하는 경우다(「아동복지법 시행령」제22조).

(2) 종사자 현황

종사자는 앞의 〈표 12-7〉에 나타나 있듯이 2015년 기준으로 전국 281개의 아동보호시설에서 16,556여 명이 종사하고 있는 것으로 나타났다. 아동복지시설의 종사자 법정 배치 기준은 〈표 12-8〉과 같다.

〈표 12-8〉 아동복지시설 종사자 배치 기준

직종별	법정 기준	비고
시설장	시설당 1인	
사무국장	30인 이상의 시설당 1인	자립지원시설은 10인 이상, 단, 상담소, 아동전용시설, 지역 아동센터는 제외
상담지도원	양육, 일시보호시설, 아동상담소의 경우 필요인원	자립지원시설의 경우 아동 30인 이상 3인, 30인 미만 10인 이상 2인, 10인 미만 1인
임상심리상담원	양육, 일시보호시설, 아동상담소의 경우 30인 이상 1인	보호치료시설당 1인
보육사	0~2세 아동 2인당 1인, 3~6세 아동 5인당 1인, 7세 이상 아동 7인당 1인	보호치료시설도 양육, 일시보호와 동일. 이 기준은 양육, 일시보호, 보호치료시설, 공동가정에 적용

생활 복지사	양육, 일시보호시설의 경우 30인 이상 1인 (30인 초과시 1명 추가), 보호치료시설 30 인 이상 시 1인	지역아동센터 30인 이상 2인(아동 50인 초과 시 1명 추가), 아동 30인 미만 10인 이상 1인, 아동전 용시설은 필요인원
간호사 또는 간호조무사	아동 30인 이상 시설당 1인	이 기준은 자립지원시설, 공동생활가정, 아동전용 시설, 지역아동센터는 제외
직업훈련교사	양육, 보호치료시설의 경우 30인 이상 시, 필요인원	
조리원	양육, 일시보호, 보호치료시설의 경우 아동 30인 이상 1인(30인 초과시 1명 추가), 아동 30인 미만 10인 이상 시 1명	이 기준은 자립지원시설, 아동전용시설, 지역아동 센터는 제외
위생원	양육, 일시보호시설의 경우 30인 이상 1인	
안전관리원	보호치료시설은 아동 30인 이상 2인, 아동 전용시설은 아동 30인 이상 1인	40인 이상의 보호치료시설의 경우 4인
영양사	양육, 일시보호, 보호치료시설, 지역아동센 터 아동 30인 이상 1인	지역아동센터의 경우 아동 50인 이상인 경우만 해당
사무원	양육, 치료보호시설의 경우 아동 10인 이상 1인, 일시보호시설의 경우 1인 이상	자립지원시설, 아동전용시설, 아동상담소의 경우 아동 30인 이상 1인

출처: 2017년 개정 「아동복지법 시행령」 제52조 근거.

5) 시설보호의 문제점 및 대안

(1) 문제점

① 아동보호의 장기화

우리나라 시설보호의 장기화 경향은 또 다른 문제점으로 지적된다. 많은 아동이 이전과 달리 부모가 생존해 있는 경우가 많음에도 불구하고 한 번 시설에 입소하게 되면 친부모와 가족에게 다시 돌아가지 못하고 장기간 시설에서 머물다가 성인이 되어 퇴소하게 된다. 아동들은 장기간 시설에 머무르게 되면서 가족과의 유대감이나 애착이 줄어들고, 오히려 버림받았다는 배신감이나 적대감을 형성하게 될 수도 있으며, 시설병의 부정적 영향에 노출될 위험이 커질 수 있다.

② 전문적 프로그램 및 치료 서비스의 부재

현재 아동양육시설들은 시설종사자의 비전문성, 인력의 부족, 열악한 처우로 인한 빈번한 이직, 외부 자원에 대한 적극적 유치의 부족 등으로 인해 아동의 정서나 행동 문제에 적극적으로 개입할 수 있는 치료적·전문적 프로그램이 매우 부족한 실정이다. 시설의 프로그램들은 대부분 신체 단련 프로그램, 종교활동 프로그램, 예능이나 학습교육 프로그램 등 비전문적 프로그램으로 채워지고 있으며, 프로그램 운영자 또한 절반 가까이가 직원이 아닌 무급의 자원봉사자인 것으로 나타났다(김통원 외, 2005). 미국의 경우 시설보호는 아동이 전문적 치료 서비스를 필요로 하는 경우에만 아동을 배치하고 있다는 점을 감안하면 미국의 시설보호의 경우는 치료적 서비스가 매우 강화되어 있다는 것을 알 수 있다. 또한 이러한 전문적 치료 서비스를 제공하기 위해 시설의 아동 대 전문가의 비율이 1:0.85에서 1:1.4까지 이른다고 한다. 영국의 경우도 시설보호는 무조건 안 된다는 것은 아니지만 주로 아동에게 전문적 치료 프로그램이 필요한 경우에 시설보호를 선택하고 있다(오정수 외, 2006).

(2) 시설보호의 대안

① 가정위탁보호사업 및 입양의 활성화

아직까지 시설보호 배치가 더 많긴 하지만 2003년부터 본격화된 가정위탁보호사업으로 인해 정부는 시설보호보다는 가정위탁보호를 우선으로 한다는 원칙을 세우고 있다. 또한 국내입양을 활성화하기 위해 2011년 「입양특례법」을 개정하고, 입양 아동을 위한 양육비, 의료비 보조를 실시하는 등 가정보호를 시설의 대안으로 정부 주도로 강화하고 있다.

② 소숙사제와 공동생활가정(group home)의 확대

소숙사제나 공동생활가정 등의 형태는 대규모의 시설을 탈피하고 가정과 유사한 환경 속에서 아동들이 생활할 수 있도록 한 대안적 형태다. 소숙사형(cottage system)의 시설은 가정집과 유사한 시설 환경을 만들어 별도의 거실, 침실, 화장실로 구성된 공간에서, 가정집에서 생활할 수 있는 규모의 아동들이 함께 취사와 여가생활까지 이 공간에서 하도록 한다. 시설들은 기존 공간을 소숙사 형태로 변형시켜 대규모화된 생활 공간의 변화를 시도하고 있으나, 재정부담 등의 이유로 취사와 여가생활은 공동의 공간에서 하는 유사소숙사제의 형태를 주로 취하고 있다. 소숙사제보다 좀 더 가정의 환경에 근접한 공동생활가정은 보통 기관이 임대하거나 소유하고 있는 아파트나 단독주거시설을 이용하여 청소년들을 함께 생활하도록 하고 있으며, 기관의 사회복지사나 직원들은 이 청소년들에게 위탁부모 같은 역할보다는 상담자 같은 역할을 하면서 성인 역할 모델이 된다. 공동생활가정은 보통 소속된 기관의 행정상, 생활상의 관리감독을 받기는 하지만 시설보다는 더 자유롭게 지역사회와 상호작용할 수 있는 기회를 준다(Downs et al., 2004). 우리나라에서 공동생활가정은 1997~1999년 10개를 시범 운영한 것을 시작으로 하여 보건복지부는 2014년 기준 483개까지 지원 대상을 확대하였다(노충래 외, 2015).

③ 자립지원시설 강화 및 자립지원센터 운영

「아동복지법」에 의하면 자립지원시설은 아동복지시설에서 퇴소한 자에게 취업준비 기간 또는 취업 후 일정 기간 보호함으로써 자립을 지원하는 것을 목적으로 하는 시설이다. 2015년까지의 통계를 보면, 전국적으로 자립지원시설의 수는 12개로 8년 전 통계와 비교해 볼 때 오히려 1개소가 줄어들었다. 시설보호아동에 대한 자립지원 서비스의 필요성이 점차 높아지는 가운데 보건복지부는 자립지원시설의 운영을 좀 더 강화하기 위해 그 운영이 저조한 시·도는 취업·상담 지원 프로그램의 운영을 권고하고 있다. 또한 기존의 자립지원시설이 단순한 숙식 제공에서 탈피하여 자립지원센터 및 노동부의 고용 관련 기관 등과 연계하여 적극적으로 취업 정보를 제

공할 수 있도록 노력하고 있다.

④ 시설의 다기능화

최근 정부의 가정보호 정책의 강화와 아동 수의 급감으로 인해 아동양육시설은 기존의 비전문적 프로그램으로 수동적 수용 기능만을 수행하는 데 한계에 봉착하였다. 따라서 기존 시설의 수용 기능 외에 다른 기능들을 갖추어 새로운 형태의 서비스를 개발해야 한다는 요구가 높아지고 있다. 아동시설 종사자들은 새롭게 추가할 만한 기능에 대한 현실적 방안으로서 아동보육 서비스, 지역아동센터, 방과후 교실이나 공부방, 단기보호시설 등을 꼽았다(김통원 외, 2005). 김통원 외(2005)는 기존의 생활시설 기능에 이용시설 기능을 추가하는 방안을 제시하였는데, 가정폭력·아동학대·위기개입을 위한 일시보호, 가족 지원 및 사례관리 서비스, 취약계층 중점 보육 서비스로 그 기능을 정리하였다. 이러한 이용시설 기능 외에도 미국이나 영국 등의 예처럼 전문적 치료 기능을 강화하여 치료시설로서 전환하는 방안도 있을수 있다. 현재 전문적 치료가 필요한 아동을 위한 시설이 턱없이 모자란 현실을 감안하면 바람직한 방안이 될 수 있으나, 이를 위해서는 시설 확충 외에도 전문가 인력이 대거 필요하다는 부담이 있다.

💭각해 보기

1. 보호대상아동이 발생하였을 때 가정위탁 서비스 혹은 아동양육시설로의 배치 여부를 아동의 어떤 특성에 따라 결정해야 할지 논의해 보자.
2. 우리나라에서 장애아동이나 연장아동을 위한 입양을 증진시키기 위해 가장 우선적으로 필요한 방안이 무엇일지 생각해 보자.
3. 서구 선진국에서 오랫동안 발달해 온 가정위탁보호제도가 우리나라의 상황과 문화에 맞게 정착되기 위해서는 어떤 형태의 서비스가 적절할지 제안해 보자.
4. 아동복지 서비스 중 가장 주요한 서비스인 아동보호 서비스(child protective services), 가정위탁 서비스, 입양이 서로 어떻게 관련 되는지 생각해 보자.
5. 우리나라 아동복지시설의 다기능화 방안에 대해 논의해 보자.

참고 ⬤ ···

　상담원 1인당 담당하고 있는 사례 수는 전국 평균 아동 168명(127세대)이며, 광역시 단위의 센터는 125명(96세대), 도 단위 센터는 198명(147세대)으로 나타났다(중앙가정지원 센터, 2012). 참고로 미국의 경우 가정위탁 사회복지사는 평균 20~30건의 사례를 담당하고 있는 것으로 나타났다(American Public Human Services Association, 2005).

참고문헌 ⬤ ···

강현아, 신혜령, 박은미(2009). 시설 퇴소청소년의 성인전환 단계에 따른 자립 및 사회적응 현황. 한국아동복지학, 30, 41-69.

강현아, 우석진, 정익중, 전종설(2012). 지방정부의 가정외아동보호서비스 예산현황과 현장 실무자의 예산운용 경험: 광역지방자치단체를 중심으로. 한국아동복지학, 39, 7-38.

국립보건원(2002). 시설보호아동의 자립지원정책 개선방안 최종보고서. 서울: 보건복지부.

김통원, 김경륜, 김성천, 박은미, 이상균(2005). 아동복지시설 발전방안 개발연구 최종보고서. 서울: 보건복지부·한국아동복지연합회.

김현용(2002). 보호시설아동과 아동복지법. 허남순, 문선화, 정영순, 김현용, 김미혜, 이배근, 조흥식, 황성철, 김재엽 저. 한국의 아동복지법(pp. 151-188). 서울: 소화.

노충래, 박은미, 강현아, 신혜령(2007). 가정위탁보호 활성화 방안 연구. 서울: 보건복지부.

노충래, 우석진, 정익중, 강현아, 전종설(2015). 가정외 아동보호와 경제성 평가. 서울: 학지사.

변미희, 권지성, 안재진, 최운선(2006). 입양아동 발달에 관한 종단연구: 2006년 1차 조사 결과 최종보고서. 경기도: 한국입양홍보회.

보건복지부, 한국사회복지협의회(2010). 2010 사회복지시설평가.

보건복지부(2017). 2017 보건복지부 소관예산 및 기금운용개요.

보건복지부(2016a). 아동복지사업안내.

보건복지부(2016b). 아동복지시설 수 보호아동현황 통계자료.

보건복지부(2016c). 보호대상아동 발생 및 조치현황 통계자료.

보건복지부(2016a). 2016 보건복지부 소관예산 및 기금운용개요.

보건복지부(2016b). 2015 보건복지통계연보.

보건복지부 통계포털(2012~2016). 입양현황 통계자료.

성미영, 이순형, 이강이(2001). 시설아동과 일반아동의 초기학교적응의 비교. 대한가정학회지, 39(1), 53-64.

오정수, 이혜원, 정익중(2006). 세계의 아동복지서비스: 미국, 일본, 영국을 중심으로. 서울: 나눔의 집.

유안진, 한유진, 최나야(2001). 문장완성검사를 통한 시설 청소년의 자아 및 환경지각. 한국아동복지학, 12, 42-76.

이강이, 성미영, 이순형(2002). 시설보호 아동의 인지능력에 따른 행동문제. 대한가정학회지, 40(2), 57-66.

중앙가정위탁지원센터(2012). 2011년 가정위탁 현황보고서. 서울: 중앙가정위탁지원센터.

한국복지재단(2003). 가정위탁보호사례연구.

허남순(2005). 위탁가정유형에 따른 실태 및 서비스 개입 방향. 동광, 100, 45-99.

허남순(2007). 입양정책발전과 방안 모색. 국내입양 활성화를 위한 세미나자료. 서울: 보건복지부.

홀트아동복지회(2007). 국내입양 활성화를 위한 지방자치단체 및 민간단체의 노력. 국내입양 활성화를 위한 세미나 자료. 서울: 보건복지부.

American Public Human Services Association. (2005). *Report from the 2004 child welfare workforce survey*. Washington, DC: APHSA.

Barth, R. P. (2000). What works in permanency planning: Adoption. In M. P. Kluger, G. Alenxander, P. A. Curtis (Eds.), *What Works in Child Welfare* (pp. 217-226).

Barth, R. P., & Berry, M. (1988). *Adoption and Disruption: Rates, Risks, and Resources*. New York: Aldine.

Blome, W. W. (1997). What happens to foster kids: Educational experiences of a random sample of foster care youth and a matched group of non-foster care youth. *Child and Adolescent Social Work Journal, 14*, 41-53.

Children's Bureau. (2006). *The AFCARS Report*.

Downs, S. W., Moore, E., McFadden, E. J., Michaud, S. M., & Costin, L. B. (2004). *Child Welfare and Family Services: Policy and Practice* (7th ed.). Boston: Pearson.

Dubowitz, H., & Sawyer, R. J. (1994). School behavior of children in kinship care. *Child Abuse & Neglect, 18*, 899-911.

Essen, J., Lambert, L., & Head, J. (1976). School attainment of children who have been in care. *Child Care, Health, and Development, 2*, 339-351.

Fanshel, D., & Shinn, E. B. (1978). *Children in Foster Care: A Longitudinal Investigation.* New York: Columbia University Press.

Gulden, H. V., & Bartels-Rabb, L. M. (2006). 누가 진짜 부모인가(*Real Parents, Real Children: Parenting the Adopted Children*). 안재진, 권지성 역. 서울: 학지사.

Kadushin, A., & Martin, J. A. (1988). *Child Welfare Services* (4th ed.). New York: Macmillan Publishing Company.

Kang, H., Chung, I-J., Chun, J., Nho, C. R., & Woo, S. (2014). The outcomes of foster care in South Korea ten years after its foundation. *Children & Youth Services Review, 39*, 135-143.

Pecora, P. J., Whittaker, J. K., Maluccio, A. N., Barth, R. P., & Plotnick, R. D. (2000). *The Child Welfare Challenge: Policy, Practice, and Research* (2nd ed.). New York: Aldine de Gruyter.

보건복지부 통계포털 http://stat.mw.go.kr

제13장
다양한 가족의 아동복지

아동복지론

최근 우리 사회에는 다양한 가족에서 생활하는 아동이 증가하고 있다. 일시적으로나 영구적으로 조부모와 생활하게 된 조손가족의 아동, 북한을 이탈하여 남한에 거주하게 된 북한이탈주민가족의 아동, 국제결혼을 통한 이민으로 구성되었거나 외국인 노동자로서 국내에 거주하면서 생활하는 다문화가족의 아동, 실종으로 부모와 헤어져서 생활하게 된 아동 등 다양한 가족 배경과 상황 속에서 생활하게 된 아동이 증가하게 된 것이다. 이들 아동과 가족에게는 그들이 처한 상황과 배경, 특성에 기초한 아동복지 정책 및 서비스가 제공되어야 한다. 이에 각각의 가족에 대한 개념과 현황을 파악해 보고, 그들이 가지는 문제 및 욕구, 현재 제공되고 있거나 필요한 정책 및 서비스를 정리한 후 개선 방안을 간략히 제안하고자 한다.

1. 조손가족의 아동복지

1) 조손가족의 개념

조손가족은 조부모와 손자녀만으로 세대를 구성하여 함께 생활하는 가족이다. 가족해체가 급증하고 가족 안정성이 약화됨에 따라 만들어진 변형된 가족구조로서, 조부모가 자녀의 사망이나 이혼, 질병, 약물 중독 등의 이유로 18세 이하의 손자녀와 함께 생활하는 가족이다. 즉, 1세대 조부모와 3세대 아동만으로 구성된 기능적 핵가족을 의미한다. 친부모가 자녀를 양육하지 못하는 상황이 일시적으로나 영구적으로 발생하였을 때, 아동에게 가장 익숙하고 아동에 대한 애정이 깊은 조부모가 양육하는 것은 우리 사회뿐만 아니라 서구사회에서도 바람직한 대안으로 기능해 왔다. 그러나 부양을 받아야 할 조부모세대가 아동양육을 맡게 됨으로써 조부모들은 신체 기능상의 문제나 심리적·정서적·경제적 문제 등을 겪기도 하며, 아동에게 적절한 양육 환경을 제공하지 못해서 아동발달에 부정적인 영향이 나타날 수도 있다.

그래서 적절한 지원이 필요한데,「한부모가족지원법」제5조의 2(지원 대상자의 범위에 대한 특례)에서는 다음과 같은 상황에 있는 아동을 양육하는 조부 또는 조모를 지원대상자로 규정하고 있다.

- 부모가 사망하거나 생사가 분명하지 아니한 아동
- 부모가 정신 또는 신체의 장애·질병으로 장기간 노동능력을 상실한 아동
- 부모의 장기복역 등으로 부양을 받을 수 없는 아동
- 부모가 이혼하거나 유기하여 부양을 받을 수 없는 아동

2) 조손가족의 현황

18세 미만 아동을 보호하고 있는 조손가구에 관한 현황은 정확하게 파악되고 있지는 않다. 다만 통계청의 인구총조사 자료에 기초해서 규모를 추정해 볼 수 있는데(〈표 13-1〉 참조), 2015년 기준으로 조부모와 손자녀로 구성된 가구는 총 11만 3,111가구이며, 29만 7,880명이 조손가구에서 생활하고 있다. 이는 전체 가구의 0.59%에 해당하는 비율이고, 조손가구의 비율은 1995년 0.27%에서 점차 증가하여 2015년에는 두 배가 넘는 0.59%가 되었다.

한편, 19세 미만 가족원이 있는 가족구성 형태에 대한 통계에 기초하여 1995년에 이들 가족 중 0.32%가 조손가구였으며, 2000년에는 0.43%로 증가하였다고 보고된 바 있다(이봉주, 이숙, 황옥경, 김혜란, 박현선 외, 2006). 2010년에는 여성가족부가 행정안전부의 주민등록전산망을 통해 65세 이상의 조부모와 만 18세 이하의 손자녀로

〈표13-1〉 연도별 조손가구와 가구원 수 변화추이

	총 가구 수	총 가구원 수(명)	조손가구 수*	조손가구원 수(명)**	조손가구 비율(%)
1995	12,958,181	43,308,597	35,194	120,075	0.27
2000	14,391,374	46,136,101	45,224	153,117	0.31
2005	15,887,128	45,737,011	58,101	196,076	0.37
2010	17,339,422	46,650,668	119,294	330,043	0.69
2015	19,111,030	48,339,559	113,111	297,880	0.59

* 조손가구 수는 60세 이상 조부모와 미혼 손자녀로 구성된 가구와 조부 또는 조모와 미혼 손자녀로 구성된 가구를 합한 수임.
** 조손가구원 수는 60세 이상 조부모와 미혼 손자녀로 구성된 가구원의 수와 조부 또는 조모와 미혼 손자녀로 구성된 가구원의 수를 합한 수임.
출처: 국가통계포털(www.kosis.kr). 인구총조사/가구부문/세대구성별 가구 및 가구원(일반가구)

구성된 조손가족은 총 5만 1,852가구라고 보고하였다(여성가족부, 2010). 2015년 보건복지부에서는 통계청 장래가구 추계를 인용하여 조손가정은 15만 3천가구이며, 2035년에는 32만 1천가구로 증가할 것으로 예측했다(보건복지부, 2017). 이와 같은 통계에 따르면 적지 않은 수의 아동이 조손가족에서 생활하고 있으며, 그 수가 점차 증가하는 추세에 있다. 미국이나 기타 선진국에서도 조손가족은 증가하는 추세다. 사망, 질병, 구금, 이혼, 가출, 약물 등으로 부모가 아동을 적절하게 양육하지 못하는 상황이 점차 증가하게 됨에 따라 조부모들이 손자들을 양육하는 상황이 늘어나고 있는 것이다. 2000년 미국 버지니아 주의 경우 173만 8,263명의 아동 중 조부모와 생활하는 아동은 6.2%인 10만 7,602명이나 된다고 보고된 바 있다(American Association of Retired Person, 2000; Henderson, 2004 재인용).

조손가족 중 일부는 소년소녀가정세대로 책정되어 지원을 받아 오다가, 2003년부터 전국적으로 가정위탁지원센터를 설치하면서 조부모대리양육세대로 전환되어 가정위탁보호서비스를 받고 있다. 2003년에 조부모대리양육세대로 지정된 조손가구는 2,315세대이며, 점차 증가하여 2009년에 7,809세대가 되었고, 이후 다소 감소하여 2015년에는 6,944세대가 되었다(〈표 13-2〉 참조). 이는 전체 조손가구 중

〈표13-2〉 연도별 대리양육가정 현황

(단위: 명)

연도	대리양육가정	
	세대	아동
2003	2,315	3,458
2006	6,152	9,062
2009	7,809	10,947
2012	7,230	9,770
2015	6,959	9,141

출처: 보건복지부 · 중앙가정위탁지원센터(2016). 2015 가정위탁보호 현황보고서. p.29, 73.

가정위탁보호 서비스를 통해 지원을 받는 조손세대의 비율이 매우 낮다는 것을 의미한다.

3) 조손가족의 문제 및 욕구

많은 조손가족이 다양한 어려움을 경험하고 있다고 보고되고 있다. 조손가족 중 가정위탁보호 서비스를 받는 비율도 매우 낮지만, 조부모대리가정세대로 지정되었다고 하더라도 현재로서는 가정위탁보호 체계의 전반적인 문제 때문에 충분한 지원이 이루어지지는 못하고 있다. 특히, 조손가정의 경제적 어려움은 심각한 수준으로 파악되고 있는데, 보건복지부는 2017년에 조손가구 당 평균소득은 2,175만 원으로 전체가구 평균소득 4,883만 원의 45%에 불과하며 이는 다문화가구(4,328만 원)나 장애인가구(3,513만 원) 보다도 낮은 수준이라고 보고했다(보건복지부, 2017). 조부모와 생활하는 아동에 관한 국내외 연구들을 살펴보면 경제적인 어려움 이외에도, 다음과 같은 문제를 경험하는 것으로 보고되고 있다.

- 심리적 · 정서적 문제: 조손가족의 아동은 부모가 없기 때문에 우울, 불안, 철회, 긴장, 분노, 산만함, 허탈감, 두려움 등의 문제를 경험할 수 있다. 또한 부모

의 사망이나 가출 등은 아동에게 심리적·정서적으로 감당하기 어려운 사건인데, 이에 대한 적절한 개입이 없으면 이후 점점 더 다양한 심리적·정서적 문제를 보일 수 있다. 예를 들어, 부모로부터 버림받았다고 느끼면 배신감, 미움, 원망, 그리움 등에 따른 열등감을 갖게 된다.

- 인지·학습 문제: 적절한 학습 환경을 제공하여 인지적 자극을 주어야 하는데, 조부모가 이러한 역할을 적절하게 하지 못하면 인지능력의 저하나 학습장애 등의 문제를 겪기도 한다.
- 사회적 문제: 부모와의 안정된 애착관계의 실패나 인지·정서 발달의 문제는 사회성 문제를 일으킬 수 있으며, 이에 따라 대인관계 문제, 사회적 기술문제, 또래관계 부적응, 학교부적응 등의 문제를 보일 수 있다.
- 행동 문제: 조부모로부터 적절한 훈육과 지도를 받지 못하고, 빈번하게 욕구가 좌절되거나, 대인관계 문제가 있거나, 사회적 상호작용능력이 저하되면, 공격성 및 행동장애, 충동적 행동 등, 행동상의 문제로도 나타날 수 있다.

조부모의 경우에도 부양을 받아야 하는 나이에 아동양육이라는 과도한 역할을 감당해야 하는 상황 때문에 다음과 같은 문제들을 경험하기도 한다.

- 신체적 문제: 노년기의 신체능력 저하와 만성질환 문제에 아동양육으로 오는 신체적 부담으로 건강이 악화될 수 있으며, 특히 영아나 유아를 양육하는 경우에는 신체적 부담이 매우 크다.
- 정서적 문제: 손자녀를 자신에게 맡긴 자녀에 대한 분노, 좌절, 배신감을 느낄 수 있다. 또한, 친부모와 헤어져서 조부모와 살게 되면서 다양한 문제를 보이는 손자녀에 대해 어떻게 대처해야 할지 모르는 데서 오는 무력감, 손자녀양육으로부터 오는 스트레스 때문에 다양한 정서적 문제를 경험하기도 한다.
- 경제적 문제: 대부분 소득이 중단된 상태에서 생활비와 양육비가 가중됨에 따라 경제적인 어려움이 발생하는데, 중산층 생활을 하던 조부모가 손자녀양육

으로 인해 빈곤층으로 전락하는 예도 자주 발생한다.
- 양육 행동 문제: 이상의 문제들에 의해 최악의 경우에는 손자녀를 학대하거나 방임하기도 한다.

그럼에도 친부모가 양육하지 못하게 되는 상황이 발생하는 경우 시설이나 전혀 낯선 사람들에 의해서 양육되기보다는 아동과 친밀한 관계가 유지되고 있는 조부모에 의해서 양육되면 손자녀의 심리적 안녕과 사회적 적응에 긍정적인 영향을 끼치게 되고, 조부모들도 양육의 보람과 존재 의미를 느끼게 되며, 가족해체를 예방할 수 있는 등 긍정적인 효과도 있다.

4) 조손가족 정책 및 서비스 현황

조손가족의 지원은 이상과 같은 문제에 개입하는 것이 주요 내용이 되어야 한다. 일단 가정위탁세대로 지정되어 조부모대리양육세대가 되면 위탁가정에 제공되는 다음과 같은 서비스들을 받을 수 있다.

(1) 경제적 지원
기초생활보장법에 의한 생계비와 급여, 양육보조금을 지원받는다. 양육보조금은 지방자치단체마다 차이는 있으나 아동 1인당 월 15만 원 이상 지원할 것을 권고하고 있다. 그 외에 상해보험료와 심리치료비, 대학진학자금, 전세자금을 지원하고 있고, 가정위탁 종결 시 아동복지시설 퇴소 아동과 마찬가지로 아동 1인당 3천만 원 이상의 자립지원정착금을 지원하도록 권고하고 있다(보건복지부, 2016).

(2) 부모교육
조부모대리양육가정에서 생활하는 모든 아동은 이유를 불문하고 친부모와 격리되는 어려움을 겪기 때문에 다양한 문제를 보일 가능성이 있다. 그러므로 조부모가 손자녀의 심리 · 정서 · 행동상의 문제를 이해할 수 있도록 부모교육이 필요하다. 특히, 조부모로서 손자녀를 양육하는 것은 친부모로서 자녀를 양육하는 것과는 다르므로, 이에 관한 내용이나 세대 차이에 관한 내용 등이 포함된 부모역할훈련 및 교육과정이 제공된다. 조손세대에서의 아동학대와 방임이 자주 보고되고 있어서, 이에 대한 예방교육도 시행되고 있다.

(3) 양육 지원

친족양육안내 프로그램이나 조부모 학교지지망 프로그램, 멘토링 등 다양한 프로그램이 개발되고 있다. 조부모의 양육 문제를 보완하고 지지하고자 하는 내용이다.

(4) 자조모임

아동이나 조부모들이 비슷한 상황의 다른 사람들과 자조모임을 갖도록 함으로써 서로 의지하고 의견을 나누도록 격려하는 프로그램이 제공되기도 한다.

(5) 사례관리나 상담

사회복지사들이 이들 개별 조손가족에 대해서 지속해서 사례관리를 하면서 어려운 일이 발생할 때마다 상담하고 필요한 자원을 연계하도록 한다.

5) 개선 방안

조손가정은 지속적으로 증가하고 있으나 가정위탁보호 서비스를 받을 수 있는 조부모가정세대로 지정되는 세대는 소수이고, 가정위탁세대로 지정이 되어도 가정위탁지원센터에 실질적인 서비스를 할 수 있을 만큼의 적정 상담원이 배치되어 있지 못하며, 그들이 필요로 하는 서비스가 충분히 개발되어 있지도 못한 실정이어서 조속한 시일 내에 개선되어야 한다는 점이 지적되고 있다.

아동과 가장 가까운 관계로부터 누가 아동을 양육하는 것이 가장 바람직한지 아동의 상황과 양육하게 될 보호자의 의사나 양육능력에 대한 포괄적 사정에 기초하여 아동을 배치하는 것이 중요하므로, 외국에서는 이때 실제로 아동을 양육하게 될 보호자나 관련 전문가 등 아동과 관계가 있는 모든 사람이 한자리에 모여서 회의를 하는 체계(가족집단회의, Family Group Conference)를 운영하기도 한다.

우리나라에서도 친부모나 가족이 임의로 조부모에게 손자녀를 양육하도록 하기보다는 조부모가 손자녀를 양육하는 것이 가장 바람직한 대안인지 전문적인 판단에 기초하여 확인하고, 확인된 사례는 조부모대리가정세대로 지정하여 체계적인 사례관리와 지원을 하도록 해야 할 것이다. 또한, 친부모가 가출이나 실직, 취업, 장기 질환이나 장애 등의 이유로 실질적으로는 조손세대로 생활하고 있으나 법적인 규정 등으로 지원이 어려운 세대들에 대한 지원 방안이 모색되는 것도 필요하다.

물론 조부모대리가정세대에 대한 실질적인 서비스를 개발하여야 하는데, 경제적 어려움과 관련한 지원 방안이 마련되어야 할 것이다. 2011년 「한부모가족지원법」의 개정으로 조부모가 5세 이하의 아동을 양육하는 경우에는 한부모가족이 받을 수 있는 생계비와 아동교육지원비, 아동양육비 등을 받을 수 있게 되었지만 5세 이하의 아동양육으로만 제한되어 있다. 그러므로 조손가구를 위한 연금수급권 특례조항을 마련하거나 기초노령연금의 적용범위를 확대하거나 국민기초생활보장 적용 기준을 완화하는 등 조손가족을 위한 소득보장 정책이 강화될 필요가 있다(김혜영, 김은지, 최인희, 김영란, 2011).

조부모 사후의 손자녀 양육 계획, 손자녀들에 대한 자립지원 서비스, 세대 차이를 극복할 수 있는 양육 지원체계, 학대와 방임 예방 등이 필요한 서비스로 제안되고 있다. 또한, 중상층 조손가족의 경우에도 경제적인 문제를 제외하고는 심리적·정서적으로 유사한 문제를 경험할 가능성이 있으나 그들에 대한 서비스 체계는 마련되지 못하고 있다. 이들 조손가족 및 아동에 대해서도 필요한 서비스를 받을 수 있도록 체계가 구축되어야 할 것이다.

2. 북한이탈주민가족의 아동복지

1) 북한이탈주민가족의 개념

「북한이탈주민의 보호 및 정착지원에 관한 법률」(2016)에 따르면, "북한이탈주민이란 군사분계선 이북 지역에 주소, 직계가족, 배우자, 직장 등을 두고 있는 사람으로서 북한을 벗어난 후 외국의 국적을 취득하지 아니한 사람"을 말한다. 탈북가족이나 새터민가족이라는 표현을 사용하기도 했으나, 2008년 이후 주로 북한이탈주민이라는 용어가 사용되고 있다.

2) 북한이탈주민가족의 현황

북한이탈주민의 국내 입국은 1998년 이전까지 모두 947명이었으나, 2000년 들어 급격히 증가하여 2011년에는 한 해 동안 2,706명이 입국한 것으로 보고되었다. 2016년 9월을 기준으로, 국내 입국한 북한이탈주민은 총 2만 9,830명인 것으로 조사되었다(〈표 13-3〉 참조).

〈표13-3〉 북한이탈주민 입국 현황(2016년 9월 말 기준) (단위: 명)

구분	~1998	2001	2005	2009	2011	2015	2016.9.(잠정)	합계
남	831	565	424	662	795	251	213	8,716
여	116	478	960	2,252	1,911	1,024	823	21,114
합계	947	1,043	1,384	2,914	2,706	1,036	1,036	29,830

출처: 남북하나재단(2017a). 북한이탈주민 입국 현황.

한편 연령별 국내 입국 현황을 살펴보면(〈표 13-4〉 참조), 2016년 9월까지의 입국자를 기준으로 총 2만 9,464명 중 0~9세가 4.2%인 1,241명, 10~19세가 11.7% 인 3,459명으로 아동기에 해당하는 북한이탈주민 입국인 비율은 16.0%인 4,700명 이다. 가장 높은 비율을 보이는 연령대는 30대로서 29.2%이고, 그다음은 20대로 28.3%다. 북한을 이탈해서 우리나라에 입국할 당시의 연령에 따라 적절한 보호 방 안이나 적응 지원이 필요한데, 특히 발달상의 변화가 큰 아동기에는 그들의 발달과 적응을 지원할 수 있는 적절한 서비스가 제공되어야 할 것이다.

〈표13-4〉 연령대별 입국 현황(2016년 9월 말 기준)   (단위: 명)

구분	0~9세	10~19세	20~29세	30~39세	40~49세	50~59세	60세 이상	계
누계	1,241	3,459	8,350	8,602	4,970	1,603	1,239	29,464
비율	4.2	11.7	28.3	29.2	16.9	5.4	4.2	99.9

출처: 남북하나재단(2017b). 연령대별 입국 현황.

3) 북한이탈주민가족의 문제 및 욕구

일반적으로 이주청소년들은 새로운 정착지에서 성인 못지않게 많은 심리사회적 문제를 가진다고 보고되고 있는데, 외상, 폭력, 범죄, 언어 차이, 가정해체, 새로운 문화적응, 청소년기 과업성취 등 특별한 욕구가 있다(Gillock & Reyes, 1999; James, 1997; 박윤숙, 2007 재인용). 북한이탈주민가족의 아동도 북한의 가족과 헤어져 우리 나라로 입국하는 과정에서 다양한 경험을 하게 된다. 가족과 일시적 혹은 영구적으 로 격리되기도 하고, 제3국에서 공포와 불안을 겪으며, 극도의 긴장 상태에서 체류 하면서 생사를 넘나드는 위기를 경험하기도 한다(이수정, 2007). 또한, 이전과 전혀 다른 사회적 환경에 적응해야 하는 문제에 부딪힌다. 다양한 연구결과에 기초해서 북한이탈주민가족 아동이 경험하는 문제를 정리해 보면 다음과 같다(길은배, 문성 호, 2003; 박윤숙, 2007; 이기영, 2002; 이수정, 2007; 최대헌, 이인수, 김현아, 2007).

(1) 가족과의 헤어짐에 대한 심리적 문제

상당수의 북한이탈주민가족의 아동은 부모와 함께 북한을 이탈하기도 하지만 부나 모가 먼저 입국을 하고 남겨진 채 있다가 이후에 입국하기도 한다. 가족마다 다양한 상황을 겪게 되는데, 대부분은 일시적으로나마 부나 모와 헤어지는 경험을 하고, 영구적으로 북한에 부나 모를 남겨 둔 채 우리나라에 정착하기도 한다. 또한 대부분은 북한의 조부모나 친인척 등과는 헤어지게 된다. 이러한 상황은 일시적이거나 영구적이거나 아동에게 가족과 헤어지는 것에 대한 심각한 심리적 상처를 남길 수도 있다.

(2) 생존을 위협하는 위기 경험

대부분은 북한을 이탈하여 제3국을 거쳐 입국하는 과정에서 생존을 위협하는 위기 상황을 경험하기도 한다. 이러한 경험은 적절하게 해결되지 못하면 지속해서 부정적인 영향을 줄 수 있다.

(3) 문화적 충격

공산주의 사회인 북한과는 언어와 생활방식이 전혀 다른 우리 사회의 문화는 아동·청소년기에 충격적인 경험이 될 수 있다.

(4) 교육 문제

사교육에 상당히 의존하는 우리 사회의 경쟁 위주 교육은 북한이탈주민 아동에게 도전이 된다. 특히, 탈북 과정에서 길게는 수년의 교육적 공백이 생겨서, 정규학교에 편·입학하는 경우 나이 차이가 많이 나기 때문에 적응상의 어려움이 가중되고 있다. 더욱이 교육 내용에도 차이가 있어서 이를 극복하고 순조롭게 학업을 지속하기는 쉽지 않은 과제다.

(5) 가족의 기능과 역할의 변화

가족이 함께 입국하여 정착하게 된 경우라고 하더라도 북한에서의 가족이나 부모역할과 우리나라의 가족 개념, 부모역할에는 차이가 있다. 이에 대한 적응이 어려울 수 있고, 특히 적응이 상대적으로 빠른 아동에 비해서 부모 세대는 적응이 어려워 아동이 이중으로 어려움을 겪기도 한다.

(6) 또래관계의 어려움

또래와는 극단적으로 다른 경험과 가족 배경 등으로 교우관계 형성에 어려움을 겪기도 한다.

물론 모든 북한이탈주민 아동이 유사한 어려움을 겪는 것은 아니며, 성별, 나이, 아동의 적응능력과 탈북 과정에서의 경험 차이, 가족의 지지나 우리 사회에서의 사회적 지지 등의 요인들이 그들의 적응에 영향을 준다.

4) 북한이탈주민가족 정책 및 서비스 현황

현재 북한을 이탈하여 국내에 입국 · 정착한 북한이탈주민에 대해서는 국가적 차원의 보호 및 정착지원 정책과 서비스가 제공되고 있다. 북한이탈주민에 대한 보호 및 지원체계는 다음과 같다.

국내 입국하는 북한이탈주민이 증가하자, 정부는 1997년 「북한이탈주민의 보호 및 정착지원에 관한 법률」을 제정하였고, 1999년에는 그들의 정착을 체계적으로 지원하기 위해서 '하나원'을 개소하였다. 이후 2010년 이 법을 개정하여 재단 설립의 근거를 마련하고 2011년 북한이탈주민 지원을 전담하는 공공재단인 남북하나재단을 설립하였다. 2017년을 기준으로 북한이탈주민에게 제공되는 주요 정착지원 제도는 초기 정착금 지급과 주거 안정을 위한 주택 알선 및 주거지원금 지급, 취업 지원, 생계급여 등의 사회복지 지원, 교육 지원, 정착을 지원하는 정착도우미 서비스와 거주지나 취업 및 신변을 보호하기 위한 보호담당관 배치 등이 있다. 이 중에서 아동에게 지원되는 내용은 주로 교육기회를 제공하는 것으로써, 중고등학생을 대상으로 한 학비 및 생활비 보조, 9세 이상 아동을 대상으로 한 화상영어교육 지원, 만 3세부터 초등학생을 대상으로 한 학습지원(희망하는 1개 과목의 학습지 지원 및 주 1회 방문교사 방문)뿐이다. 북한이탈주민을 위한 지원제도의 구체적인 내용은 〈표 13-5〉와 같다.

〈표 13-5〉 북한이탈주민 지원 제도

구분	항목	내용
정착금	기본금	1인 세대 기준 700만 원 지급
	장려금	직업훈련, 자격증 취득, 취업장려금 등 최대 2,510만 원
	가산금	노령, 장애, 장기치료 등 최대 1,540만 원
주거	주택알선	임대 아파트 알선
	주거지원금	1인 세대 기준 1,300만 원
취업	직업훈련	훈련기간 중 훈련수당 월 20만 원 지급(노동부)
	고용지원금(채용기업주에 지급)	급여의 1/2(50만 원 한도)을 최대 4년간 지원
	취업보호담당관	전국 56개 고용지원센터에 지정, 취업상담·알선
	기타	취업보호(우선구매), 영농정착지원, 특별임용 등
사회복지	생계급여	국민기초생활보장 수급권자(1인 세대 월 약 50만 원)
	의료보호	의료급여 1종 수급권자로서 본인 부담없이 의료 혜택
	연금특례	보호결정 당시 50세 이상~60세 미만은 국민연금 가입특례
교육	특례 편·입학	대학진학 희망자의 경우 특례로 대학 입학
	학비 지원	중·고 및 국립대 등록금 면제, 사립대 50% 보조
정착도우미	-	1세대당 1~2명의 정착도우미를 지정, 초기 정착지원(전국 530명)
보호담당관	-	거주지보호담당관(230여 명), 취업보호담당관(57명), 신변보호담당관(800여 명)

출처: 남북하나재단(2017c), 정착지원제도.

5) 개선 방안

북한이탈주민가족 아동의 경우 북한을 이탈하는 초기부터 우리나라에 정착하기까지의 과정에서 다양한 적응상의 어려움에 직면하게 된다. 2016년 9월을 기준으로 북한이탈주민가족의 아동은 전체 북한이탈주민의 16% 정도로 추산되고, 앞으로 더욱 증가할 것으로 예측되어 그들에 대한 실질적인 적응 지원 방안이 모색되어야 하는 시점에 있다.

그러나 아동복지 현장에서 그들에 대한 전문인력 양성이나 서비스 개발은 극히 미진한 수준이다. 북한의 사회문화적 특징, 가족관계와 가족 기능, 탈북 과정에 대한 이해에 기초하여 북한이탈주민가족이 새로운 사회에서 자녀를 양육할 수 있는 능력과 기술을 습득할 수 있도록 지원하고, 북한이탈주민의 아동에게는 학교와 지역사회에 적응할 수 있도록 전문적인 개입이 이루어져야 할 것이다.

3. 다문화가족의 아동복지

1) 다문화가족의 개념

최근 결혼이민자와 외국인 근로자가 급속히 증가하고 있다. 다양한 국가로부터 이주하여 생활하는 문화적 배경이 다른 가족들을 다문화가족이라고 한다. 다문화가족은 합법적으로 체류하고 있는 결혼이민자와 외국인 근로자가 대한민국 국민과 혼인, 혈연, 입양 등으로 결합하여 이룬 가족과 귀화자가족을 포함하며, 출신국이 다른 외국인 간의 결혼에 의한 가족과 영주권자가족은 제외한다고 정의되었다(박종보, 조용만, 2006). 「다문화가족지원법」에 따르면, "다문화가족이란 「재한외국인 처우 기본법」에 따른 결혼이민자와 「국적법」에 따라 대한민국의 국적을 취득한 자로 이루어진 가족"이라고 정의된다. 가족구성원 중에 결혼이민자나 귀화허가를 받은 외국인이 있는 가족을 의미한다.

2) 다문화가족의 현황

　다문화가족 구성원은 2007년 14만 2,015명에서 2015년 29만 4,663명으로 매년 증가하는 추세이다(다문화가족지원포털 다누리, 2017). 2015년 11월을 기준으로 전체 다문화가족 구성원 29만 4,663명 중에 결혼이민자가 14만 4,912명으로 가장 많고, 혼인귀화자가 9만 3,249명, 기타사유 국적취득자가 5만 6,502명이다(표13-6). 참고로 국제결혼은 전체 결혼 중 9%를 차지하고 있는데, 2000년대 초반 급격히 증가하였으나 2005년 이후 점차 증가세가 둔화되고 있다(여성가족부 · 관계부처 합동, 2012).

〈표 13-6〉 연도별 결혼이민자 및 인지 · 귀화자 현황(외국인주민 현황 조사, 행정자치부)

(단위: 명)

연도	결혼이민자	혼인귀화자	기타 사유 국적취득자	계
2007	87,964	38,991	15,060	142,015
2011	141,654	69,804	41,306	252,764
2015.1.	147,382	92,316	65,748	305,446
2015.11.	144,912	93,249	56,502	294,663

출처: 다문화가족지원포털 다누리(2017a). 다문화가족 통계자료.

　한편, 다문화가족의 아동도 증가하는 추세에 있는데, 2007년 4만 4,258명에서 매년 급격하게 증가하여 2015년 11월 기준으로 19만 7,550명이 되었다. 이 중 만 6세 이하가 58.8%로 가장 높은 비율을 차지하고 있고, 초등학생 연령대가 31.2%, 중학생 연령대가 6.4%, 고등학생 연령대가 3.7% 순으로 파악되었다(다문화가족지원포털 다누리, 2017).

〈표 13-7〉 다문화가족 자녀 연령별 현황(외국인주민 현황 조사, 행정자치부)　　(단위: 명)

연도	만 6세 이하	만 7~12세	만 13~15세	만 16~18세	계
2007	26,445	14,392	2,080	1,341	44,258
2011	93,537	37,590	12,392	7,635	151,154
2015.1.	117,877	56,108	18,827	14,881	207,693
2015.11.	116,068	61,625	12,567	7,290	197,550

출처: 다문화가족지원포털 다누리(2017a). 다문화가족 통계자료.

3) 다문화가족의 문제 및 욕구

다문화가족은 안정적으로 정착하기까지 다양한 문제를 경험하게 된다. 문화적 차이 적응에 따른 스트레스, 정체성의 혼동, 인종차별, 언어 문제, 경제적 어려움이나 신체적·정신적 건강상의 문제를 겪기도 한다. 특히, 자신이 그동안 성장한 문화로부터 새로운 문화로 적응하는 과정에서 심각한 문제가 발생하기도 한다. 이러한 어려움은 자녀에게도 그대로 전달될 수 있으며, 이는 자녀양육을 어렵게 하는 조건이 되기도 한다.

결혼이민자나 이주노동자와 그들의 자녀로 구성되는 다문화가족은 한 가정에 두 가지 문화가 병존하게 된다. 성공적으로 조화를 이루어 자녀양육을 하게 되면 아동은 이중언어(bi-lingual)를 사용할 수 있게 되며, 폭넓은 문화적 이해를 하게 된다. 그러나 주 양육자인 어머니가 한국어를 습득하지 못하고 한국문화에 대한 이해가 부족한 경우 자녀양육에 문제가 발생하기도 한다.

아동기 초기에는 언어발달에 문제를 보이기도 하며, 부모역할 수행에 대한 차이, 아동양육 태도나 방식의 차이 등으로 어려움을 겪기도 한다. 이러한 어려움이 누적되면 학령기에는 학업수행 문제나 또래관계 문제로 이어지기도 한다. 주 양육자의 한국어 실력이나 자녀양육 방식뿐만 아니라 한국인 부나 모의 자녀양육 참여와 태도에 의해서도 영향을 받게 되는데, 비협조적인 태도를 보이며 적극적으로 부모역할을 수행하지 않는 경우 자녀가 적응상의 문제를 겪게 된다.

인종과 국적이 다른 개인이 가족을 구성하여 생활하는 상황에서는 부부간에 문화 차이에서 오는 갈등이 심화될 수 있고, 갈등의 심화는 자녀양육에 부정적인 영향을 주게 된다. 아동은 자신이 속한 가족 내에서도 이질적인 두 가지 이상의 문화에 적응하면서 자신의 가족이 속한 지역사회 문화에도 적응해야 하는 과제를 갖게 된다. 부모는 아동이 한국 사회의 구성원으로서 건강하게 성장·발달할 수 있는 양육환경을 제공할 수 있도록 지원해야 한다.

다문화가족 내의 문제 외에도 결혼이민자와 이주노동자와 그 자녀를 수용하지 못하는 지역사회의 인종차별적 인식과 태도에 따른 또래친구들이나 교사들의 차별과 배제 때문에 사회적 소외를 경험할 가능성이 높다는 지적도 있다. 한편 불법체류 상태이거나 부모가 가족동반 체류 자격을 갖지 못하였을 때는 상황이 더욱 열악하다. 부모의 체류 상태 때문에 교육기회를 갖지 못하거나 불안정한 생활을 하기도 하며, 부모와 장기적으로 헤어져 살아야 하는 예도 있다. 대체로 이러한 상황에 있는 이주노동자들은 경제적인 여건이 나빠서 하루 중 장시간을 일하게 되어 자녀들이 방임되기도 하며, 체류 자격과 상관없이 부모 모두가 일하기 위해서 자녀만 본국으로 보내지기도 한다. 또는 학업기회를 박탈당한 채 노동현장에서 경제활동을 하기도 한다.

경제적인 상황이 열악할 뿐만 아니라 의료상의 문제도 있다. 건강보험에 가입되지 못하는 경우, 필요한 의료적 처치를 받지 못하기도 하며 필수적인 예방접종 시기를 놓치는 사례도 있다. 부모의 체류자격과 상관없이 모든 아동은 친부모와 함께 건강하게 성장·발달할 수 있는 권리가 보장되어야 하며, 교육받을 권리가 제한되어서도 안 된다. 국적과 인종적 차별 없이 우리 사회 안에서 사는 모든 아동은 아동권리가 보장되어야 하며, 필요한 아동복지 서비스가 전달되어야 한다.

4) 다문화가족 정책 및 서비스 현황

「다문화가족지원법」에서는 다문화가족 지원을 위한 기본계획을 5년마다 수립하도록 규정하고 있다(제3조의 2). 제1차 기본계획은 2010년에 수립되어 2012년까지 추진되었으나 법이 개정되어 5년마다 수립하도록 규정됨에 따라 2012년에 제1차 기본계획의 추진과 평가에 기초하여 2013년부터 2017년까지 추진되고 있는 제2차 기본계획이 수립되었다(여성가족부, 관계부처 합동, 2012). 제2차 기본계획에서는 사회발전 동력으로서의 다문화가족 역량 강화와 다양성이 존중되는 다문화사회 구현을 정책 목표로 하여, 아래와 같이 6대 영역에서 향후 5년간 수행할 86개 정책과제를 제시하였다.

1. 다양한 문화가 있는 다문화가족 구현
    – 상대방 문화 · 제도에 대한 이해 제고
    – 쌍방향 문화교류 확대 및 사회적 지지 환경 조성
2. 다문화가족 자녀의 성장과 발달 지원
    – 다문화가족 자녀의 건강한 발달 지원
    – 한국어능력 향상
    – 학교생활 초기적응 지원
    – 기초학력 향상 및 진학지도 강화
    – 공교육 등에 대한 접근성 제고
3. 안정적인 가족생활 기반 구축
    – 입국 전 결혼의 진정성 확보
    – 한국생활 초기 적응 지원
    – 소외계층 지원 강화
    – 피해자 보호
4. 결혼이민자 사회경제적 진출 확대
    – 결혼이민자 일자리 확대
    – 직업교육훈련 지원
    – 결혼이민자 역량 개발
    – 사회참여 확대

5. 다문화가족에 대한 사회적 수용성 제고
　－인종 · 문화 차별에 대한 법 · 제도적 대응
　－다양한 인종 · 문화를 인정하는 사회문화 조성
　－대상별 다문화 이해 교육 실시
　－학교에서의 다문화 이해 제고
　－다문화가족의 입영에 따른 병영 환경 조성
6. 정책 추진체계 정비
　－다문화가족 지원 대상 확대 및 효과성 제고
　－다문화가족정책 총괄 추진력 강화
　－국가간 협력체계 구축

한편, 2015년 「다문화가족지원법」을 개정하여 아동에 대한 보육과 교육 지원을 강화하였는데(제10조), 보육과 교육에서 다문화가족의 아동을 차별해서는 안되며, 학교생활에 신속히 적응할 수 있도록 교육 지원대책을 마련해야 하고, 교육감은 다문화가족 아동에 대해서 학과 외 또는 방과후 교육 프로그램을 지원할 수 있도록 하였다. 또한, 18세 미만 아동의 초등학교 취학 전 보육 및 교육 지원을 위하여 노력하고 언어발달을 위하여 한국어 및 결혼이민자 등인 부 또는 모의 모국어 교육을 위한 교재지원 및 학습지원 등 언어능력 제고를 위하여 필요한 지원을 할 수 있다고 규정하였다. 여성가족부에서는 「다문화가족지원법」에 기초하여 결혼이민자의 한국 사회 조기적응 및 다문화가족의 안정적인 가족생활지원을 위하여 전국적으로 217개소의 다문화가족지원센터를 설치하여 한국어 교육, 통번역, 상담 및 사례관리, 결혼이민자 대상 사회적응교육 및 취업교육, 가족교육, 자녀 언어발달 지원, 자녀생활에 관한 방문교육, 이중언어 환경조성 등의 서비스를 제공하고 있다(다문화가족지원포털 다누리, 2017b).

5) 개선 방안

우리 사회에서도 이제 다양한 문화적 배경을 가진 가족들이 급속하게 증가하고 있다. 결혼이나 이주노동으로 증가하고 있는 이들 다문화가족은 단순한 외국인 정책의 문제를 넘어서서 우리 사회에 새롭게 구성되는 하나의 가족형태로 이해될 필요가 있으며, 이들 가족의 자녀는 차별받지 않고 건강하게 성장·발달할 권리를 갖고 있음을 이해하여야 한다. 농촌사회를 중심으로 조만간 다문화가족의 아동이 소수인종이 아닌 주류에 가까운 수로 증가하는 현실에 직면한 상황에서, 이들 다문화가족 아동의 복지욕구를 파악하고 적절한 서비스를 제공하는 것이 시급한 과제가 되었다.

특히, 결혼이민자·외국인 이주노동자 가족의 증가는 일시적인 현상이 아니라 앞으로 지속될 것으로 전망되는데, 그들을 우리 사회의 구성원으로 통합하도록 지원하는 다양한 정책 및 서비스가 개발되어야 한다. 최근 다문화가족 지원을 위한 기본계획을 정기적으로 수립·추진·평가하고 있으며, 실태조사도 정기적으로 실시되고 있고, 전국적으로 다문화가족지원센터를 설치하여 다문화가족 지원과 그들의 아동양육 지원 및 임신, 출산 지도 서비스 등 체계적인 서비스를 제공하고 있는데, 특히 이들 다문화가족의 자녀가 성공적으로 양육되기 위해서는 가족의 문화, 인종, 종교, 체류자격 등에 대한 다양성을 충분히 이해하고 그에 기초한 접근이 이루어져야 할 것이다.

4. 실종아동의 복지

1) 실종아동의 개념

'미아 찾기'라고 지칭되어 오던 실종아동 관련 사업은 2005년 「실종아동 등의 보호 및 지원에 관한 법률」이 제정되면서 체계적으로 진행되기 시작하였다. '미아'나 '미아 찾기'라는 개념은 실종 상황을 단순히 길을 잃었거나 보호자를 잃은 단순미아의 경우로 제한하는 개념으로서 전체 체계의 비효율과 오해를 야기하는 부적절한 개념이라는 지적에 따라(박은미, 2004), '미아'라는 용어도 '실종아동'이라는 용어로 전환되었다. 「실종아동 등의 보호 및 지원에 관한 법률」에 따르면, "실종아동 등이라 함은 약취 · 유인 또는 유기되거나 사고를 당하거나 가출하거나 길을 잃는 등의 사유로 인하여 보호자로부터 이탈된 만 18세 미만(실종 당시)의 아동"이다. 실종아동의 연령은 2005년에는 실종 당시의 나이와 상관없이 14세 이하로 규정되었으나, 2013년 법을 개정하여 실종 당시를 기준 만 18세 미만으로 확대되었다(김종우, 김성천, 박은미, 정익중, 강병권, 2015).

개념적으로는 아동이 보호자에게서 벗어나서 행방을 알 수 없는 모든 경우를 포괄적인 의미의 실종아동(missing children)으로 본다. 아동이 실종되는 경우는 일반적으로 유괴, 가출, 유기, 사고, 단순히 부모를 잃은 단순미아 등으로 분류되고 있다(Turman, 1995). 아동의 행방이 확인되기 전까지 혹은 특정한 단서가 없는 상황에서는 그 상황이 어떤 경우인지를 알 수 없으므로 이러한 상황을 모두 포함하여 실종아동으로 규정해야 한다. 유괴나 사고의 경우에는 경찰의 수사력이 결정적일 것이며, 유기나 가출의 경우에는 가족의 책임이 더 크다고 할 수 있다. 단순미아의 경우라면 부모의 보호 소홀에 책임을 물을 수도 있으나, 우리나라와 같이 좁은 나라에서 잃어버린 아동을 찾을 수 없다면 행정력의 문제를 지적하지 않을 수 없다.

2) 실종아동 현황

2016년 발생한 실종아동 신고 건수는 아동이 1만 9,688건으로 해마다 감소하는 양상을 보이고 있다(실종아동전문기관, 2017). 이 중 대부분은 발견되었으나, 발견되지 못한 아동도 182명이나 되었다. 하지만 실종아동은 계속 찾기 때문에 미발견 실종아동 수는 해가 갈수록 줄어드는데, 2015년 이전에 실종된 아동 중에 2016년 12월까지 발견되지 못한 아동은 극히 드물다. 참고로 2012년부터 18세 미만을 기준으로 실종아동 통계가 집계되기 시작하였다.

〈표 13-8〉 실종아동 발생 및 미발견 현황 (단위: 건)

	발생	미발견
2012년	27,295	4
2013년	23,089	0
2014년	21,591	5
2015년	19,428	9
2016년	19,688	182

출처: 실종아동전문기관(2017). 통계자료(2016년 12월 기준 경찰청 자료에 기초).

3) 실종아동과 가족의 문제 및 욕구

아동이 부모로부터 격리되는 상황은 아동이나 부모 모두에게 치명적인 영향을 주게 된다. 특히 유괴나 사고의 경우, 최악의 상황에서는 아동이 사망에 이르게 되며, 단순미아로서 24시간 이내에 귀가하는 경우라고 하더라도 부모를 찾을 수 없을지도 모르는 상황에 부닥치는 심각한 영향을 줄 수 있다. 드물게는 아동기 동안 아동보호시설에서 보호되다가 성인기에 부모를 찾게 되는 예도 있다.

한편, 부모 역시 자녀가 실종되면 치명적인 상처를 입게 된다. 대체로 자녀가 실종된 이후에 부부간에 자책하거나 죄책감으로 정상적인 가족생활을 하지 못하게 되어 이혼하거나, 실종된 자녀를 찾기 위해 온갖 노력을 하는 가운데 경제적인 어려움을 겪게 되기도 한다. 또한 부부가 실종된 자녀를 찾는 것에 집중하는 가운데 남아 있는 자녀가 방임되거나 적절한 양육 환경을 제공받지 못하는 문제가 발생하기도 한다.

이후 자녀가 집으로 귀가한 이후에도 실종 기간의 부정적인 영향에 적절하게 대처하지 못하고 과잉보호하거나 불안함을 심하게 느낄 수 있다. 실제로 자녀가 실종된 상황에 있는 가족에 대한 조사 결과(어린이찾아주기종합센터, 2004), 대부분의 가정이 자녀의 실종으로 인한 경제적인 어려움이나 심리적인 고통 때문에 실종 이후 한 번 이상 이사하였으며, 자녀를 찾기 위해서 스스로 혹은 의욕상실에 따라 직장에 소홀해진 경우도 많았고, 실직을 경험한 예도 많았다. 또한 같은 조사에서 결혼생활 만족도가 떨어지며, 부부싸움을 하는 예가 증가하였고, 자녀양육에도 어려움을 겪고 있다고도 보고하고 있다.

4) 실종아동 정책 및 서비스 현황

「실종아동 등의 보호 및 지원에 관한 법률」에 따르면, 보건복지부 장관은 실종아동 등의 발생 예방, 조속한 발견 및 복귀와 복귀 후 사회적응을 위하여 다음과 같은 일을 시행하여야 한다.

- 실종아동 등을 위한 정책 수립 및 시행
- 실종아동 등과 관련한 실태조사 및 연구
- 실종아동 등의 발생 예방을 위한 연구 · 교육 및 홍보
- 실종아동 등을 신속하게 발견하기 위하여 실종아동 등의 신상정보를 작성, 취득, 저장, 송신, 수신하는 데 이용할 수 있는 전문기관, 경찰청, 지방자치단체, 보호시설 등과의 협력체계 및 정보 네트워크 구축 및 운영을 위한 정보연계시스템 및 데이터베이스의 구축 및 운영
- 실종아동 등의 가족 지원
- 실종아동 등의 복귀 후 사회적응을 위한 상담 및 치료 서비스 제공
- 그 밖에 실종아동 등의 보호 및 지원에 필요한 사항

또한 경찰청장은 실종아동 등의 조속한 발견과 복귀를 위하여 다음 사항을 시행해야 한다.

- 실종아동 등에 대한 신고체계의 구축 및 운영
- 실종아동 등의 발견을 위한 수색 및 수사
- 유전자검사의 실시에 따른 유전자검사 대상물의 채취
- 그 밖에 실종아동 등의 발견을 위하여 필요한 사항

현재 실종아동전문기관을 통해 실종아동 및 가족을 위해 제공되고 있는 서비스는 다음과 같다(김종우 외, 2015).

(1) 실종아동 찾기 사업
- 사진공개나 TV 매체, 스마트폰 활용을 통한 찾기
- '미아서포터즈,' '찾으미' 등 네티즌이나 민관 공조시스템을 통한 찾기
- 가출인 알리미 시스템을 활용한 찾기
- 프로파일링을 통한 찾기
- DNA를 통한 찾기
- 유괴 · 실종경보 발령 시스템 구축 · 운영
- 개인의 위치추적 및 미아 · 실종자 찾기 시스템의 구축
- 사전지문등록제
- 불특정 다수인 이용시설 실종아동 등 조기발견 지침 수립 · 시행
- 얼굴변환 프로그램(age progression program) 도입 · 운영
- 시민운동으로 찾기
- 기타 범정부적인 대책 방안 수립 · 추진

(2) 실종가족 지원 사업
- 경제적 지원: 찾기를 위한 활동비 지원, 전단지 제작 및 가족상담 치료비, 의료비, 부모활동비, 긴급구호 및 물품지원비 등
- 심리 · 정서적 지원 프로그램: 전문가 초빙 특강, 심리상담 캠프, 상담심화과

정, 집단상담 프로그램, 자조모임 등
- 맞춤형 사례관리
- 지지리더 프로그램

(3) 실종예방 활동과 예방 캠페인
- 실종아동의 날 기념행사
- 그린리본 희망 걷기 캠페인
- 다양한 예방 캠페인 전개
- 공익광고 및 특별 기획 방송 등

5) 개선 방안

2005년 법안이 제정된 이후로 사업 수행체계에서는 상당히 개선되었다. 유전자 활용 실종아동 찾기, 휴대전화 모바일 서비스 활용 실종아동 찾기에 이어서, 2007년에는 경찰청에서 '실종아동 등 프로파일링 시스템', 아동이 실종되면 즉시 경보를 울리도록 하는 '실종유괴아동 엠버경보 시스템' 등과 같은 대책을 추진하였다(이금형, 2007). 이후 2011년에 다시 개정되면서 경찰청과 실종아동전문기관의 업무를 구분하고 있고, 실종아동 신고의무를 규정하고 있으며, 지문정보를 등록·관리하도록 하고 있고, 관련 기관들이 유기적인 협조체계에서 실종 업무를 수행할 수 있도록 정보연계 시스템을 구축하여 운영하도록 하고 있다. 또한, 경찰은 실종아동 등의 발생신고를 접수하면 지체 없이 수색 또는 수사의 시행 여부를 결정하여야 한다고 규정함으로써 수사 시작이 늦어짐에 따른 문제점 등을 개선할 수 있게 되었다. 아울러 유전자검사의 실시와 관련해서도 구체적인 절차와 내용이 규정되었다.

그러나 여전히 실종아동은 발생되고 있고 여전히 발견되지 못하는 사례가 있다. 실종사건이 발생할 때마다 발생 직후 경찰은 전문성에 기초하여 사건 분석을 하고 체계적인 추적 조사를 해야 하며, 실종아동전문기관과도 긴밀히 협조하여야 하고,

가족에 대한 사례관리가 지금보다 더 실제적으로 이루어져야 할 것이다. 한편, 유괴나 단순미아를 포함한 실종 예방을 위한 교육이 부모와 아동을 대상으로 적극 시행되어야 한다. 이를 위해서는 대상아동의 나이 · 특성별로 실제적인 예방교육을 할 수 있는 다양한 예방교육 교재가 개발되어야 하며, 부모용 교육 교재 및 교육 방법 개발도 필요하다. 무엇보다 실종아동과 관련하여 이론과 경험을 축적한 전문인력의 양성이 시급한 과제라 하겠다.

생각해 보기

1. 손자녀를 양육하는 조부모가 겪을 수 있는 문제점을 제시하고 지원 방안을 모색해 보자.
2. 북한이탈주민가족의 아동이 경험하는 문제를 살펴보고 그들의 아동복지를 위해 어떻게 개입해야 할지 생각해 보자.
3. 다문화가족이란 무엇인지 정의하고 그들에 대한 아동복지 정책과 서비스의 당위성 및 필요성을 논리적으로 전개해 보자.
4. 경찰청과 실종아동전문기관에서 진행하는 실종아동 관련 서비스의 내용을 살펴보자.

참고문헌

길은배, 문성호(2003). 북한이탈 청소년의 남한사회 적응실태 및 지원방안 연구. 한국청소년개발원.

김종우, 김성천, 박은미, 정익중, 강병권(2015). 아동실종의 이해. 경기: 양서원.

김혜선(2004). 조손가족 조부모의 양육태도와 양육스트레스가 손자녀 적응에 미치는 영향 연구. 한국아동복지학, 제18호, 85-117.

김혜영, 김은지, 최인희, 김영란(2011). 조손가족지원방안연구. 한국여성정책연구원 연구보고서.

박윤숙(2007). 탈북청소년의 사회적 지지와 적응. 경기: 한국학술정보.

박은미(2004). 실종장애인 · 아동 관련체계 분석 및 개선방안. 한국장애인단체총연맹 연구보고서.

박종보, 조용만(2006). 다문화가족지원법 마련을 위한 연구. 여성가족부 연구보고서.

보건복지부(2005). 국제결혼 이주여성 실태조사 및 보건 · 복지지원 정책방안.

보건복지부(2016). 아동분야 사업안내.

보건복지부(2017). 보도자료. 복지정책과. 2017. 2. 28.

보건복지부, 중앙가정위탁지원센터(2016). 가정위탁보호 현황보고서.

어린이찾아주기종합센터(2004). 미아가정실태조사 보고서.

여성가족부(2010). 여성가족부 브리핑 자료. 조손가족실태조사결과 발표.

여성가족부 · 관계부처 합동(2012). 제2차 다문화가족정책 기본계획(2013–2017).

여성가족부(2012). 다문화가족지원.

이금형(2007). 실종 · 유괴아동 예방 및 발견을 위한 치안정책. 유괴 및 실종아동과 아동보
　　호대책. 한국아동학대예방협회 제37회 정기학술세미나 · 제6회 아동정책포럼 자료집(pp.
　　35-57).

이기영(2002). 탈북청소년의 남한사회 적응에 관한 질적 분석. 한국청소년연구, 13(1), 175-224.

이봉주, 이숙, 황옥경, 김혜란, 박현선, 김경륜, 윤선화, 이호균(2006). 한국의 아동지표. 보건
　　복지부, 서울대학교 사회복지연구소.

이수정(2007). 북한이탈주민 청소년의 교육문제. 시민과 사회, 7, 193-212.

이재연, 안동현, 황옥경 편(2007). 아동과 권리. 서울: 창지사.

이향규(2006). 북한이탈주민 청소년 학교적응 실태와 과제. 교육비평, 21, 193-207.

인구여성정책팀 편(2006). 여성 결혼이민자가족 사회통합 지원대책. 국정감사요구자료. 여성
　　가족부.

최대헌, 이인수, 김현아(2007). 북한이탈주민 아동 · 청소년의 적응력 향상을 위한 부모교육
　　프로그램 개발. 유아교육, 16(2), 277-291.

Henderson, T. (2004). Grandparents rearing grandchildren on TANF: A study in Virginia.
　　Journal of Family and Consumer Sciences, 96(2), 10-12.

Turman, M. K. (1995). Recovery and reunification of missing children: A team approach.
　　Office of Juvenile Justice and Delinquency Prevention, National Center for Missing

and Exploited Children.

경찰청(2016). 2015 경찰백서. http://www.police.go.kr

남북하나재단(2017a). 북한이탈주민 입국 현황. http://www.koreana.or.kr

남북하나재단(2017b). 북한이탈주민 연령대별 입국 현황. http://www.koreana.or.kr

남북하나재단(2017c). 정착지원제도. http://www.koreana.or.kr

다문화가족지원포털 다누리(2017a). 다문화가족 통계자료. http://www.livekorea.kr

다문화가족지원포털 다누리(2017b). 다문화가족지원센터/센터소개/주요 서비스. http://www.livekorea.kr

실종아동전문기관(2017). 통계자료. http://www.missingchild.or.kr

통계청(2017). 인구총조사/가구부문/세대구성별 가구 및 가구원(일반가구). http://www.kosis.kr

제14장

아동복지의
전망과 과제

「아동복지법」제1조에 의하면, 아동복지의 목적은 아동이 건강하게 출생하여 행복하고 안전하게 자랄 수 있도록 아동의 복지를 보장하는 것이다. 아동복지의 정의는 모든 아동의 삶의 질 향상을 위해 아동, 가족, 집단, 지역사회의 문제와 욕구에 대해 역량강화(empowerment)적인 문제 해결 접근방법으로 개입하는 종합적인 전문 활동이다. 이 장에서는 최근 우리나라에서 진행되는 아동복지의 흐름을 점검하고 아동복지의 전망에 대해 논의하고자 한다. 또한 아동복지의 전망에 기초하여 아동복지의 향후 과제를 제시하고자 한다.

1. 아동복지의 전망

1) 아동권리의 증진

아동기는 사회에서 살아가는 데 필요한 다양한 능력의 기초를 확립해 나가는 시기다. 아동기, 특히 영유아기의 부정적인 경험들은 평생 동안 아동의 정상적인 성장과 발달에 영향을 미치게 된다. 생존, 보호, 발달, 참여의 기본적인 욕구와 권리를 보장받은 아동은 사회의 다른 사람의 권리를 존중하는 올바른 성인으로 성장하게 된다.

1989년에 채택된 유엔아동권리협약은 아동의 생존, 보호, 발달, 참여의 권리 등 아동과 관련된 모든 권리를 규정해 놓고, 아동과 관련된 모든 결정에서 아동의 최선의 이익이 일차적인 기준이 되어야 함을 강조하고 있다. 협약의 당사국이 된 우리나라는 협약의 이행 상황 모니터링을 통해 아동복지 체계에 커다란 변화를 주고 있다. 협약의 이행이 계속 진행 중이며, 모니터링 또한 계속 이루어지고 있다. 이러한 과정을 통하여 협약이 보장하고자 하는 아동기의 보편적이고 실질적인 기준에 맞추어 아동의 권리를 증진하고 있다.

우리나라의 아동복지는 지속적인 국가보고서의 제출과 유엔아동권리위원회의 권고에 따라 아동권리를 증진하는 방향으로 진행되고 있다. 협약 비준 후 가장 두드러진 현상은 아동복지 관련법률들의 제정과 개정이 이루어지고 있다는 점이다. 아동은 다른 어느 집단보다 국가 정책의 영향을 크게 받기 때문에 이와 같은 아동권리 증진을 위한 관련법률들의 제정과 개정은 반드시 필요하며, 아동권리 증진에 긍정적인 영향을 줄 것으로 기대된다. 그러나 아직도 보완해야 할 부분이 많다. 여전히 유보조항 철회와 관련된 법 개정의 움직임은 부족한 실정이며, 차별을 금지하는 입법조치 및 체벌금지 규정과 관련된 법 개정도 이루어지지 않고 있는 상태다.

따라서 유엔아동권리협약의 비준 당사국으로서 아동의 생존, 보호, 발달, 참여의 권리 보장과 증진을 위한 아동복지 관련법률의 개정과 정책들의 수립이 필요하다. 또한 사회적으로 아동, 부모 그리고 교사를 대상으로 하는 아동권리교육의 실시를 통하여 아동권리에 대한 인식을 증대할 필요가 있다. 아울러 아동복지 실천현장에서 아동권리의 실제적 보장 강화를 위해 노력하여야 할 것이다.

2) 지역사회중심의 아동복지

최근 사회복지의 기본 방향은 지역사회에서의 사회복지 실천이다. 즉, 사회복지 예산의 지방 이양과 지역사회보장협의체를 중심으로 하는 지역복지 전달체계의 구축에 따라 지역사회를 중심으로 한 사회복지 실천이 강화되고 있는 것이다. 이에 따라 아동복지에서도 지역사회를 중심으로 하는 아동복지가 강화될 것으로 전망된다.

첫째, 최근 지역아동센터에 대한 정부 지원이 증가하고 있다. 「아동복지법」 제58조에 의하면, 지역아동센터는 지역사회 아동의 보호 · 교육, 건전한 놀이와 오락의 제공, 보호자와 지역사회의 연계 등 아동의 건전 육성을 위하여 종합적인 아동복지 서비스를 제공하는 시설이다. 즉, 지역아동센터는 교육의 기능만을 수행하던 기존의 공부방에서 더 나아가 지역사회 아동을 위한 종합적인 아동복지서비스를 제공하는 기능을 수행하고 있는 것이다.

둘째, 정부에서는 2007년부터 희망스타트 사업을 추진하였고, 2008년에는 드림스타트 사업으로 그 명칭을 바꾸어 실시하고 있다. 드림스타트 사업은 지역사회 아동의 전인적 발달을 지원하는 집중적인 사회투자의 개념에 입각하여, 지역사회중심의 보건복지 파트너십을 구축하여 지역사회 아동의 욕구에 부응하는 맞춤형 통합 서비스를 제공하는 것이다. 드림스타트 사업은 미국의 헤드스타트, 영국의 슈어스타트와 유사하게 빈곤의 대물림을 차단하고 모든 아동에게 공평한 출발 기회를 보장하는 것으로서, 민간기관에서 시작되어 지방자치단체의 지원과 함께 실시되고 있는 위스타트 사업을 확대하는 것이다. 이를 통해 수요자중심의 사전예방적 통합 서비스 지원체계를 도입하고, 빈곤아동의 신체적·정서적·사회적 능력 등 전인적 발달을 지원하고자 하는 것이다.

3) 보육 서비스의 공공성 강화

보육은 아동의 성장 욕구와 자녀양육의 도움을 필요로 하는 부모의 욕구, 여성인력의 활용을 위한 국가적인 측면의 욕구를 충족시켜 주는 아동복지서비스다. 우리나라에서 보육은 1961년 「아동복지법」의 제정과 함께 탁아소를 중심으로 실행되어 오다가, 1991년 「영유아보육법」이 제정되면서 제도적인 보육 형태를 띠게 되었다. 이후 보육의 양적 확충기를 지나 2004년 「영유아보육법」의 전면 개정으로 보육의 질적 성장을 모색하는 단계에 이르고 있다.

보건복지부에서는 보육료 지원 대상아동을 확대하여 부모의 보육부담을 경감하고, 보육의 공공성 강화와 보육 서비스의 질적 수준 향상을 보육 정책의 장기목표로 설정하여 추진하고 있다. 무엇보다 국공립보육시설의 공급률은 국공립보육시설에의 취원을 원하는 부모들의 수요를 절대적으로 채우지 못하는 실정이다. 대다수 국공립보육시설에는 대기자가 밀려 있고, 추첨에 의해서 취원아를 결정하는 국공립보육시설도 상당수에 이르고 있다. 따라서 부모들의 국공립보육시설 취원 욕구를 충족시켜 주기 위하여, 지속적인 국공립보육시설의 확충을 통해 보육 서비스에 대한 국가의 책임을 확대해 나아가야 할 것이다.

또한 보육 서비스의 공공성 강화를 위하여 보육료 지원의 확대가 필요하다. 우리나라 부모들의 보육비용 부담률은 여전히 외국에 비해 높다. 아울러 최근의 저출산 문제에 대한 대책과의 연계 하에 보육 서비스의 공공성은 계속하여 강화될 필요가 있다. 아동양육의 경제적 부담을 경감시키기 위한 아동수당제도 도입의 필요성과 함께, 실질적으로 맞벌이부부 아동의 보호와 교육을 위한 보육 서비스의 공공성은 지속적으로 강화되어야 할 것이다.

4) 빈곤가정 아동에 대한 사회적 개입

빈곤가정의 아동은 건강한 성장과 발달의 과정에서 요구되는 가족의 관심이 부족하고, 적절한 교육환경을 제공받지 못할 뿐만 아니라 건강한 성장과 발달에 필요한 충분한 영양과 의료적 서비스를 받지 못하게 된다. 따라서 빈곤가정 아동의 기본적 생활보장을 위한 국가의 책임을 강화해야 한다. 특히, 아동권리 중에서 가장 기본적인 권리인 생존권과 발달권의 보장을 위하여 국가의 역할을 확대하여야 할 것이다.

빈곤가정의 아동은 발달 과정에서 여러 가지 결핍을 경험하게 되고, 결과적으로 다양한 문제에 노출된다. 따라서 아동의 기본적 권리인 생존권과 발달권을 보장하는 취지에서 사회적으로 아동의 생계, 의료, 주거, 교육 등 기본 생활을 보장해 주어야 한다. 외국에서 이미 보편화된 아동수당제도의 도입을 통하여, 아동양육 부담으로 발생하는 양육 포기, 아동방임, 결식아동 등의 문제를 해소할 수 있을 것이며, 보다 나은 교육과 양육을 보장할 수 있을 것이다. 즉, 빈곤가정의 아동에게 우선적으로 아동수당을 지급하여, 아동들이 빈곤으로 파생되는 상대적 박탈감이나 소외감,

결식 문제 등을 경험하지 않도록 국가적 책임을 강화해 나가야 한다.

또한 빈곤가정 아동의 양육은 지역사회를 중심으로 아동이 부모와 사회의 공동 책임 하에 건강하게 성장할 수 있도록 지원을 강화하여야 한다. 아동양육과 보호는 부모에게만 책임이 있는 것이 아니라 사회에도 그 책임이 있다. 건강한 아동발달을 저해하는 요인들을 최소화할 수 있도록 지역사회 전체가 공동책임하에 아동을 양육하고 보호해야 할 것이다.

이와 관련하여 아동복지 관련 기관들이 보다 긴밀한 상호 협조관계를 형성함으로써, 빈곤가정 아동의 개별적 욕구를 충족시킬 수 있는 다양한 서비스를 제공할 수 있을 것이다. 빈곤가정의 아동들은 빈곤으로 인하여 신체적·정신적 건강을 위협받을 수 있으며, 교육기회의 불평등을 경험할 수 있고, 아동학대와 방임에 노출될 위험성이 더 크다. 따라서 빈곤가정 아동의 영양, 정신건강, 교육, 학대 등의 부정적 경험에 따라 지체될 수 있는 발달 과정을 보완하기 위하여, 관련 기관들이 서로 아동에 관한 정보를 교환하고 공조체계를 유지할 수 있는 아동복지 네트워크를 구축해야 할 것이다. 아동발달은 아동의 전반적인 발달과 성장을 의미하므로, 아동의 건강, 복지, 교육을 포괄할 수 있는 네트워크를 통해 종합적인 아동발달 지원 서비스를 제공할 수 있어야 한다.

5) 다양한 '가정 외 보호'의 확대

아동복지에 대한 일차적인 책임은 아동의 보호자에게 있다. 그러나 우리나라 「아동복지법」에서는 보호자가 없거나 보호자로부터 이탈된 아동 또는 보호자가 아동을 학대하는 등 그 보호자가 아동을 양육하기에 적당하지 아니하거나 양육할 능력이 없는 경우의 아동을 '보호대상아동'으로 규정하고, '보호대상아동'의 안전·건강 및 복지 증진을 위하여 아동과 그 보호자 및 가정에 대한 국가와 지방자치단체의 책임을 명시하고 있다.

'보호대상아동'을 위한 가정 외 보호(out-of-home care)로서 가정위탁보호, 입양,

공동생활가정을 포함한 시설보호가 제공되고 있다. 첫째, 가정위탁보호는 2003년 본격적으로 시작된 이래 해마다 위탁아동과 위탁부모의 수가 증가하면서 양적으로 확대되고 있고, 앞으로도 확대되어 우리나라의 주요한 대리적 양육 형태로 자리 잡을 전망이다. 하지만 여전히 조부모나 친인척 위탁보호가 주를 이루며 일반가정위탁보호는 활성화되고 있지 못하다. 일반가정위탁보호의 활성화와 가정위탁보호 사업의 내실화가 이루어져야 할 것이다.

둘째, 해외입양 위주로 이루어진 우리나라의 입양에 대한 각계의 반성에 따라 최근 들어 국내입양을 활성화하고자 하는 다양한 노력이 이루어지고 있다. 그러나 입양 현황을 살펴보면, 아직까지 특정 조건을 가진 아동(예를 들어, 건강한 여자 영아)이 주로 입양되는 양상을 보이고 있는데, 이는 성인의 욕구에 중심을 둔 입양이 이루어지는 것으로 평가된다. 아동에게 영구적으로 새로운 가정을 제공한다는 점에서 가장 바람직한 가정 외 보호인 입양이 우리나라의 진정한 아동복지 제도로서의 역할을 하기 위해서는, 시설보호나 가정위탁보호가 이루어지고 있는 보호대상아동이나 연장아동, 장애아동 등에 대한 국내입양이 활성화되어야 한다. 아울러 입양아동과 가족의 적응을 돕고 파양의 위험을 줄이기 위하여 입양 후 사후관리 서비스(post-adoption service)를 강화해야 할 것이다.

셋째, 전통적으로 시설보호는 우리나라에서 보호대상아동을 보호하는 대표적인 아동복지 제도로서 그 기능을 수행해 왔다. 그러나 유엔아동권리위원회나 아동복지학계 등에서 최대한 가정적인 환경에서 아동이 성장하는 것이 바람직하다는 주장을 하면서 대규모 시설보호보다는 소규모 아동보호가 강조되기 시작하였다. 따라서 기존의 아동양육시설들은 과거처럼 아동을 대규모로 수용하고 양육하는 기능에서 벗어나, 공동생활가정의 확대, 시설의 소규모화와 전문인력의 확충 및 다양한 프로그램의 실시를 통하여 대안적 기능을 모색하고 전문성을 강화하는 방향으로 변화될 전망이다.

특히, 가정위탁보호, 입양, 시설보호의 상호연계성이 증대될 전망이다. 가정위탁보호와 시설보호는 장기간 원가정으로 돌아가지 못하는 아동을 단순히 지속적으로 보호하기보다는 아동이 입양될 수 있도록 연계해야 한다. 또한 가정위탁보호의 경우, 위탁가정에서 적응하지 못하거나 적절한 위탁가정을 찾지 못하는 아동에게는 적절한 시설보호가 제공되어야 한다. 시설에서도 연령이 낮거나 가정적 환경이 필요하다고 판단되는 아동은 가정위탁보호로 연계될 수 있도록 해야 한다. 따라서 가정위탁보호, 입양, 시설보호가 상호연계를 통하여 보호를 필요로 하는 아동을 위한 가정 외 대리보호로서의 다양한 역할을 확대해 나가야 할 것이다.

6) 보편적 · 예방적 아동복지의 실시

우리나라의 아동복지는 그동안 보호를 필요로 하는 아동을 대상으로 하는 시설보호와 해외입양을 중심으로 발전하여 왔다. 이와 같은 선별적 아동복지는 1981년 「아동복지법」의 전면 개정과 함께 모든 아동을 대상으로 하는 보편적 아동복지로 그 지향점이 변화되기에 이르렀다. 그렇지만 실질적인 보편적 아동복지의 실시는 2000년 「아동복지법」의 개정과 함께 진행되었으며, 2016년 「아동복지법」을 전면 개정하여 적극적인 실천의지를 담았다. 이에 아동학대와 아동안전에 대한 관련 규정의 마련, 공보육체계의 구축, 가정위탁과 공동생활가정과 같은 다양한 아동복지 서비스의 활성화를 통하여 우리나라의 모든 아동을 대상으로 하는 실제적인 보편적 아동복지가 계속해서 확대될 것으로 전망된다.

또한 문제가 발생한 후에 개입하는 기존의 사후개입적 아동복지에서 문제의 발생을 예방하는 사전예방적 아동복지로 우리나라 아동복지의 중심이 옮겨질 것으로 전망된다. 사전예방적 아동복지는 아동이 가정에서 부모와 가족으로부터 적절한 양육과 보호를 받을 수 있도록 아동과 가족을 지원하는 서비스로서, 크게 소득 지원과 서비스의 제공으로 나눌 수 있다. 첫째, 소득 지원은 기초생활보장제도, 저소득가정에 대한 지원을 통하여 이루어진다. 또한 최근 논의되고 있는 아동수당(child allowance)도 가족에 대한 소득 지원에 포함된다. 아동수당은 원칙적으로 보편적 아동복지로서, 모든 아동에 대해 일정한 금액의 양육비를 지원하는 제도다.

둘째, 서비스의 제공은 보육 서비스, 아동과 가족상담, 아동학대 피해아동보호, 실종아동보호, 지역사회 아동보호 등을 통하여 이루어진다. 보육 서비스는 보건복지부에서 담당하며, 어린이집을 통하여 아동의 보호와 교육이 제공되고 있다. 아동과 가족상담은 공립 아동상담소와 민간 아동상담소를 통하여 이루어지고 있으며, 아울러 건강가정지원센터를 통하여 가족에 대한 상담 및 지원 서비스와 부모교육 등이 제공되고 있다. 또한 아동학대 피해아동에 대한 보호는 중앙과 광역시·도, 기초시·군·구의 아동보호전문기관을 통하여 아동학대 신고접수, 피해아동 보호·상담·치료, 학대행위자 상담 등이 제공되고 있다. 실종아동보호와 관련하여서는 2005년 「실종아동 등의 보호 및 지원에 관한 법률」의 제정과 함께 실종아동전문기관이 위탁·운영되고 있다.

최근 새롭게 시행되는 아동복지 정책들은 지역사회 아동보호의 방향으로 진행되고 있다. 보건복지부에서는 2004년부터 공부방을 지원하여 지역사회에서 보호가 필요한 아동을 보호·양육하고 있다. 특히, 2004년 개정된 「아동복지법」에 지역아동센터를 아동복지시설의 종류로 추가하였고, 공부방을 지역아동센터로 확대하여 보호와 교육 그리고 문화활동 등 다양한 프로그램을 제공하고 있다.

또한 아동양육시설에서는 시설 기능 다각화의 일환으로 지역아동복지센터의 기능을 추가하여 지역사회 아동을 위한 종합 서비스로의 전환을 추진하고 있다. 지역아동복지센터는 지역사회중심의 서비스 전달체계로서 보호대상아동과 지역사회 아동과의 자연스러운 공동생활을 비롯하여, 학교에서 제공하지 못하는 프로그램(방과후 보육, 아동 동아리 활동 등), 학교사회복지, 여가선용을 위한 취미활동, 독서실, 아동적성검사, 청소년 진로 및 취업보도사업, 다양한 아동 문제와 ADHD를 포함하는 아동의 정신건강에 대한 상담 및 치료, 가족상담, 부모교육 및 상담 등 다양한 프로그램을 제공하는 역할을 수행하고 있다.

2. 아동복지의 과제

1) 유엔아동권리협약의 이행을 통한 아동권리의 보장

유엔아동권리협약의 이행 상황 점검을 위해서 정부의 아동복지 정책을 아동권리 관점에서 객관적으로 모니터링하고 개선을 권고하는 권한 및 수단을 갖는 기구가 필요하다. 독립적인 국가아동기구의 설립은 매우 중요하고 아동을 위한 장기투자가 될 것이다. 사회가 가진 자원에 한계가 있더라도, 국가기구가 만들어지지 않는다면 국제사회는 그 건립을 끊임없이 요구할 것이다. 이를 위해 장기적으로 아동정책조정위원회의 기능과 역할을 재검토할 필요가 있다.

아울러 아동에 대한 통합적인 통계를 창출할 수 있어야 한다. 국제기구에서 집계하는 통계 자료에 한국의 아동 관련 통계가 빠진 부분을 보강하여야 한다. 이를 위해 해당 기관의 통계 양식 및 지표를 검토하여 필요한 통계를 산출해 낼 수 있도록 예산과 인력을 확보해야 한다.

아동 및 청소년 관련법들은 아동의 참여권을 강화하고, 아동이 권리의 주체임을 알 수 있도록 '권리교육 실시'나 '권리에 대한 홍보 시행' 등에 관한 규정을 명시하여야 한다. 또한 아동·청소년 관련 기관 종사자를 양성하는 기관의 교육과정에 '유엔아동권리협약'을 포함시키고, 특히 아동의 참여권과 종사자의 권리가 상충되는 부분에서 아동권리중심으로 이해할 수 있도록 하는 필수적인 과정이 요구된다. 사회의 모든 부문에서 아동이 연령과 역량에 맞게 적절하게 참여할 수 있는 기회를 만들어 가야 한다. 정부와 시민사회가 보다 의미 있게 정책과 프로그램에 아동을 개입시키고 아동의 견해가 반영되는 통로를 만들기 위해서한 훈련도 실시하여야 할 것이다.

정부는 국가보고서를 작성하고 이를 제출하고 심의받는 절차에서 분명한 목표를 가지고 보다 전략적으로 활용해야 하며, 보고서의 내용과 유엔아동권리위원회의 최종 견해를 널리 홍보해야 한다. 또한 아동, 부모 및 교사에 대한 아동권리교육을 광범위하게 실시해야 한다. 아울러 정책 입안자와 아동 업무 실무자 등에게 적극적인 홍보를 전개하여야 한다.

2) 장기적 비전을 가진 아동복지 정책의 수립

현재 우리나라의 아동복지 정책을 살펴보면, 아동복지 향상을 주된 목표로 하는 정책이 부족하다. 우리나라의 아동복지 정책으로 소개되는 공공부조 정책이나 사회보험 정책 등은 아동 및 가족 복지 정책이라고만 보기는 어렵다. 예를 들어, 공공부조 정책은 국민이 인간다운 생활을 할 수 있도록 최저생활을 보장하기 위한 임금보조 정책으로서 사회복지 정책 중 가장 기본적인 정책 중의 하나로 꼽는다. 또한 빈곤 정책에서도 공공부조 정책은 대표적인 정책으로 언급되므로, 공공부조 정책을 대표적 아동복지 정책이라고만 보기에는 무리가 따른다. 사회보험 정책도 마찬가지로 국민을 질병, 사고, 장해, 노령 등 사회적 위험에서 보호하기 위해 국가가 예방적 차원에서 국민이 보험료를 납부하게 하고 사회적 위험이 닥쳤을 때 그에 따른 소득손실을 보충하고자 하는 제도다.

이렇듯 공공부조나 사회보험 정책은 넓게 보면 궁극적으로 가족의 복지를 위한 것이고, 가족복지의 향상은 결국 아동복지를 증진시킨다는 논리를 전제로 이들 정책을 아동복지 정책으로 살펴보는 것이다. 그러나 다른 정책으로는 소개되지 않고 주로 아동·가족 복지 정책으로 소개될 수 있는 정책은 아니라는 것이다. 그렇다면 아동복지 정책으로서 가장 대표적으로 꼽을 수 있는 정책은 무엇인가? 그것은 아동이 있는 모든 가정(또는 저소득층 가정)에 자녀양육비를 제공하는 아동수당제도(혹은 가족수당제도)라 할 수 있다. 우리나라에서도 아동수당제도의 실시 필요성과 가능성에 대한 논의가 꾸준히 있어 왔지만, 재정소요의 부담과 2008년부터 실시되고 있는 근로장려세제와 중복된다는 지적 등으로 실시되지 않고 있다.

아동복지 정책 자체의 부재와 함께 앞으로의 과제로서, 아동복지 정책 수립에서 아동복지에 대한 국가 및 사회의 가치관에 대한 고민을 바탕으로 한 장기적 비전이 필요하다. 무엇이 아동의 삶을 보다 행복하게 할 수 있는지, 아동양육에 가장 중요한 것은 무엇인지, 부모가 제 역할을 못할 때 국가는 어떤 역할을 수행해야 하는지 등에 대한 가치관을 국가와 사회가 먼저 논의한 후, 동의된 가치관을 전제로 정책의 장기적 비전을 세워야 할 것이다. 그러나 아직까지 우리나라에서는 이러한 논의도 부족하고 장기적 비전도 없이 아동복지 정책은 그때그때 닥치는 현안과 일시적 여론중심으로 수립하려는 경향이 있다. 따라서 이렇게 수립된 정책의 한시성, 비일관성, 단편성 등의 한계는 하루빨리 극복해 나가야 할 과제다.

3) 아동복지 서비스의 구체성과 실효성을 증대하기 위한 아동복지법 보완

「아동복지법」은 아동복지 서비스 정책의 방향을 수립하고 그 기초가 되는 아동복지의 기본법이다. 「아동복지법」은 「아동복리법」을 1981년 전면 개정하여 만들어진 이래 수차례의 개정을 거쳐 왔다. 정책의 변화와 시대의 요구에 따라 2016년 「아동복지법」이 전면 개정되면서, 많은 내용이 보완되고 수정되었지만, 아직까지 법의 내용이 아동복지 서비스의 구체성과 실효성을 보장하고 있지 못하다.

아동복지 서비스의 구체성은 서비스 대상이나 서비스 내용상 누구에게 무엇을 어떻게 제공해야 할지에 대한 내용을 포함하고 있음을 의미하는데, 이와 관련된 「아동복지법」의 내용은 여전히 충분치 못하다. 예를 들어, 「아동복지법」의 가장 중요한 대상 중의 하나라고 할 수 있는 '보호대상아동'에 대한 구체적 규정이 부족하다. 현재는 '보호자가 없거나 보호자로부터 이탈된 아동 또는 보호자가 아동을 학대하는 경우 등 그 보호자가 아동을 양육하기에 부적당하거나 양육할 능력이 없는 경우의 아동'이라고 보호대상아동을 규정하고 있는데, 이런 규정만으로 아동을 보호대상아동으로 규정하여 원가정에서 분리하기에는 무리가 있다. 그 외 보호대상아동과 관련하여 친권자가 아동을 양육하기 부적당하거나 양육할 능력이 없는 경우에 그들의 친권이나 양육권을 어디까지 어떻게 제한할지에 대한 규정도 필요하다.

아울러 아동복지 서비스의 실효성을 보장하기 위해서는 서비스 예산이나 서비스를 위한 제공 조직에 대한 내용에서 실효성을 갖출 수 있어야 한다. 예산 문제에서는 다른 사회복지 법률에서도 나타나는 비슷한 문제이지만,「아동복지법」의 재정부담의 원칙에서 아동복지 서비스 제공을 위한 예산에 대한 규정은 대부분 임의규정으로 되어 있다. 임의규정으로는 국가가 비용보조에 대한 책임을 회피할 수 있는 가능성이 있다. 따라서, 특히 아동복지 서비스의 가장 기본적인 부분, 예를 들어 아동학대로부터 피해아동보호, 가정위탁 및 시설보호, 입양 등을 위한 예산은 정부나 지방자치단체가 '부담한다'는 강행규정이 필요할 것이다. 또한 정책 및 서비스 제공을 위한 조직에 대한 분석 내용을 살펴보면 조직 운영의 실효성이 부족하다는 것을 알 수 있다. 예를 들어, 아동정책조정위원회의 경우 실질적 권한, 예산권 등에 대한 법적 규정이 없으며, 위원회 개최 등에 대한 정확한 규정도 없어서 위원회 자체가 형식화될 위험이 높다.

4) 통합적이고 체계적인 아동복지 서비스 전달체계의 수립

현재 우리나라의 서비스 전달체계를 살펴보면, 민간 서비스 전달체계는 물론이고 공공 서비스 전달체계도 통합적이고 체계적인 전달체계가 부재한 실정이다. 통합적·체계적 전달체계의 부재는 여러 가지 문제를 초래하는데, 우선 서비스의 비효율성을 들 수 있다. 즉, 부족한 서비스마저 산발적으로 제공됨으로써 불필요하게 서비스가 중복될 수도 있고, 정작 서비스가 필요한 아동이나 가족에게 전달되지 않는 심각한 비효율성의 문제가 나타나게 된다. 따라서 공공 서비스 전달체계를 하나로 묶어서 관리하는 구심점 역할을 할 수 있는 체계의 수립이 필요하다.

2000년 이후 아동보호전문기관과 가정위탁지원센터가 전국적으로 설치되었고, 공동생활가정과 지역아동센터도 지속적으로 증설되고 있다. 국내입양도 활성화되는 추세에 있으며, 시설보호의 기능도 변화되고 있다. 그러나 이러한 아동복지 전달체계들이 모두 민간에 위탁된 형태로서 각각이 별도로 기능하는 것은 문제로 지적되고 있다. 아동복지 서비스는 연속선상에서 유기적으로 협조하며 아동과 가족의 욕구에 적절히 반응할 수 있어야 하는데, 각각의 전달체계들이 각기 다른 법인에 속하여 독자적으로 기능하고 있는 상황이다.

예를 들면, 아동이 친부모로부터 적절한 양육 환경을 제공받지 못하는 경우, 아동과 친부모의 문제와 욕구에 기초하여 어떤 서비스가 어떻게 제공되어야 하는지 파악되어야 하며, 이에 따라 적절한 서비스가 제공되어야 한다. 그러나 현재는 각각의 전달체계들이 설치 목적에 따라 서비스를 제공하고 있으며, 어떠한 서비스를 필요로 하는지는 담당 아동복지 공무원의 역할로 규정하고 있을 뿐이다.

아동복지 서비스 전달체계들은 지역사회 내에서 아동과 가족의 욕구에 따라 서로 유기적으로 연계하여 서비스의 중복이나 누락 혹은 전달체계 간에 갈등이나 부정적인 경쟁 없이 효율적으로 기능할 수 있어야 한다. 민간 아동복지 서비스 전달체계들 간의 협조와 연계 및 역할 조정을 위해서는 민간 서비스 전달체계를 개편하거나 공공 서비스 전달체계를 확충하는 것이 시급한 과제다.

5) 이혼가족 및 한부모가족 아동을 위한 다양한 정책과 서비스의 개발 및 실시

이혼율의 증가에 따라 이혼가정이 급속히 증가했음에도 불구하고, 그동안 우리 사회는 이혼 과정에서 아동을 보호하기 위한 정책과 서비스는 극히 부족하였다. 이혼의 결정은 성인 부부들이 하지만, 자녀가 있는 가족의 경우에 자녀들은 부모의 이혼으로 심각한 영향을 받기도 한다. 최근 들어 우리나라에서도 자녀가 있는 가정의 이혼에 법원이 개입하여 자녀양육을 위한 계획이 확인되어야만 이혼을 할 수 있게 되었다.

이혼 전후의 일련의 과정에서 자녀들은 부모의 심각한 갈등 상황에 노출되거나 방임되기도 하며, 경제적인 어려움이나 심리정서적 어려움, 적응상의 어려움 등 다양한 문제를 겪기도 한다. 그 결과, 이혼의 과정별로 이혼가정 및 이혼가정의 아동을 지원할 수 있는 서비스의 개발 및 제공이 시급한 과제다. 법적 이혼 단계에서 법원이 자녀양육 계획을 확인하도록 하는 법안은 통과되었으나, 아동복지 현장에서는 이에 대한 준비가 미흡하다. 이혼하는 부부가 적절하게 자녀양육 계획을 수립하고, 누가 어떻게 친권과 양육권, 면접교섭권을 갖는 것이 바람직한지에 대한 구체적인 점검을 할 수 있도록 이혼조정가로서 기능하거나, 자녀에 대한 이혼의 영향과 부모역할을 이해할 수 있도록 하는 부모교육 프로그램을 실시하고, 이혼 이후 아동의 적응을 지원할 수 있는 다양한 프로그램이 개발·실시되어야 한다.

또한 이혼을 포함하여 부모의 사망이나 가출, 미혼 상황 등의 이유로 한부모가정에서 성장하는 아동의 수도 간과할 수 없다. 그동안 우리 사회에서는 어머니와 함께 사는 모자가족에 대한 경제적 지원 등이 주를 이루어 왔으나, 한부모가 되는 상황도 다양해지고 있고, 부자가족도 심각한 문제를 겪고 있음이 보고되고 있다. 한부모가족들은 대체로 경제적인 문제나 자녀와 함께하는 절대적 시간의 부족, 역할 변화에 대한 적응 문제, 역할 모형의 부재, 정서적 문제나 가사 문제, 사회적 편견 등의 문제를 경험할 수 있다.

한부모가족에 대해서는 모자가족뿐만 아니라 부자가족을 포함해서 실제적인 지원이 이루어질 수 있도록 정책과 서비스가 개발·제공되어야 한다. 경제적인 어려움을 해결할 수 있는 지원과 부모 중 한쪽의 부재로 올 수 있는 부모역할의 빈자리를 채울 수 있는 보완적 서비스, 한쪽 부모의 과중한 역할을 덜 수 있는 서비스 등이 다양하게 개발되어 실시되어야 한다.

6) 아동학대의 적극적 예방 및 아동보호 서비스 전달체계의 보완

심각한 아동학대 사례가 발견되면서 아동학대 문제는 '구타당한 아동증후군(the battered child syndrome)'이라는 용어로 관심을 받기 시작하였다. 이후 아동학대는 유엔아동권리협약의 '보호받을 권리'에 따라 전 세계적으로 주목을 받고 있다. 유엔은 각국이 신체적·정신적 폭력으로부터 아동을 보호할 것을 요구하고 있다.

이러한 폭력에 대하여 아동의 취약성과 관련된 요인으로 '양육자 관련 요인'과 '지역사회 요인'은 파악이 잘되어 있으나, 아동의 보호요인으로 볼 수 있는 '지역사회 응집력' '사회적인 네트워크' '이웃 간의 유대 강화' 등에 대한 다양한 모색이 필요한 실정이다.

아동학대와 방임은 아동과 가족 그리고 사회 전체에 후유증을 남긴다. 그것은 일생 동안 계속될 수도 있고 세대를 거쳐 전승될 수도 있다. 아동학대는 비용적인 면에서도 사회적 대가를 크게 치르게 하는데, 아동학대를 예방하지 못했을 때 발생하게 되는 비용은 직접비용과 장기적인 간접비용으로 나뉜다. 미국의 경우 아동학대 예방단체인 Prevent Child Abuse America에 따르면, 2001년도에 하루 2억 5,800만 달러가 아동학대 관련 비용으로 지불되었다고 한다. 직접비용은 하루에 6,700만 달러였고, 간접비용은 1억 9,100만 달러로 집계되었다. 이렇게 지출된 직·간접비용들은 아동학대 예방을 통하여 충분히 절감할 수 있는 비용이다. 따라서 학대비용에 대한 '비용 대비 효과 분석'을 통하여 학대 예방 필요성을 제고하는 아동투자 정책과 예방 프로그램의 효과성 분석 및 비용 대비 효과성에 대한 평가와 더불어 아동학대 예방의 장기적 가치를 인식하고 실천해야 한다.

효율적인 투자를 위해서는 아동보호 서비스 전달체계에서 다음의 몇 가지 보완이 필요하다. 첫째, 민간에 위탁된 중앙아동보호전문기관은 지역아동보호전문기관의 업무 조정에 대한 권한이 없다. 따라서 중앙아동보호전문기관을 아동학대 문제를 총괄할 수 있는 중앙조직으로 전환시켜서 각 지역의 모든 아동보호전문기관에 대한 지원 및 감독을 명확히 해야 한다.

둘째, 아동보호 서비스 전달체계의 공공성을 확보하고, 아동의 강제 격리 후 가해 부모가 아동을 자의적으로 데리고 가는 것에 대해 벌금, 구속, 명령 등의 법률적 제재를 통하여 친권을 제한할 수 있는 법적·제도적 준비가 필요하다.

셋째, 신고의무자에 의한 신고율이 여전히 미진하므로 신고의무자에 대한 교육이 더 활성화되어야 한다. 신고의무자의 자격취득 교육과정에 '아동학대 예방 및 신고의무'와 관련된 교육 내용을 포함하도록 규정하고 있으므로 이를 실행해야 한다. 또한 신고의무자의 직무연수 및 보수교육에 '아동학대 예방 교육'이 포함되도록 제도화하여야 한다.

넷째, 방임된 아동에게 효과적으로 개입하기 위해 지역사회기관 간의 연계를 통한 업무분담이 이루어져야 한다. 또한 지역사회 내의 자원을 활용하는 효과적 지원체계 마련이 요구된다. 즉, 지역사회에 다양한 인프라를 구축·연계하여, 방임된 아동을 위한 효과적인 개입을 하여야 한다.

다섯째, 각종 상황에서 벌어지는 아동폭력 현황에 대한 정보를 검토하여 다양한 예방책 및 전략의 실효성에 대한 연구가 필요하다. 아울러 가정, 학교 그리고 지역사회의 특정 상황에서의 아동폭력 방지를 위한 행동 방안을 제안하고 이를 실천할 수 있게 해야 한다.

7) 보육의 공공성 강화 및 질적 성장

정부는 국공립보육시설을 증설하여 확충해 나가고 있다. 그러나 여전히 미흡한 수준이어서 보육의 공공성을 강화하는 것이 시급한 과제로 대두되고 있다. 한편 다양한 보육 서비스 유형의 개발, 보육시설 종사자 관련 자격기준의 강화를 통한 보육서비스의 질적 수준의 향상을 지속적으로 추진해야 한다.

부모들은 어린이집이 부모의 육아 욕구를 충분히 수행하고 영유아의 개별적 발달 욕구를 적극적으로 수용할 수 있는 다양하고도 기능적인 육아지원 서비스가 될 것을 기대하고 있다. 영아기 자녀를 둔 부모들을 위한 시간제 보육, 시간연장형 보육, 휴일 보육 서비스나 가정보육교사제 등과 같은 현행 보육 유형 외의 새로운 대안적 서비스가 개발될 것을 기대하고 있다.

보육교사와 어린이집 원장에 대한 국가자격증제도를 통한 전문성 확보에 대한 다양한 입장이 검토되고 있으며, 보육교사 처우 개선, 위탁체 선정방법의 개발, 보육교사의 경력관리와 신분보장 등의 문제도 전문성 확보를 위한 필요조건으로 지적되고 있다. 초과 근무, 낮은 임금 수준 등 보육교사의 전문성을 위협하는 문제를 해결할 수 있어야 하며, 모든 보육인력은 국가 산하의 기구를 통해 취업관리, 자격관리, 인력관리를 받을 수 있어야 한다.

또한 보건복지부는 보육시설의 환경 개선을 통한 서비스의 질적 수준을 향상하기 위해 노후된 보육시설, 농어촌 등 취약 지역에 시설환경 개선을 위해 개보수비, 장비비 등 지원을 확대하고 있다. '보육시설 설치 사전 상담제' 도입으로 입지 조건이 영유아 보육에 적합한지 여부를 사전 점검하고, 보육시설 안전점검 통합관리 지침 및 표준시설 설치 모형 개발·보급으로 보육시설 내 안전사고를 예방하는 등 보육시설 안전관리를 강화하고 있다. 그러나 여전히 보육시설의 설치 기준이 안전한 보육을 담보하기에는 부족하다. 질 높은 보육 서비스를 제공하기 위해서 시설 설치 기준이 강화되어야 한다.

보육시설 운영의 내실화를 기하기 위해 보건복지부는 평가인증제를 도입하여 시행하고 있다. 2005년 시범적으로 운영된 보육시설의 평가인증제를 통해 627개소의 보육시설이 평가인증시설이 되었다. 2005년 시범운영을 거쳐 평가인증제는 2006년부터 본격적으로 실시되고 있으며, 2010년까지 모든 보육시설에 대해 평가인증을 실시하였다. 보육시설들이 평가인증에 참여할 수 있도록 시·도가 협조체계를 구축하고, 각 지역의 육아종합지원센터가 평가인증시설에 대한 조력 기능을 충분히 할 수 있는 정책이 개발되어야 한다.

8) 가정위탁보호와 국내입양의 활성화 및 시설의 기능 전환

2003년부터 적극적으로 추진되기 시작한 가정위탁보호가 활성화되려면 몇 가지 과제가 선결되어야 한다. 먼저 부족한 인력과 재정 확충이 시급하다. 가정위탁지원센터의 상담원들은 많은 수의 가정을 담당하고 있는데, 실질적인 사례관리와 서비스 제공이 가능하도록 인력이 확충되어야 하며, 위탁양육 관련 제반비용에 따른 재원도 확보되어야 한다.

재정과 인력의 확충과 함께 일반위탁가정의 확충이 시급한 과제다. 현재 가정위탁보호 서비스를 제공하는 위탁부모의 90% 이상은 위탁아동의 친인척이나 조부모로서 그중 대부분이 소년소녀가정으로부터 전환된 사례다. 따라서 아동에게 따뜻한 배려와 함께 적절한 양육 환경을 제공할 수 있는 일반위탁가정의 확충이 요구된다.

아울러 국내입양의 활성화를 위하여 양육비 지급 위주의 입양 서비스에서 벗어나 아동과 입양가족의 특성을 고려하여 입양휴가제, 연장입양아를 위한 심리치료 서비스, 입양부모 자조모임에 대한 재정지원, 입양 후 사후관리 서비스 강화 등 다양한 서비스를 개발해야 할 것이다.

전통적으로 시설보호는 우리나라의 대표적 아동복지 제도로 기능해 왔다. 그러나 아동은 최대한 가정적인 환경에서 성장하는 것이 바람직하다는 입장에서 최근 시설보호보다는 가정위탁보호가 선호되기 시작하였다. 이에 따라 기존의 아동복지 시설들은 아동을 대규모로 보호하는 양상에서 벗어나 다양한 대안적 기능을 모색하고 전문성을 강화해야 하는 과제에 직면하게 되었다.

이에 상당수의 시설이 소숙사제나 공동생활가정 등의 형태를 도입하여 아동의 사생활을 최대한 보호하고 가정과 유사한 환경을 만들어 주기 위한 노력을 하고 있다. 또한 시설보호의 장기화를 지양하기 위하여 아동이 가능한 한 빨리 원가정으로 되돌아갈 수 있도록 원가족과 부모에 대한 개입을 강화해야 한다. 의식주중심인 생활보호에서 더 나아가 전문적 치료적 서비스, 가정복귀지원 서비스 및 청소년들의 자립지원 프로그램 등을 강화해야 한다.

시설보호가 새롭게 모색할 만한 새로운 기능으로는 아동보육 서비스, 지역아동센터, 방과후 교실이나 공부방, 단기보호시설, 가정폭력 · 아동학대 · 위기개입을 위한 일시보호, 상담치료, 가족 지원 및 사례관리 서비스 등이 있다. 이렇게 새로운 기능을 기존의 시설에서 적절히 수행하기 위해서는 재정 및 물리적 공간의 확충뿐만 아니라 적절한 인력을 보충해야 하는 새로운 과제를 해결해야 한다.

9) 다양한 가족에 대한 이해와 실태 파악에 기초한 프로그램 개발 및 제공

　최근 아동복지 현장에서 다양한 형태의 가족에 대한 이해가 강조되고 있다. 이혼이나 빈곤 등의 이유로 조부모와 함께 생활하고 있는 아동이 증가하고 있으며, 북한이탈주민가족이나 다문화가족이 증가하여 이들 가족의 아동에 대한 복지에 관심을 가져야 하는 상황이 되었다. 또한 실종아동과 관련한 법률도 제정되어 체계적인 서비스가 제공되고 있는 시점인데, 실종아동에 대한 이해도 부족한 상황이다.

　과거와는 달리 다양한 형태의 가족이 증가하고 있음에도 불구하고, 아동복지 현장에서는 이들에 대한 이해도 부족하고 문제나 욕구도 충분히 파악되지 못하는 실정이어서 이들에 대한 이해에 기초한 정책 및 서비스의 개발이 시급히 요청되고 있다.

　조손가족의 경우, 현재 가족 내에서 임의로 맡겨져 있다가 가정위탁세대로 전환된 세대들에 대한 적절성 여부의 평가, 가정위탁세대로 지정되지 않은 대다수의 조손가족에 대한 실질적인 규모의 파악, 조손세대들의 손자녀양육을 지원할 수 있는 실질적인 서비스의 개발과 시행이 시급한 과제다.

　한편 북한이탈주민가족과 다문화가족에 대한 이해가 아동복지 현장의 실무자들에게 필요한 상황이 되었다. 아동복지 실무자들은 문화적으로 민감해야 하며, 서비스 대상이 되는 아동과 가족의 문화적 이해에 기초하여 사려 깊게 고안된 서비스가 제공되어야 한다. 새로운 문화에 적응하기 위한 그들의 욕구를 파악해야 하며, 우리 사회에 진입하는 과정에서 그들이 겪은 위기와 도전도 이해해야 한다. 특히, 우리 사회는 그동안 단일민족의 정체성 속에서 인종적인 쟁점이 상대적으로 덜 다루어져 왔으므로 문화적 민감성에 대한 훈련이 부족하다고 여겨진다. 새로운 문화에 적응하고 새로운 사회에서 성공적으로 자녀를 양육할 수 있도록 지원해야 하며, 이들 가족의 아동들이 가정, 학교, 지역사회에서 편견과 차별 없이 아동복지 서비스를 받을 수 있도록 해야 한다.

최근까지 '미아 찾기'로 지칭되어 오던 실종아동 관련 서비스는 2005년 법이 제정되면서 체계적으로 추진되어, 이후 단순미아의 귀가율이 매우 증가하였다. 경찰청과 실종아동전문기관에 의해서 사례관리, 유전자 검사 데이터베이스 구축, 휴대전화 모바일 서비스 활용, 엠버경보 시스템, 다양한 예방 프로그램 등이 진행되고 있다. 그러나 여전히 해결하지 못하는 아동실종 사건이 발생되고 있으며, 경험이 축적된 전문가에 의한 프로파일링이나 사례관리 등은 미흡한 상황이다. 실종아동 수색과 관련된 전문가의 양성, 실종아동의 가족을 지원하기 위한 사례관리, 다양한 연령대의 아동과 부모를 위한 예방교육 프로그램과 교재의 개발 등이 시급한 과제로 지적되고 있다. 미해결 실종아동은 그 절대수와 상관없이 이들 가족과 아동이 겪는 고통이 극심하다는 점에서 사회적 경각심과 정책적 지원이 시급한 영역이다.

10) 전문인력의 양성 및 처우 개선

아동복지 분야는 다른 분야보다 인력의 전문성이 더 요구된다. 직·간접적으로 아동발달과 밀접한 관련이 있고 영향을 미치기 때문에, 아동발달과 아동권리 및 아동복지 관련법과 서비스 등에 대한 체계적 교육과 훈련이 필요하다. 예를 들면, 빈곤아동의 경우 가정 내에서 보호자로부터 아동발달에 필요한 관심과 교육적 환경을 제공받지 못하기 때문에 이러한 차이를 충족시켜 주기 위해 전문인력을 배치하는 것이 반드시 필요하다.

북한이탈주민가족이나 다문화가족의 아동을 지원하기 위해서는 문화적 역량을 갖추고 문화적으로 민감하게 서비스를 제공할 수 있어야 한다. 서비스 대상아동과 가족의 문화를 이해할 수 있는 교육과정이 개발되어 이들 사회복지사에게 제공될 수 있어야 한다. 또한 아동보호전문기관과 가정위탁지원센터의 상담원의 경우에는 법적으로 배치 전에 필요한 교육 시간을 이수하도록 규정하고 있다. 그러나 일부 아동복지 현장에서는 일정한 교육훈련 과정 없이 배치되어 직무상의 스트레스를 가중시키거나 서비스의 질을 저하시키고 있다.

　현재 아동복지의 현장은 날로 다양해지고 있다. 그러나 대학 교육과정에서 아동복지를 전공선택으로 이수하는 경우가 많을 뿐만 아니라, 아동복지 교과과정에서 다양한 아동복지 현장이 요구하는 이론을 충분히 다루고 있지도 못한 실정이다. 이런 상황에서 그들에 대한 열악한 처우는 이직이나 전직을 증가시켜 아동복지 현장인력의 전문성이 축적되지 못하는 주요 원인이 되고 있다.

　다양한 아동복지 현장에 배치되기 전에 각각의 현장에서 요구하는 전문적 능력을 습득하기 위하여 기본적으로 수강해야 하는 아동 관련 과목을 선정하여 기본 이수과목으로 지정·이수하도록 하고, 일을 하는 동안에도 보수교육을 통하여 아동에 관한 전문지식을 심화시킬 수 있도록 하여 아동복지 전문인력을 양성해 나아가야 한다.

11) 아동복지 예산의 증대

　마지막으로 지적해야 할 부분은 저조한 아동복지 예산이다. 아동복지 예산은 국가 전체 예산의 1%에도 미치지 못하는 수준이며, 보건복지 예산 중에서도 10%에 불과하다. 우리 정부의 아동복지에 대한 미비한 예산은 유엔아동권리위원회의 지적을 받았다. 즉, 유엔아동권리위원회는 우리 정부의 3차 국가보고서에 대한 심의 결과에서 아동에 대한 우리 정부의 낮은 예산할당에 대한 우려를 표하며, 국가의 가용재원에 아동에 대한 재원을 우선 배정할 것을 권고하였다.

　선진국의 경우, 아동은 미래 인적자원으로 간주되면서 사회적 투자 대상으로 인식되어 아동복지 예산 확대를 통해 아동에 대한 국가의 지원을 강화하는 추세다. 우리나라 아동 1인당 복지비 지출을 보면, 스웨덴은 우리나라보다 100배를 더 지출하고 있으며, 프랑스는 54배, 영국은 23배, 미국은 7.5배를 지출하고 있다. 이와 같이 선진국에서 아동 1인당 복지비 지출을 증가시키는 주요한 이유는 아동기에 적극적인 사회투자를 함으로써 미래 인적자원의 능력을 향상하고, 빈곤에 의해 발생되는 교육기회 박탈, 성장지체 등의 문제들을 사전에 예방함으로써 사후대책에 대한 비용절감 효과를 위해서다. 우리나라에서도 아동복지에 대한 사회적 투자 확대와 예산 증가를 통해서 미래 국가인력으로서 아동 인적자원을 보호하여야 할 것이다.

생각해 보기

1. 최근 우리나라에서 진행되고 있는 아동복지의 변화에 대해 논해 보자.
2. 우리나라 아동복지의 나아갈 방향에 대해 논해 보자.
3. 우리나라 아동보호 체계의 개선 방안을 제시해 보자.
4. 우리나라 아동복지 발전을 위한 향후 과제를 제시해 보자.

찾아보기

저자 소개

이재연
서울대학교 가정대학(학사, 석사)
미국 Oregon State University, 인간발달(석사, 박사)
현 숙명여자대학교 명예 교수
　유네스코한국위원회 감사

박은미
연세대학교 아동학과(학사)
연세대학교 사회복지학과(석사, 박사)
현 서울장신대학교 사회복지학과 교수

황옥경
한남대학교 가정교육과(학사)
숙명여자대학교 아동복지학과(석사, 박사)
영국 The University of Edinburgh, 사회복지학 Post-doc 연구원 역임
영국 University of Dundee, 사회복지학 MPhil 수료
현 서울신학대학교 보육학과 교수

김형모

연세대학교 사회복지학과(학사, 석사)

미국 University of Minnesota, 사회복지학(석사, 박사)

현 경기대학교 사회복지학과 교수

　　한국아동복지학회 회장

이은주

숙명여자대학교 아동복지학과(학사, 석사)

미국 Ohio State University, 인간발달(석사)

미국 University of Texas at Austin, 사회복지학(박사)

현 동국대학교 사회복지학과 교수

강현아

숙명여자대학교 아동복지학과(학사, 석사)

미국 University of Illinois at Urbana–Champaign, 사회복지학(석사, 박사)

미국 Children and Family Research Center, Research Fellow

현 숙명여자대학교 아동복지학부 교수

아동복지론 (3판)
Child Welfare(3rd ed.)

2008년 8월 25일 1판 1쇄 발행
2012년 1월 20일 1판 7쇄 발행
2013년 7월 30일 2판 1쇄 발행
2016년 2월 25일 2판 4쇄 발행
2017년 9월 5일 3판 1쇄 발행
2019년 4월 10일 3판 2쇄 발행

지은이 • 이재연 · 박은미 · 황옥경 · 김형모 · 이은주 · 강현아
펴낸이 • 김 진 환
펴낸곳 • ㈜ 학지사

        04031 서울특별시 마포구 양화로 15길 20 마인드월드빌딩 5층

대표전화 • 02) 330-5114   팩스 • 02) 324-2345

등록번호 • 제313-2006-000265호

홈페이지 • http://www.hakjisa.co.kr
페이스북 • https://www.facebook.com/hakjisabook

ISBN 978-89-997-1335-4 93330

정가 19,000원

이 도서의 국립중앙도서관 출판시도서목록(CIP)은 서지정보유통지원시스템
홈페이지 (http://seoji.nl.go.kr)와 국가자료공동목록시스템(http://www.nl.kr/kolisnet)
에서 이용하실 수 있습니다.
(CIP 제어번호: CIP2017020673)

교육문화출판미디어그룹 **학지사**

학술논문서비스 **뉴논문** www.newnonmun.com
심리검사연구소 **인싸이트** www.inpsyt.co.kr
원격교육연수원 **카운피아** www.counpia.com
간호보건의학출판 **학지사메디컬** www.hakjisamd.co.kr